世界遗产地 唐崖土司城

萧洪恩 张文璋◎编著

中国出版集团
世界图书出版公司
广州·上海·西安·北京

图书在版编目（CIP）数据

世界遗产地唐崖土司城 / 萧洪恩，张文璋编著. — 广州：世界图书出版广东有限公司，2016.10（2025.1重印）
ISBN 978-7-5192-1905-5

Ⅰ. ①世… Ⅱ. ①萧… ②张… Ⅲ. ①土司—古城遗址（考古）—介绍—咸丰县 Ⅳ. ① K878.3

中国版本图书馆 CIP 数据核字 (2016) 第 239595 号

世界遗产地　唐崖土司城

策划编辑　孔令钢
责任编辑　张梦婕
出版发行　世界图书出版广东有限公司
地　　址　广州市新港西路大江冲25号
http:// www.gdst.com.cn
印　　刷　悦读天下（山东）印务有限公司
规　　格　710mm×1000mm　1/16
印　　张　19.25
字　　数　333 千
版　　次　2016年10月第1版　　2025年1月第3次印刷
ISBN　978-7-5192-1905-5/K · 0315
定　　价　88.00元

《世界遗产地　唐崖土司城》
编委会

目　录

缘起　乡情总还是新的

我走过东西南北，我踏遍世界各地，我寻访了所有的可能得见的人和事；
我寻遍了无数的去处，可是无论何处都没有找到我思想和乡情的住址；
在城市，我看到了从电灯、电话发展到了不断更新的手机，
我看到了从步行、自行车发展到了不断多样和不断更新的汽车，
我看到了从自牙缝里省钱上学到想要发财之人的不断富集的金钱，
我看到了从科员、科长直到高官的不断晋升的阶梯，
我看到了收音机、电影、手表、装饰品……一样不缺地总在翻新，
可是啊，却总是找不到我所要找的那种感情和那段乡思。

虽然我的愿望总是未能实现，
但是我所想要的东西却并不稀罕，因而我又总是希望它能回到心里；
是呀，我需要的是新的思想和新的乡情——一种日久弥新的旧的乡思；
我所要的东西在这儿找不到，在家乡之外都找不到；
在这里，当诗人吟出了许多新诗时，我却回复到了那段旧的乡思；
在这里，当花匠带来了看多次嗅多次的鲜花时，我还是回到了那段旧的乡思；
在这里，我们重复着一个世纪又一个世纪，
在这里，我们翻来覆去地吟诵着家乡的美丽，
可就是那段旧的乡思无从远去且不断地具有新意！

这里每天都有新的创造，就是无法把旧的乡思抹去；

这里始终没有任何新的创造，旧的乡思却总增新意；
虽然在新的地方面对新事物的不断出现，
可我们却总是在旧的事物中搜寻新的奇迹——
在蒙上新纱巾的老太脸上找寻儿时的记忆，
在新母亲带来新生儿的喜悦中去找寻儿时的自己，
在新组织发明新规范的呆板里去找寻传统的旧伦理，
在一位老翁迎娶少妻的新潮中去体会儿时的悲泣，
在人们不断地从旧城迁到新城的步履中去找寻曾经的旧家什，
……
我们的住房已经成了新的，却不知我的思想与情感是新的还是旧的，
住新房、开新车、看新书……似乎都是必然、都是需要，
想摇篮、听儿歌、吹乡曲……似乎更是自然、更是归宿，
……
原来啊，环境与工作都更新了，思想与情感却更陈了，
忘不了的家乡风俗，停不了的家乡秋千……
醉不了的乡曲老酒，歇不了的老调乡音……
……
原来呀，新的时代与新的环境、旧的思想与旧的乡情，是永远在一起的；
原来呀，旧的遗产与新的定位、故土情结与流浪心理，使我回游了唐崖土司……
原来呀，识时务者为俊杰，不识时务者为圣贤……
原来呀，在这新环境与旧情感之间，我不知我是谁，我确知我是谁！

引言　直到有一天

文化情怀的发生，往往是一种偶然的际遇。儿时的经历，尽管都具有文化意涵，但却从来没有把它当成是文化。直到有一天，我们知道儿歌、童谣是一种文化，而且是重要的民俗文化现象；放牛时唱的放牛娃儿歌、讲的放牛娃儿故事、做的放牛娃儿游戏……同样是一种文化，而且是个人成长中的重要的文化内容，是人们实现个人社会化的重要方式；那时，我们曾有模有样地模仿着居住的房屋搭家家、模仿着大人唱情歌、模仿着道士做道场……一切的一切，说明我们从小就在传习并创造着文化，但是，我们却从来都没有把这些东西叫作文化，我们只知道：大家都这样，这是自然而然的，这是不需要解释的……

“熟知非真知。”人们总是会产生相同的错误，所以不是“无二过”的圣人。在文化上的错误就在于作为普通人的我们，从来没有把我们自己的传习、创造与文化挂钩，更不用说把这些传习、创造叫作文化——传说、故事、歌谣、谚语、童话等属于口承文化，建筑、工具等属于物态文化，及至我们自己、我们的行为等，无不是一种文化，我们就是文化人，我们就是文化的传习者与创造者！可是，我们这些普通人却一代又一代地犯同样的错误，忽视了我们的文化主体身份与文化责任，因而忽略了我们自己的文化传习与创造，因为我们没有把自己当成文化人。

在历史上，在漫长的发展进程中，在任何一个人的成长征途上，这种初始的“直到有一天”的出现，可能是一种绝对偶然中的必然，是它让你开始反省这种错误。可是，社会发展到了全球性现代化运动全方位、多层次展开的今天，这种“直到有一天”即具有了自觉化、经常性的特征，人们有了更多的机会与它相遇——或背叛，或坚持，或使用，或抛弃，从而以一种特殊的“与文化相遇”来开启一种全新的生活方式。

我的这“直到有一天”发生于我在武汉大学哲学系的游学期间。那时我已过了20岁，是一个学习哲学的大学生，虽然哲学强调学习的是“理性化、系统化的世界观”，但遇到不能回家过年，也仍然有某种强烈的情感失落；虽然说考上了大学就有了希望，但家贫的现实却使我成为一个连过春节都无钱回家的贫困大学生，现实中总感觉到“失望总比希望多”，总是下决心以“再给希望一些时间”来支持自己的心智。虽说“麻雀都有个三十夜”，不回家过年就意味着对“团年”这一文化的背叛，但却只有情感上的不安而不知这就是文化的重要作用方式——当你在背叛自己的文化时，你才会强烈地感受到文化的存在；更为重要的是，我还是一个被称为土家族学生的少数民族大学生，是应该有浓厚民族特色的大学生……这些特殊的因素，给我提供了一个必然是偶然的机会——武汉大学为了表示对因困难而不能回家团年的少数民族大学生的关心，在春节期间专门举行了一次春节茶话会，我适逢其会……

一个偶然的参会，一个不经意地感受到的提议：“萧洪恩同学，你是土家族地区来的同学，能给我们唱一首土家族民歌吗？”不知是主持人的偶然提议，还是会议设计者的既定议程，反正就这样开启了我的这“直到有一天”——一个从此以后即开始关注我的民族、关注民族文化的新的起点……

我的这“直到有一天”就是从这样一个必然的偶然之结果开始的。一阵脸红而羞怯的等待、一种焦急而含糊的推脱：“我、我、我不会唱……”后来是怎么收场的，我已不清楚。不过，这种特殊的文化需要让我有了民族文化追寻的动机、兴趣……

我是作为“新三级”走进武汉大学的，那时没有手机、没有网络，甚至连能读书识字的人都不是很多，所以我无法立即去打听；那时家乡的人们仍然总是在唱歌，却从来没有将其命名为“土家族民歌”，因为那时人们心中的“文化”是文化人的事，是读书人的事。至于那些普通人平时所吟诵、所歌唱、所述说、所创造……一切都只是生活的一部分，是“生活”而不是“文化”，于是，在这种突然把它进行“文化”上的命名时即会让人不知所措，于是：“我、我、我不会……”即成了偶然中的必然……

“直到有一天”，1982年暑期，我回到了家，问了我母亲：“有土家族民歌？”我母亲不识字却会讲、会唱、会跳、会哭、会笑……她是地道的土家族人，不过不是叫土家族人，而是叫“土人”，与“苗子”相对。她先是对我的问题一惊，却好像是立即明白了似的，说：“是不是我们土人唱的歌？”我说：“因为我们是土家族，所以土家族唱的民族歌曲，应该就是的。”母亲说：“你平时不都在唱吗？”于是，她把所熟知的一些“土人”之歌唱了出来，主要是情歌。于是我知道：原来我们在课堂之外跟着大人唱的那些都是土家族民歌，其中一首“岩板上开花岩板上红”的民歌，我觉得特别好听，但现在却完全忘记了！

“直到有一天”，我读了《中国民俗学》，知道了我们该如何认识自己，如何界定文化，于是我形成了自己的文化观念，我把它叫作大众文化观；于是我开始总结我的民族文化，研究我的民族，于是有了我的家乡情怀，有了我的民族情怀，并将其与原有的家国情怀统一起来，于是，我成了一个民族主义者，自然也是一个民族文化的研究者。

“直到有一天”，我读了一首咸丰人写的回文诗——《万柳堤即景》，并从不同回文诗的对比中理解了个人的文化责任与文化心性：“春城一色柳垂新，色柳垂新自爱人。人爱自新垂柳色，新垂柳色一城春。”从中我看出了咸丰人在整体上的文化素质，看出了咸丰的文化元素力及其吸引力。更进一步，我又读到了邻县来凤仙佛寺的回文诗，虽然那是宗教意义上的，但却是以自然事物为喻的。这或许可以成为人们理解咸丰与来凤文化上联系的方式之一：“花开菊白桂争妍，好景留人宜晚天。霞落潭中波荡影，纱笼树色月笼烟。”于是，我开始了从多种文化现象的比较中认识自己、认识他人，认识社会、认识民族，认识中国、认识外国……文化成了我的世界观。

“直到有一天”，我又读了其他的一些东西，其中也包括雕刻意、家乡景，我也就更加坚定了我的民族心、我的家乡情、我的唐崖意、我的土司思……

如果大家也和我一样体会一下家乡的诸多文化现象，对照眼前的文化情境，品出其中的真味，你一定能在各自的地方找到不同的心境；

如果大家经历过这“直到有一天”，你可能也会用你的灵心、慧性、深情，慎意地去发现你的家乡美、故园情、民俗厚、乡景浓……

所以，我们到了咸丰，其中包括到唐崖土司城参观考察、会心旅游！而且会回望故乡，遥望未来，谱写文化的华章！

1981 年底的际遇与 1982 年暑假的感通，让我产生了心灵的飞升，可以说是一种“矮的升华”，于是一气作了一首关于文化自觉的诗：

偶然闻听民族歌，
难理清音山乡和。

远问远亲知何是？
始信乡音震山河！
唱文唱武双雄会，
一来一往一乡乐！
询知身在土家乡，
山歌好比牛毛多。

此后发现，土家族地区真的是“诗的家乡”、“歌的海洋”，可以说是看到什么就唱什么，他们所以要表达的，不是在说，而是在唱。这些唱的，于人物有大人物有小人物、有亲人有熟人也有生人；于物有动物有植物、有神物也有俗物；于事有公事有私事、有情事也有俗事……正所谓“言情于歌”！

一　咸丰像希望之火在燃烧

咸丰县虽然只是湖北省恩施土家族苗族自治州下辖的一个小县，但却是整个湖北省的西大门；咸丰的县名虽然取“咸庆丰年”的宗旨，但却并未忘记耕读传家的文化情怀；咸丰县虽然地处武陵山东部、鄂西南边陲，扼楚蜀之腹心，为荆南之要地，自古即为“荆南雄镇”、“楚蜀屏翰”，却实属鄂、湘、黔、渝四省（市）边区的结合部。咸丰县府驻足高乐山镇，县城距州府所在地恩施 98 千米（省道）、距重庆市黔江区 53 千米（省道），现均已通了高速公路，铁路也正在建设中；咸丰县的国土总面积为 2 550 平方千米，其中耕地面积约 4.4 万公顷；平均海拔 800 米左右，辖 10 个乡镇一个区，263 个村，总人口约 36.4 万人（2013 年数据），有土家族、苗族、朝鲜族、东乡族、蒙古族、畲族、羌族等少数民族，而以土家族为主体。

[游历情]

·游玩了梦幻般的咸丰·

我本来就是咸丰人，虽然从十八岁就离开了那里而在户籍上是非咸丰人了（法律上的），但我却从来都是用“回咸丰”来表达我的心境，那是一种文化上的、永远无法割舍的根底意识。其间又多次陪同外地人士参观考察咸丰，我也总会用“这是我的地盘”来骄傲地加以介绍；而在外地，有别人问我“仙乡何处”时，我也总会先说咸丰，再说唐崖河畔，再说我原籍的乡镇——咸丰丁寨。

这是一种永远的家乡情结。虽然早年曾到过黔江（当时属四川，现属重庆）、来凤、宜恩等地，但那只是偶然的访亲、赶集之类，没想到过要离开咸丰，因而也从未去想过家乡的美好，因为那只是一种无所逃离的居处环境。当到了外地，特别是20世纪80年代有了所谓的现代旅游情感以后，我即开始寻找家乡的美好，但却也从来不是想去旅游，而是想去发现，想向外人介绍——“谁不说咱家乡美！”就这样，我开始寻机到家乡游玩。

说来好笑，我游玩咸丰是从游玩高乐山烈士陵园开始的。那是2011年的秋季，因家变而登临，走近烈士陵园，总是在追问一个事：“为什么叫高乐山？”然后又盘点了周边地区的地名，同音于“高乐”者不在少数，于是我便开始了遐想——这是古代民族留下的地名吗？于是，数年下来，我在咸丰游玩的心得逐渐汇集起来：

咸丰——一个充满希望的燃烧着的火炬（地图形象）；

黄金洞——一个由名称变化即可透出神奇的目前已开发的世界溶洞中层次最多、文化沉积最厚的文化溶洞（不只是自然溶洞）；

唐崖土司皇城——一个有“小故宫”之称的久经历史风霜的多元民族文化汇集之地、土司文化遗存最为丰厚之地、世界文化遗产之地；

小南海——一个以观音信仰为参照的咸丰地震遗址命名，一个自然环境优美、历史风云起伏、人文化成厚重的水上去处；

坪坝营——一个由古代兵营演变而成的集古、奇、秀、幽、野、富等景致构成的中国中西连接部最大的原始森林群落和洞群景观；

严家祠堂——一个由庄子后裔建成的、以“敬宗收族”为宗旨的具有丰富文化内涵的祭祀堂建筑；

曲江伏流——一个具有洞天入地特色的多层次景观富集的中心城区旅游胜地；

……

可以说，充满希望的咸丰，从来就不缺少美景；充满梦幻美境的咸丰，也一定会让人产生现实美感的生活！

·极有深意的咸丰县名·

现在回到“咸丰县名的来历”。咸丰的地名确实在历史上做过年号，但查阅历史资料时我们发现其与皇帝年号并没有任何关系，纯属巧合。如“咸丰”作为县名，是在清雍正年间（1722—1735）置县，但在该县存在一百多年后，清文宗爱新觉罗·奕詝才即位，年号“咸丰”，所以此“咸丰”与彼“咸丰”没有任何关系。这种情况与浙江省的永嘉，安徽省的广德，甘肃省的景泰、永昌等不同，那些地名都和其同名的年号有一定的关系。

不过，“咸丰”的地名却大有深意。

首先，你看，这是一个用全称命名的县名，其用词具有特例，同类地名如咸宁、咸平、咸阳、都安、都宁……“都”与“咸”，在这里都是“全部”的意思。“咸丰”即“咸庆丰年”，所以我们说这是充满希望的田野。

其次，结合咸丰历史，其命名深意也由来已久。古代就属廪君国，廪就是现在所说的仓库，就是蕴涵丰收的意思；宋代为富州地，也是谋求丰收的意思；明代叫大田所，大田自然产大米，仍然离不开丰收。所以，“改土归流”后把这里取名“咸丰”，取“咸庆丰年”之意，自然也是历史有之。

再次，这个地名也体现了国家对这里的希望。这里春秋时为巴国地，唐崖覃氏即正宗的巴国后裔；战国时期楚国因为这里巫文化盛行而设为巫郡地，秦国时因这里的人民崇尚黑色而设为黔中郡地，直到唐代还仍然在此设黔中道。由于此地的重要性，到五代时，就希望感化这里的人民而设为感化州，宋代更设为羁縻柔远州，直到后来经过历史发展而成为现在的地名。

其中唯一以这里的地理位置即武陵山脉而称为武陵的，只有汉代设为武陵郡。这里现在即处于武陵民族地区的核心区。

[小知识]

·燃烧的火炬——地图上的咸丰·

从咸丰县的地图看，它正像一把燃烧的火炬，预示着“咸庆丰年”的希望就像这燃烧的火炬一样，永远照亮着咸丰人民奋进的心。

据专家介绍，咸丰县作为湖北省恩施土家族苗族自治州所辖的一个小县，其实是湖北省名副其实的西大门。县名是清朝雍正十三年（1735）“改土归流”时以“咸庆丰年”取意立旨。

虽然咸丰建县的历史不长，但从自然地理的历史演变考察，咸丰境内却同样表现出古老的地质历史和复杂的历史演变过程。在震旦纪时期，与中国大部分地区一样，咸丰县域也属于古地中海范围，初始的强大造山运动使其地层发生了强烈的褶皱及断裂，又经过寒武纪至三叠纪的多次海进沉积与海退剥蚀；再经过燕山运动而后开始脱离海侵，更经过再后来的喜马拉雅造山运动而使褶皱断裂更有加强，于是在咸丰县境形成了南北高而中间低、东北向西南倾斜的地理类型，似是女娲补天的败笔——在咸丰县境南部形成大背斜、大断裂的地质地貌，且自东向西形成了3个二级弧形复式背斜：咸丰复式背斜、“咸丰尖山—恩施大集”背斜、“活龙坪—李子溪”背斜。更为有趣的是，大背斜造成了咸丰岩层的两处大断层：一处是“沙子场—湾田—丁寨—马河”断层，另一处是“小水坪—大水坪—龙潭坝—柏杨坪—金峒司”断层，这两条断层均长达百余里、岩层断裂的地震高达6—7度。

咸丰县境处于神秘的北纬30°纬线上，独特的地质地貌造就了其独特的自然景观，形成了丰富的自然文化遗产：

——咸丰县有世界上最大的洞穴溶斗底板宏层板洞，位于县城西8千米的高乐山镇蛮道沟村。据中、法、德、比四国地质学家联合考察，洞内一块巨型溶斗整层底板面积达10 800平方米，目前编录为世界第一，洞中尚完整保存了6栋古人居室，堪称洞穴奇观。

——咸丰县有形成于侏罗纪以前，有最早的洞穴公园——黄金洞，迄今已有1.5亿多年历史。据中国和比利时洞穴专家考察指出，黄金洞汇山、水、洞于一体，分上、中、下3个洞口，内有主洞5条、支洞27条，洞洞相通，洞穴总长20千米，洞中相对高度109米，有7个大厅、4个天窗，空气流畅，是一座美不胜收的洞穴公园。

——咸丰县还有保存完好的第四纪冰川遗址，大路坝、活龙坪和坪坝营等地的“险、秀、奇、趣、幽”的自然风光，处处都是第四纪冰川留下的“艺术杰作”。

……

独特的地质地貌还造就了咸丰县域的生物和矿产资源的丰富多样，已确认在咸丰域内分布着亚热带、暖温带和温带等各类动植物2 834种，其中野生动物有210种，木本植物有160余科500余属900余种，药用植物已经鉴定的有178科650余属1 172种，牧草有32科174属300余种；已探明的矿产有20余种，产地120余处，其中煤、汞为A级储量，重晶石、大理石、石灰石、白云石、硅矿、耐火黏土、高磷土地、铜矿、硫铁矿、钾矿、镓矿为D级储量。

走进咸丰，到处都是山川胜景，大自然赐予咸丰的是一幅美不胜收的图画，“是自然的美，是美的自然”的山水画——小南海、汪大海、坪坝营、唐崖河、二仙岩、黄金洞、星斗山……都是人间仙境。与此同时，大自然又悄悄地给咸丰赐予了更多的惊艳——坪坝营的“美女晒羞”、柜子岩的“神仙遗柱”和四洞峡的“生命之源”等人与自然的神秘杰作也让人们更加敬畏自然和尊重自然。[①]

[大信仰]

·咸丰土家族人民的信仰·

土家族是多神信仰，崇奉祖先，迷信鬼神，尚巫术，打猎祭“梅山”。

中华人民共和国成立前，土家村寨家家户户堂屋里都设有神龛，供奉“天地君亲师”牌位（中华民国建立后，有不少家庭的神龛都供奉“天地国亲师”牌位），过新年一大敬，初一、十五一小敬，有的饭前还要默念祖先，这是敬近祖的大略。至于整个土家族统一的基本信仰，则是“白帝天王”和覃、田、向3位土王，这与“廪君死，魂魄世为白虎”、“三位土王生有德政，民不能忘”的传说密切相关；中华人民共和国成立前，五谷坪的向家盖、黄木坨的断头河、大坝的小梅垭、十字路的高滩、土地坪的斋公堡，都建有白帝庙、向王庙、白帝天王庙，内供白面、红面、黑面3尊神像。白面神为廪君，是主神，居中；红面神代表赤色一系，居左；黑面神代表黑穴4姓，居右。此外，忠堡李家湾、曲江大沟、梨树坝长槽还建有三抚庙、三抚宫、巴三庙，供奉大二三神，即覃、田、向3个土王。

[神故事]

·咸丰县城的来历·

传说清朝时候，湖北省施南府西边有个地方有座庙，叫柳池寺。是因为庙旁边有口池塘叫柳池才得的名。庙里有个和尚叫吴相。吴相和尚真心修行，活了很大岁数才过世。他死后，投胎到朝廷皇后娘娘肚子里，就成了咸丰皇帝。他小时候，打个光脑壳，鞋子也不穿，吃素不吃荤，硬像个和尚。

他登基当皇帝那天晚上，得了一梦。梦见自己到了一座庙里，里面供有十八罗汉，

① 参见姚胜权编著：《神往咸丰》，现代出版社2014年版，第37—38页。

天上大小神仙佛像。庙外有一口池塘，塘边柳树高大；一行一行，风景好看得很。前面来了一个道人，对他说：“这里叫柳池寺，寺里有一个和尚叫昊相。他真心实意修行，感动了上天。他死后，玉皇大帝就派他到人间来管理天下，你就是他投胎转世的。”他醒来，梦里的事，清清楚楚的。他立即传旨到全国各地，寻找柳池寺。找到后，就要去朝访。

湖广巡抚接到圣旨，就在施南府境内找到了一座庙，那里的景物和咸丰皇帝梦见的一模一样。巡抚大人欢喜得很，准备第二天就回朝报喜。

当地的官员听说皇帝要到这里来朝访，那一切招待怕负担不起，就想了个办法。当天晚上，他们叫各家各户刮来锅底的烟灰，有好几百挑，全倒进了柳池里，池子里的水就变得黢黑黢黑的，风景也平淡哒。第二天早上，巡抚大人起来一看，池水变得那样黑，难看死哒。他认为是不祥的兆头，就问了几个百姓，这里到底叫么子名字。那几个百姓是衙门的差狗子装的，他们一口咬定说叫“墨池寺”[①]。巡抚大人只好进京，把这情况给咸丰皇帝讲哒，咸丰皇帝有些失望。他想来想去，还是丢心不下，就传旨在墨池寺修一座县城，以他的年号“咸丰”为县名。

巡抚大人来到墨池寺，准备动工修城。他亲自称了方圆几十里地方的土，都没有高乐山[②]下的土重，只好把县城修到了高乐山下。从那时起，就有了咸丰县。

讲述者：刘光月 男 50岁 土家族 识字 咸丰县清坪区农民

搜集者；刘今明 张天坦

整理者：安治国

流传地区：咸丰县

搜集时间：1982年1月[③]

[巧测验]

提到咸丰，人们肯定会问咸丰县名的由来，而有历史知识的人肯定会问是否与

① 墨池寺：实有其地，在今恩施州咸丰县甲马池镇墨池寺村内，寺庙于1972年拆毁。

② 高乐山：在今咸丰县城内。

③ 鄂西土家族苗族自治州文化局等编：《鄂西民间故事集》，中国民间文艺出版社1989年版，第114—115页。

咸丰皇帝有关？

回答是又有又没有。

说有，是因为有一个有关咸丰地名的来源与咸丰皇帝有关的传说，说的是咸丰皇帝的出身（非“出生”）与咸丰有关；说有，还因为咸丰的命名的确与皇帝有关，但不是咸丰皇帝而是雍正皇帝。现今的咸丰县始建于清雍正十三年（1735）的“改土归流”，县名取“咸庆丰年”之意，被认为是中国唯一与皇帝帝号同名的县。不过需要说明的是，此事纯属巧合，而真正以皇帝年号命名的地名在中国是有的，咸丰也不是唯一的，请大家想一下……

·以皇帝年号命名的地名·

以年号作为地名是每个朝代帝王的特权，中国历史上有过600多个年号，历史上用年号作为地名的地方很多，但是流传至今的却不是很多，位于江西省东北部的“瓷都”景德镇，就是北宋真宗“景德”年间用年号命名的地名。

其他的还有福建的建安、政和、永泰，江苏的宝应，陕西的汉中、淳化，江西的兴国、隆兴，浙江的绍兴、庆元，湖南的宝庆，上海的嘉定等……

·地名的命名方法·

（1）以行业命名的是：筷子街；（2）以历史人物命名的是：曹操庙、张公堤、岳飞街；（3）以城门、公署衙门命名的是：大东门、循礼门、司门口；（4）以洋名命名的是：巴黎路；（5）以历史事件命名的是：起义门；（6）以数字命名的是：五马路、百步亭；（7）以文化设施命名的是：读书院、文昌阁。

二　唐崖由矘崖演变而来

唐崖河是咸丰人民的母亲河，是咸丰县域内最大的河流，发源于湖北省利川市的毛坝乡，其上游又称为龙潭河，下游则被称为阿蓬江。唐崖河在进入咸丰县域后，先穿透天下奇观黄金洞，再流经清坪龙潭司，后绕转唐崖镇的唐崖土司城、过断明峡，在朝阳寺电站水库作短暂停留后，又一路西征，在重庆市酉阳的龚滩古镇注入乌江，然后随乌江汇入长江，滚滚东流奔向大海，据此可以说咸丰县属乌江流域文化，区别于恩施州属酉水流域文化、清江流域文化的其他县市。

[游历情]

·我的唐崖情·

在咸丰境内，唐崖河可谓是九曲回肠，穿洞穴探地幽，过峡谷寻新奇，成平湖眺旷远，孕城池育精灵，风光旖旎的美景绘就了画廊百里、融入了万眼泉音。在“地不满东南，故江河东流”的中国内陆腹地形成了自东向西流向的倒流景观，故有“岸转涪江，倒流三千八百里”之曲。

由于特殊的地质构成等原因，咸丰县域内的100里唐崖河，奇特精巧有如鬼斧神工，厚重深沉更有人文化成。峡谷两岸耸峙的群峰似玉笔写天，如削的峭壁如画卷铺就。飞瀑高悬直泻峡谷而卷飞雪千堆，巨石嶙峋遥对苍穹而吹风曲万种。湍急水流写自然，喷涌山泉唱和谐。沿岸之植物茂盛原始而存古雅，遍布者花木芳草浓郁更犹显风情。自然馨香扑鼻养美好心情，文化含孕德慧育俊秀才贤。猕猴穿梭、山鹰盘旋、野鸭戏水，尽显万灵之净气；绿树成荫、彩云织锦、醉氧絪緼，孕育无穷之灵物。六十里高峡平湖宽阔，明澈如镜；三千曲流波浩荡温柔，细密如织。两岸村落密布，绿树翠竹掩映幢幢土家吊脚楼；一河物产繁丰，碧波绿浪织就层层水上凌波风。

这就是我心中永远的唐崖河，这就是我生于斯、长于斯的唐崖河！

我儿时的唐崖，是从大人的歇后语教育中听来的。在咸丰县境内，歇后语多被人们称为“言子”，说歇后语即叫“展言子”。其语言格局是用前半部做提示，靠后半部明观点。通常在运用时都只说前半部而略去后半部。歇后语采用比喻和谐音两种艺术表现手法，短小活泼，诙谐风趣，寓意深刻。在儿时所受的教育中，歇后语教育算是最为形象生动的方式之一。其中关于唐崖土司的歇后语，我即听到过好几则，如说：“唐崖（方言读埃）河的主人——不姓唐。”“唐崖土司的马——岩（方言读埃）的。”“唐崖土司城的门——反（转）的。”“唐崖土司的桥，桥（俏）了又桥（俏）。”……第一则是说唐崖河并不是因有姓唐的居民而得到的名称，意思是不该你的你不能动，这算是所有权教育；第二则则是讲的做事的确定性，与另一则歇后语——“五十两银子——一锭（定）。”是一个意思，告诉你不要做不必要的辩解；第三则则是讲的建设唐崖土司城的风水观念；第四则是以桥上桥为喻评价人们了不起。不过，儿时只知道其说的是什么而并不理解其中的深意。遗憾的是，这些歇后语差不多都没有被收入《咸丰县民族志》等志书中。

近成年时的唐崖，那是靠自己的脚步丈量出来的。10来岁时，每逢尖山场期，赶场赶尖山——买猪卖猪及进行其他日用品的商品交换，也会经常光顾土司城，在那里去领受新奇，感受神圣，享受文化；自然，在赶场做小生意（小买卖）时，也会心向往之。从家乡到尖山，路途遥远，出门时大人会交代你——“穿钉鞋杵拐棍——把稳着实的。”即使如此，却也经常吃亏，那就叫——“场背后落雨——街背湿（该悖时）。”所以，成年时进出的唐崖，是与几十里的山路、沉重的货担、艰难的脚步、柔软的草鞋、生活的希望相关联着的，那是生活艰苦却不缺快乐的唐崖，以至于如今还记得一些买猪卖猪的技艺行话，如买猪者说猪耳大时会说——“耳朵盖过脸，吃潲过舔（不啃吃）。”卖猪的则会说——“耳朵两扇门，吃潲喂不赢。”……这些是十足的乡土乡音，即使在如今，也还未在网上发现！

工作后的唐崖，那是心中的想象和耳音的回响。1979年离开咸丰，负笈游学武汉，毕业后回转到恩施工作，20多年都没有再到过唐崖，但却不时从报刊、广播中听到，后来则是从电视等中看到，或者是从老乡的言谈中听到，若有一段时间没有了唐崖的相关消息，也会在心中问上一句："你还好吗？唐崖！"

从事研究工作后的唐崖，已是我永远的文化圣殿与心灵的故乡，以至于别人问我"仙乡何处"时，我便会自豪地说——"仙居恩施，唐崖河畔。"这时，我会对他进行解释：

唐崖本来不叫唐崖，古籍中或写作"堂崖"，并时常把当地的"覃"写作"谭"，可见"唐"、"谭"、"覃"、"堂"，及至"潭"、"塘"……都是对少数民族地名的音译，更确切地说，这是对土家族古语的转译，"唐崖"之"唐"是地名的领有者，而"崖"则是一种居住方式。

这是一种什么生活方式呢？中国汉语言文字提供了证据——这是一种穴居的方式："厂"字即原始穴居的形象表现，《说文解字》："厓，山石之厓崖，人可尻，象形。"段玉裁注："尻，旧作居，今正。厓，山边也。崖者，厓也，人可居者，谓其下可居也。"从考古发掘的穴居材料多得难以统计来看，这是原始初民的一种普遍的生活方式。所以，《易传·系辞传》说："上古穴居而野处，后世圣人易之以宫室，上栋下宇，以待风雨。"……

这唐崖，就是由这样一直居住在山边的巴人五姓中的"瞫氏"留下的地名，而这个"瞫氏"，夏、商、周三代其后裔有潭姓、谭姓、覃姓。潘光旦先生在《湘西北土家与古代巴人》一文中认为，覃、谭、潭应为廪君蛮五姓瞫之笔误。这一点，我们从历史上将唐崖译为"堂崖"，将当地的土司首领"覃彦实"写为"谭彦实"……本身即说明这是一个音译当地地名而误的结果。就像如今均读"唐崖"为"塘押"而不读"唐埃"一样。唐崖就是这样一个被不断转译的地方。对于中域政权来说，也可算是"重译来朝"了。

所以，这是一个历史悠久的地方。

2004年，我们组织首次唐崖文化考察，后来写下了《现代化背景下土家族新型村落文化传统的生成——以湖北省咸丰县唐崖土司村为个案》的论文，并指导过硕士论文。自此而后，又数次深入唐崖土司城遗址进行考察，每次都有情感的升华与思想的深化。如今，唐崖土司城遗址已成为世界文化遗产，由于"奇葩放异彩"，因而到了“重新审视土司城的价值”的时候，人们应该去领略“唐崖：一曲武陵唐崖土司的慷慨壮歌”。如今，唐崖又有了一个新的名号：新贵“世遗”。

[小知识]

·巴人瞫氏后裔——覃、谭·

巴人后裔，绝大部分融入进了中华民族中人数最多的民族——汉族，其中亦有一部分融入进了苗族、瑶族、彝族、侗族、黎族、壮族、白族、水族、土家族、仡佬族、布依族等。他们中，土家族是巴人一支的后裔融合其他兄弟民族成员形成的一个族群共同体。因此，我们在土家族之源追溯时往往要涉及巴人。也就是说，在现今土家族风俗习惯中，有着巴人的一些“遗存”。其中巴人五姓之“瞫”，古代读音有三：一为“审”，二为“潭”，三为“琛”。其中“瞫”读音“审”，一音之转为“寻”，在今鄂西、渝东南及至湘西境内，其读音依然如旧，音近“邢”。

“瞫”氏，夏、商、周三代其后裔有潭姓、谭姓、覃姓。潘光旦先生在《湘西北土家与古代巴人》一文中认为，覃、谭、潭应为廪君蛮五姓“瞫”之笔误。在清江流域，广泛流传有神话传说《佘氏婆婆》、《鹰驮佘太婆》等，内容不乏原始氏族“族内婚”、图腾融合之遗迹。诸如感生神话、“兄妹结婚”、“蛇婆婆”、“鹰公公”等，其中所叙可以帮助我们理解“瞫”与覃、谭、潭的相应历史关系。

据这一带的有些《覃氏族谱》说：“瞫”之改“覃”，原是巴人有五姓之一“瞫”姓，后改“审”，改“谭”，唐玄宗避蜀，巴人谭氏接驾，赐为覃。据此可知，唐崖河因旧时此地为“瞫”氏所居之地，故有“谭”之读音，应为谭崖、覃崖之音译，后读为今之“琴”音，反不知其源也。

[大信仰]

·土家族的信仰·

土家族信仰多神和土王崇拜、祖先崇拜。他们信仰崇拜的对象，往往都与神话传说有关，与他们善猎、从事山地农耕和土司制度的兴废有关。由于道教、佛教、基督教也先后传入，对于土家族的信仰，也有一定的影响。

土家族的信仰文化主要有神灵崇拜和祖先崇拜。神灵崇拜有神话传说中的神灵和自然神灵，对祖先的祭奠甚至已成了宗教中的祖先崇拜。

土家族信奉多种神，没有固定的宗教信仰。而神灵崇拜是其中的一种。神灵崇拜有神话传说中的神灵和自然神灵等的崇拜。首先，在神话传说的神灵崇拜中，有观音娘娘、土地公公等。在土家人的心里，观音娘娘是救苦救难的菩萨。因此，人们在有灾难的时候，就烧香纸给观音娘娘求解救；在无灾难时，求她保佑。俗传农历的六月十九日是观音娘娘的生日，人们在这一天里，在天还没亮的时候，就把自己洗漱好，把家中的餐具清洁一遍，这样做是为了去荤，好有一个干净之身去朝拜。他们带上香纸和果品等去附近的寺庙朝拜。观音娘娘不仅给人们解救和保佑，而且给人们送子，因而还被称为送子观音。此外，土地公公作为神灵崇拜在中国的很多地方都存在，在很多的小说和电视剧中都出现过。土地公公跟观音娘娘一样，也解救和保佑人们，但没有观音娘娘那么神通广大，无所不能。在土家人过节的时候，都要带上香纸和祭品去祭拜。特别是在重大的节日里，如春节里，人们会带更多的物品去祭拜。

在土家族地区，自然神灵也很多，如山神、水神、洞神、风雹神和五谷神以及各种动植物的神。当遇到干旱需要雨水的时候，人们就带上香纸、水果和肉等祭品去祈求山神、水神和洞神而求其下雨；祭祀风雹神是土家人最具有特色的信仰了，它多是由三五名妇女逐户凑集钱请祭品，或到背风的山凹或是水洞前设祭跪念：“祈求风雹大神，慈悲万民众生，莫刮大风，莫降冰雹，保佑地方平安。信妇某某跪拜。”土家人很喜欢打猎，在上山之前就用香纸请求山神原谅，并祈求打更多的猎物。五谷神以及各种动物的神一般是在节日祭拜，尤其是在春节。

祖先崇拜是土家人最主要的宗教信仰。土家人认为祖先处处关照子孙，是最好的神，因此对祖先十分崇拜，故称为祖先神。祖先神多数具有原始社会的风貌，只有少数才反映着阶级分化之后的现象。在湘西，有八部大神，如永顺老司城、龙山马蹄寨和水坝洞都建有八部大神庙，是年节盛会时群众祭祀游乐之处，八部大神指八个弟兄，他们都有土家语名称，如破西卵蒙、缺太卵蒙、泽在卵蒙、拜尔卵蒙、洛驼卵蒙、蜡烛卵蒙、比耶卵蒙等，这八个弟兄是土家族先民中的八个部落酋长，曾领导土家族先民的长途迁徙。在恩施则更多的是祭祀巴务相。[①]

---

① 以上录自 http：//www.huaxia.com/ly/fsmq/dl/2013/08/3470885.html。

[神故事]

·廪君神话·

其实，唐崖河的地名起源于古代巴人。关于巴人的神话传说有不少。《后汉书·南蛮西南夷列传》等记载：

> 廪君之先，故出巫诞。巴郡南郡蛮，本有五姓：巴氏、樊氏、瞫氏、相氏、郑氏，皆出于武落钟离山。其山有赤、黑二穴，巴氏之子生于赤穴，四姓之子生于黑穴。未有君长，俱事鬼神。廪君名曰务相，姓巴氏，与樊氏、瞫氏、相氏、郑氏凡五姓，俱出皆争神。乃共掷剑于石，约能中者，奉以为君。巴氏子务相，乃独中之，众皆叹。又令乘土船，雕文画之，而浮水中，约能浮者，当以为君。余姓悉沉，惟务相独浮。因共立之，是为廪君。

你不要看这个古代的巴人，在中国历史上却有不少可圈可点之处，大巴山、大别山、巴水、巴河……都是其留下的地名，其中襄樊即是由此巴人五姓中的两姓所留地名，现今土家族的覃、谭、向等姓也由此而来。

·唐崖土司招驸马·

荆州人张云松从小好读诗书，喜习武艺，未满十八岁就能文能武，才智超群。他生性刚直，深明大义，常为人鸣不平。当时的荆州官府、地主豪绅，都视他为眼中钉肉中刺，总想方设法加害于他。张云松更恨透了那些贪官恶霸。一天深夜，他摸入荆州府衙杀死了贪官，官府就出榜捉拿他。张云松自知难待下去了，就悄悄邀约好友李元，化装成商人，奔荆南道向夜郎国方向逃走。

张云松等披星戴月，翻山越岭，不知走了多长时间。一天，来到了唐崖土司管辖之地一碗水下边的滴水岩。其时天色已晚，忽见一股火光从山村大院中射出。奇怪！——有人喊爹叫娘，急呼“救命”。云松顿时心如箭穿，急速迎着火光，插入人群中，仔细一看，原来是一群士兵正在明火执仗地抢劫民女。一对老年夫妇紧拖着女儿不放，号啕大哭。小姑娘双脚乱蹬那些拉她的士兵，高喊救命。云松急了，将双手插进士兵中，用力向两边一分，士兵就你撞我、我撞你地滚到一旁了。云松飞身上前，抓住班头的脑壳一旋，班头就乖乖地跪在院子里了。倒下的士兵爬起来举起棍棒向云松打来，云松不慌不忙地接过一棒，顺手来一个秋风扫落叶，只听得“当当”几声，众士兵手中的器械早已向四周飞去，不见踪影了。士兵们一个个摩肩摇臂，服服帖帖地陪着班头跪在一起。云松一面注视着士兵，一面向老人问缘由，老人哭诉道：“壮士不知，我姓陈，两老年近七十，仅得一女，放给河对门磨刀溪李家，定明日完娶。这不讲天道的土王就像牛马畜生，规定百姓嫁女要让他先玩三夜。客官哪，谁无儿无女，谁无姐无妹，怎不叫人痛心啰！”①说完，又大哭起来。这边班头见势不妙，急忙叩头施礼辩说道：“怪不得我等，土王下令，我等不敢违抗。”士兵们都连连叩头求饶。云松心想也是怪不得他们，即向士兵说道：“也罢，待我修书一封，让你等带回去，交给土王，一来好让你们前去销差回命；二来也好顺便教育一下你那残暴的昏君；三来也好表明我的来意。”说完，即吩咐李元在行囊中取出文房四宝。他磨墨举笔，一挥而就，转身交给班头道：“你等回复土王，说我张云松在此等候大驾光临。”

班头双手接过书信，众士兵拜谢饶命之恩后，就乖乖地抬起花轿，灰溜溜地回唐崖土司城去了。

大殿上，喜角齐鸣，灯火辉煌，侍从们忙忙碌碌，你来我往，为土王办理迎新喜会。土王高坐在大殿之上，得意洋洋，双手拍着交椅，二郎腿翘得老高。他已经忘乎其形地淫心荡漾起来。正当他得意忘形之时，班头已慌忙上前跪倒在地，对土王说道：“我主大事不好，今夜遇到强人，民女没有抢到。”土王慌忙问道：“他是哪家强盗，敢在我的辖境内耍威风？这还了得！”班头又忙把书信呈上，土王急忙拆书观看，书信写道：

① 关于“初夜权”的问题，学界有争论，一是认为这是一种土司专制制度，并用来说明婚姻制度的问题。不过有不少学者反对其说。我们认为，有个别土司司主如此，是可能的，但从整个土司制度上看，目前还缺少文献依据，民间故事除外。另有一说是：这是一种土家族的“忌头禁初”的文化信仰，如张应斌在《土家族“天地再造”及其哲学观念》中即认为土家族古代存在着一种“再次观念”，并通过“长子禁忌”、“处女禁忌”、“二劫人”、“二次葬”等文化现象，指出忌头禁初观念与重二重再观念从正反两方面反映出土家族原始认识方面的丰富内容；表现为认识过程中的多次观念，行动过程中的多次实践后的最后选择。这种观念极大地参与了原始文化的生成建构过程，产生了原始宗教的多神现象，可以帮助人们认识和了解不同于汉民族宗古法古的文化历史观的土家族古代原始文化的真实面貌，“初夜权”现象即是一例。不过，此传说与历史事实略有出入，我们在后面《唐崖河的主人——不姓唐》中有所分析。

钧鉴：

君主多以仁德治国安邦，如此才能获得人神之爱戴。凡人心顺者则天下安，人心逆者则国难存，岂有以残暴荒淫安天下者哉？吾虽不才，却略识春秋、稍明礼义，今君王仗虎威而欺凌百姓，吾忿忿不平。土王赦士卒之罪，宽不才之愚，以德治士，爱护弱民。若如是，天下则愿寄身麾下，力效犬马；若执意昏残，不纳忠谏，天下将庇怜弱小，力抗强暴，虽千军万马，在所不惧。

立候旨意！

客张云松拜

土王看后心想，此人不但勇武，还兼文才，却来教训起我来了。正思忖间，班头上前在土王身边轻声说道："依我看，此时我唐崖缺人，那客人却有些本领，文武皆备，若得此人，君主的江山将更加兴旺。舍一民女，得一有用之才，乃是我主洪福。愿我主深思。"土王想，班头之言有理，贼盗未平，兄弟、戚族争权不休，若能得一武士相助，也是一大幸事。他不觉信口吐出："罢！罢！罢！快摆宴迎接张义士过门做客。"他立即起身走出大殿，高声宣谕："下面听好，做好准备，此人若真有才能，我当敬为上宾；若不然，就结果了他。尔等看我的举止行事。班头，你去拿一张大红请帖，带上兵马，打轿前去迎接张云松。"众人皆应声各自去了。

再说滴水岩的陈老汉，见到壮士动武，早已吓得魂飞魄散。他闭上眼睛，暗暗祈求老天保佑，心想这回一定要惹出大祸，我两老的性命难保了。

士兵一走，陈老汉急急忙忙拉住云松的手说："承蒙客官暂时为我解了围，可我家将会大祸临头啊！我想土王是不会就此罢休的。"云松连忙施礼向陈老汉说："此地不能安身，我们同到别处去吧。我与李元兄弟保你们平安。"陈老汉拱手谢恩，即请客人进屋吃饭叙话。

陈母与其女儿献上饭菜，同桌进餐。忽听对山锣鼓声响，吆喝声越来越近。陈老汉闻之吓得全身发抖，忙对张云松说："又来了，怎么办啰？"云松不慌不忙地站起来，紧紧腰间丝带，安慰陈家两老说："大伯不用怕，万事有我们，请两位老人和小妹妹放心。"说完话，就拉李元步出堂屋。云松直立于廊檐下，两眼直视着来人的方向，眼看火把已近，人已来到地坝里。云松在石阶上发出一声巨响："你家主子来了没有？"士兵们一个个吓呆了，唯有班头鼓起勇气，鞠身捧帖，向云松施大礼说道：“客官息怒，我家君主羡你武艺高强，文墨出众，特派我等打轿前来迎接客官上殿做客。你若不信，现有请帖在此。”说毕，献上请帖。云松看后，心想自己打了他的人，反而送来了请帖，其中莫非有诈？又见班头把手一挥，官轿已到云松跟前来了。班头毕恭毕敬地请张爷上轿。这下可急坏了陈老汉，他一把拉住云松的衣服，力劝云松道：“恩人不能去！不能去呀！”云松心想，若不去，反会被他所耻笑，待去后见机行事。李元见此情景，怕云松中计，忙上前对云松说：“陪兄去如何？”云松止住道：“小弟不能去，你要在此看护陈老一家，我到那里，自有应变之策，请你放心。”说罢不慌不忙地告别李元和陈老汉一家，才上了轿子，士兵们吆喝着打起锣鼓，抬着云松直奔土王大殿去了。

却说土王有个姑娘，人称丽城公主，生得如花似玉，性情豪放，心地善良，从小学习诗书，爱好武艺。对她父王的胡作非为早就看不顺眼，但多次劝谏无效，感到非常痛心。今晚听得丫鬟说滴水岩有一英雄，文才好，武艺高，迫使父王召见。公主深感新奇，要丫鬟与她同步后殿，藏于门帘之内，静等英雄到来，看个究竟。

没等一阵子，锣鼓喧天，鞭炮齐鸣，人声嘈杂，果真由士兵抬来了一顶官轿，停放在殿下。乖巧的班头前去开轿帘，但许久都不见人出来。乖巧的班头慌忙上殿向土王道：“我主派我等前去迎接张爷，现人已到，我主怎么还安坐不动？主上若真爱其才，理应下殿迎接，这叫礼贤下士嘛！”土王无奈，只得下殿迎接。云松见土王下殿，自己也躬身出轿，同土王一同步向大殿，施礼参拜。土王给张云松赐座后，提问甚多，云松应对自如。这下可喜坏了帘内的丽城公主。她见云松眉清目秀，智勇双全，才华出众，从心底已产生了对云松的爱慕。聪明的丫鬟已猜到了八成意思，就故意拍她的肩膀说：“可如意啰！”接着提醒公主道：“班头不正是可靠的人吗？”公主点点头，丫鬟忙咳一声，用手势招来了班头，对他暗示了公主的心事。班头会意，上殿向土王施大礼禀道：“我有一事启奏我主，不知能言否？”土王笑道：“今日你为我接来一位将才，立了大功，有话但说无妨。”班头道：“国有能臣，可以治国；家有强人，方可家兴。今日为我主迎来张爷辅佐，强盛之日可期。张爷青春年少，满腹文才，奴才愿作红媒，恳乞我主开恩招为驸马，一可成全公主美事；二可使张爷安心于此，真正为我主的护将；三可使覃门子孙得此良师，代代都能通经善武，这唐崖基业也就永安于世了。但不知我主意下如何？”土王听后，心想，此人确实青春年少，才貌双全，招为驸马，确也无辱于我。班头见土王沉默不语，想已得了八成功夫，要成公主之美，还得再加一把火，他连忙又施礼向土王禀道：

“丽城公主是你亲身亲养，她的品性你晓得，她常对人说‘配偶不当，愿终身不嫁’。望我主珍惜公主前程。今日的奇遇，算是天赐良缘，机不可失，时不再来哟！”土王越听越感觉班头的话有理，就向班头点头示意。班头见土王点了头，自知事情得了九分，心想不如再加一鞭，来个顺水推舟，完成这桩美事，又向土王禀道：“男婚女嫁，人伦之常，我主可诏公主上殿问话，是大光明的事，请我主降旨。”土王想，班头所言也是，自己的女儿个性倔强，为了日后免受埋怨，是要问明方可。他立即降旨：“宣谕公主上殿。”话音刚落，丫鬟就扶着公主上殿了，跪禀道：“父王召见女儿有何吩咐？”土王道：“为的我儿终身大事，特召皇儿上殿面议。今由班头为我迎来一位壮士，姓张名云松，荆州人。他饱览诗书，通晓武略，英俊年华。父王有心将女儿终身许配张生，但不知我儿意下如何？”公主恭恭敬敬回奏道：“孩儿遵命。”退下去了。班头来了个击鼓催花，急水架轿，忙向土王禀道：“我主真有福气，公主与张爷既已定为终身伴侣，依小人之见，不如借今晚吉日良宵，恩赐他俩成就百年之好吧！”云松闻知，慌忙跪下禀道：“远处游子，尚未向双亲请命，此事不可。”公主听了，心里焦急。多心眼的班头忙上前扶起云松，紧握住云松的手说：“还啰嗦么子，还不快快与我主谢恩！”云松无奈，只得上前跪下，叩头谢恩。土王慌忙下位扶起云松，立即高声宣谕：“文武官员听命，今晚招纳驸马，速摆筵宴，准备行大礼。”不到半个时辰，笙箫鼓乐，吹打弹奏，好不热闹。执事们高喊：“男立殿上，女入洞房，龙凤呈祥，大吉大昌……”

朱忠海搜集整理[①]

[巧测验]

·巴人遗迹遍华夏·

巴人后裔在湘、鄂、渝、黔、川、陕、豫、闽、粤、桂、晋、鲁、皖等省市区均有定居或流人，并留下了不少与巴人有关的地名，诸如巴口、巴山、巴水、巴丘、

① 参见杨适之等主编：《咸丰民间故事集》，湖北人民出版社2007年版，第43—49页。以下不少民间故事未加注明者即多出此书。

巴州、巴江、巴县、巴补、巴岭、巴城、巴峡、巴普、巴山县、巴川县、巴子台、巴中县、巴公原、巴东县、巴丘城、巴丘湖、巴西县、巴成县、巴兴县、巴格兰、巴铃箐、巴渠县、巴遂山、巴蛇山、巴蛇岭、巴人岭、巴苗岭、巴蛇塘、巴虎丘、虎巴岭、夷巴坡、巴蛮山、大巴山、小巴山、巴庙岭、巴虎坪等。

巴人遍布神州，与“巴”字有关的语言成为某一地方通用语、歇后语、常用语、警示语、俗用语、惯用语、物用名、工具名、设备名、设施名等，诸如耳巴、嘴巴、下巴、巴结、巴甫、巴斗、巴贯、巴壁、巴撮、巴杆、巴箕、岩巴、泥巴、锅巴、尾巴、补巴、溜巴、巴不得、巴壁虎、巴钩子、巴砍刀、巴腰刀、巴背篓、巴提篮、拖巴绳、巴山夜雨（不觉得）、巴山情义（看不到）、巴蛇吞鹿（心厚）、岩巴擦石板（硬碰硬）、巴叶子下河（车水）、巴杆子站人（好险）等。由于他们所处的环境不同，从事的工种有别，许多同样的语言，所表达的意思各含其义者亦多有之。[①]

① 邓和平：《巴土源流研究》，云南人民出版社 2008 年版。不过，有的“巴”并不与巴人有关。

三 唐崖土司的兴衰

元朝末年（1346）[①]，元朝设立唐崖土司，此后历经元、明、清三个朝代，相延18代，共389年。元建制时，功授宣慰使司；明洪武四年（1371），因“过”降为长官司；永乐二年（1404）升授宣抚司，并颁授活龙、菖蒲二副司；明朝天启年间（1621—1627）复为宣慰司；清康熙十八年（1679）又降为长官司，直到清雍正十三年（1735）“改土归流”。

[游历情]

·品读唐崖土司王城的美·

各地都有自己的美，这些美都需要去发现、去体会。

唐崖土司城的美，因为自然原因及历史风霜，已消退了不少。但是，在残存的以建筑石刻为主要载体的人文化成之美，却时至今日也仍然与其特殊的自然生态环境和人文环境相映照，放射出独特的审美光芒。

首先是自然之美。走进唐崖土司，按照传统风水学的寻龙点穴术，你会发现其山水的起伏显隐，南北并有来水汇集于东面唐崖河且呈储藏于明堂的潭状，可谓四水归流于前面岸山的中心，且略呈蛾眉，蜿蜒有如玉带；玄武深而朱雀翼，青龙飞而白虎伏；祖山父山超群拨众，岸山靠山两情相悦，正所谓“万水千山总是情”。

① 或说1383年，或说1346年，或说1355年，本书根据资料来源而并存其说，但主张为1355年。

就是在这样的环境中，形成了城址的特殊美景，当地老百姓即有明确的审美认知，并总结了唐崖土司城的十八景[①]：上有天生二桥，中有明锅二口，下有蛮王三洞；前有青龙迎圣，后有玄武护身；桥上桥，72步朝天马；路上路，21步牌坊梯；群猪过河约贵人下山，犀牛望月遇白龙锁江；二龙抢宝留凤凰脚印，象鼻吸水向金银塘中……这样的龙脉穴场，这样的仙居空间，已不只是大自然中一颗闪闪发光的璀璨明珠，更是人文化成之一处熠熠闪烁的煜然精灵。你看那玄武山上的夫妻杉，久说那是明朝天启年间（1621—1627）土王覃鼎夫人田氏亲植，意愿为夫妻"同谐百年"，本已因物传情；而杉树本为球花单性、雌雄同株树类，人们却将其想象为一雌一雄、一刚一柔，一叶如针、一叶细软，因而又被称为"姊妹杉"。或看，御花园中，一棵红树主干中有两竹自树腹中穿空而出，丰姿挺秀，传"胸有成竹"之自信；司城圣域，在贾家沟，一溪细流清泓里传数妃来碧潭内浣洗浴心，水映佳人，留妃子泉音之甜美……

其次是雕刻工艺之美。目前保留的张飞庙、土王坟的雕刻都极具代表性。在张飞庙的石人石马，可以说凡有一定人文素养者都会为之动情：初观表面形象，人、马都形象高大而有如北方蒙古人、马；但细审内在文脉，马饰、马佩均风格独特却又断非蒙古传统文传[②]。人马合而连体，用整石雕刻而成，仅大型石材搬运，至今仍是一谜；人马合为一庙，取绿豆沙石雕就，就文化精神信仰而言，无异于天人同体。此石在恩施境内唯有咸丰清坪的把界、天星桥和恩施市区有之，离遗址最近的距离也有20千米，何以致至之？土司在中国西南多传：湘西永顺的司城、老司岩和贵州等地并存，传历史最久的还时至20世纪，何以存之？据传，1978年为恢复石马之一残尾，在当地怎么也找不到同样的石材相配；更信，全国范围内南京的六朝陵墓雕刻和陕西的唐朝陵墓雕刻都可谓巨石雕刻，却独有土司王城人马连体的整体雕刻规模更大、雕工更难！其他如牌坊的修建，传说前后用了300人历时一个月方立成竣工，在当时无吊车起重的情况下，靠一个乞丐建议用填土垒石的办法完成顶脊修建；

① 调查到的唐崖土司城的十八景是：玄武山二龙抢宝、大寺堂扑地狮子、张爷庙群猪下河、铁鼻寺上象鼻绞水、犀牛脚、白龙锁江、五马洞、贵人山、花台、凤凰脚、八大寺庙、桥上桥、路上路、72步朝天马、21步牌坊梯、上有天生二桥，中有明锅二口，下有蛮王三洞等。

② 据长期管理唐崖土司王城的管理员陈兆南老人介绍，这里的石人石马，凡观光者无不叫绝。中央领导乌兰夫即于1984年到此参观，并连声称赞，全国就发现这两匹这么大的古代蒙古马雕塑。然而，根据蒙古族学者的考察，至少从马饰、马佩等形制上，此与蒙古文化相异，我们认为这是仪式性的马雕。

墓厅之奇特设计，雕刻之精湛工艺，并可品出真美……

再次是古朴的人文风俗美。唐崖土司城存在于咸丰古老的民风民俗之中。土家族在文化信仰上是一个真正具有大气派的民族，可以借用“漫汗通观儒释道，从容涵化印中西”来概括。在民间，信鬼神、尊祖先、崇文儒，诸神合祀合享，真正的诸神大融合；在司城，敬玉皇、信土地、喜奉佛，众灵同祭同奉，十足的众灵大团结。据《咸丰县志》记载，覃鼎夫人田氏，“尤喜奉佛”，自四川峨眉山朝奉归来，还专门在司城内外先后修建了大寺堂、玄武观、桓侯庙等建筑。据陈兆南老人回忆说桓侯庙又称马王庙、清代俗称张王庙等来看，即明显地反映出诸神信仰的适用理性。此外，遗址内的其他建筑如土家族吊角楼依山、傍水，舒适、美观；其他风俗如土家人酷爱喝“油茶汤”、菜肴不离炒酸辣，婚俗有“哭嫁”、葬俗有打绕棺唱孝歌做道场，节日丰富……这是一道真正的土家族美丽风景线。

·唐崖河的主人——不姓唐·

说起唐崖，还得从一则歇后语说起。这则歇后语就是：

“唐崖河的主人——不姓唐。”

这是怎么回事呢？据藏于原咸丰尖山乡（现为唐崖土司镇）鸡鸣坝烂沟子覃太安先生家的一本《覃氏族谱》序说，是因为“土人因有唐朝下马落业古语”而得，事实如何呢？

生活在唐崖土司城及其周围的主要姓氏是覃氏，后来由于招驸马、避难等原因迁来了张姓、罗姓和陈姓……

有人说唐崖河覃氏出于蒙古人[①]，如中华民国时期的唐崖《覃氏族谱》即有如此说法，对于覃氏的早期世系即列出覃氏远祖是：铁木乃耳→颜伯占尔→文殊海牙→脱音帖儿→福寿不花……覃启处送→覃直什用→覃耳毛→覃忠孝→覃斌→覃彦实→覃文铭→覃天富→覃万金→覃柱→覃文端→覃鼎→覃宗尧→覃宗禹（尧弟）→覃鋐（宏）→覃溥泽→覃梓椿→覃梓桂（椿弟）。由此，更有学者做了深入的考论，认为唐崖土司是蒙古人的后裔[②]。不过，仅从时间上看，这是有问题的。你看，整个元

① 王平：《唐崖覃氏源流考》，《贵州民族研究》2001 年第 3 期，第 133—139 页。

② 王希辉、杨杰：《唐崖土司覃氏世系及其征调述略》，《三峡大学学报（人文社会科学版）》2009 年第 5 期，第 11—16 页。

朝对全中国的统治仅99年（《覃氏族谱》只承认88年），而据史传，恩施是最后被元军攻下的，时间是1276年[①]，到覃启处送、覃直什用时期，据民国《咸丰县志》之《舆地志·沿革》和光绪《湖北舆地记》之《施南府》中至正十五年（1355）关于"又于施州南境蛮地置龙潭安抚司、木册安抚司。唐崖长官司，寻改为唐崖军民千户所……元末明玉珍据有其地……改唐崖军民千户所，为唐崖宣抚司"的记载，可以确认覃启处送在元至正十五年（1355）正式就任土司，初为长官司长官。由至正年间上溯至元军攻下恩施的至元年间[②]，即使按1276年始算，到1355年，仅79年，不到80年，而按《覃氏族谱》的记载，这段时间经历了铁木乃耳、颜伯占尔、文殊海牙、脱音帖儿、福寿不花、覃启处送，有六代人，平均年龄不到14岁；若是算至1284年，则仅71年，平均不到12岁。若是算到1346年，则时间更短，何况覃启处送受封应是在成年以后，是此可知，仅从谱学的角度看，这就不可能。而覃启处送之后的17代共历时元、明、清三个朝代共381年，几为22.5岁，考虑到长子继承制的通例，或可勉强说得通。所以，除其他学者的考证理由而外，仅从谱学的角度看，对于唐崖土司为蒙古人之后一说，就可以肯定地说："这不可能。"事实上，这也已有学者申论[③]。所以，新近出版的《中华覃氏志·湖北卷》即清理了唐崖土司的一般世系：在总体上属覃汝先宗支，以恩施市柳州城的始迁祖覃汝先而得名。覃汝先宗支的起源有"源于宋代"和"源于唐代"两种说法。对于唐崖世系来说，其直接世系始祖（始迁祖）即覃汝先（1098—1186），祖籍为陕西汉中南郑，原居重庆瞿塘关（今重庆

① 元至元十三年（1276），元蒙军队定万州后，即派骠骑卫上将军杨大渊进攻施州，擒了统制薛忠，而施州守帅向艮（施州道正乡人，初署参军，历任都统）凭险抵抗，用土炮流箭、滚木擂石挫败蒙军多次攻城，元蒙军伤亡惨重，只好围而不打。向艮率部坚守半年之久，终因弹尽粮绝，在一个风雪交加之夜，突遭元兵夜袭，炸开西门城墙，元蒙军大举入城。向艮率部奋力抵抗，不屈阵亡，城破。元蒙军攻陷柳州城后，即将施州治所迁回原址，清理户口田赋，加固维修城墙（在宋原土城基础上）。一方面是为防范和震慑当地各族人民，另一方面也促进了施州城市的繁荣和发展，并使之日渐成为鄂西南地区政治、经济、文化中心。

② 明万历《湖广总志》卷66记载："蔡邦光，至元十三年（1276）攻施州，夺其城，征散毛，卒。"石抹按只"领诸翼蒙古、汉军三千戍施州"平叛；至元十九年（1282）九月，"亦奚不薛之北，蛮洞向世雄兄弟及散毛诸峒叛，命四川行省就遣亦奚不薛军前往招抚之，使与其主偕来"；至元二十一年（1284）七月，叉巴、散毛洞曾再次举行大规模的反抗。元世祖"敕荆湖、四川两省合兵讨叉巴、散毛洞蛮"。"塔海贴木儿，答答里带人，宣武将军、管军总管。五溪蛮散毛、大盘蛮向木得什用等叛。从行省曲里吉思帅师往讨，皆擒之，杀其酋长头狗等。"

③ 湖北省文物局等：《唐崖土司学术研讨会论文集》，科学出版社2014年版。另见《鄂西土家族简史》编写组组编之《鄂西土家族简史》，内部资料1983年版，第16—17页。

奉节一带），妣向氏，夫妇卒葬“施州柳城”（即今恩施市柳州城，下同；《女儿寨》的传说中有其史影），生子：伯坚、伯圭。唐崖土司所属为伯坚后裔。伯坚为汝先长子，妣唐氏，生仕普（即普诸）、仕谙、仕觉、仕鳌四子，夫妇卒葬“施州柳城”，唐崖土司所属为普诸后裔；普诸为伯坚长子，因抗金和镇抚峒蛮有功，被封为镇国大元帅，后从柳州城迁往宣恩，任施州镇边万户总管府总管，妣田氏，封一品镇国夫人，生子：尔毛、野毛（后改散毛）、化毛，唐崖土司所属为化毛后裔；化毛为普诸三子，元至元二十年（1283）奉长兄覃尔毛之命，领兵三千，攻打马化龙取得唐崖五峒地（今咸丰唐崖土司镇一带），置唐崖军民千户所，以化毛为千户，覃化毛为唐崖土司首任司主，化毛治理唐崖深得苗蛮的信任与诚服，称化毛为“启处送”（土语，意为上天赐予的仁主），化毛后裔属“唐崖土司属宗支”，曾用“金陵堂”堂号，生子值什用、值指用，其中值什用为化毛（启处送）长子，袭父职任唐崖土司司主，生子耳毛，唐崖土司所属即其后裔。不过，经过谱学对比，从覃汝先（1098—1186）经四世至覃耳毛袭职（约1284年），世均20多年，与后续世系基本一致，基本上可以说具有谱学确定性。但于历史所记，唐崖土司受封年代又与史有所不合，说已见前。

上述谱学证据也得到民间传说的证明：

> 土司皇是不是蒙古人我就不清楚了。我只清楚他就是这一块儿的人。覃家的人就在这一块儿住。来的时候是“覃挑担、向牵狗、田黄二姓打摆手”，覃家跟（与）向家跟（给）田、黄二姓帮忙挑担，田、黄二姓空着手在前面走。他们是一路来的。唐崖村也有姓田的，在10组。姓黄的在河那边，万兽园这边没有。皇帝土司是覃家的人……以前蒙古人和张家来唐崖土司拜唐崖土司，唐崖土司的丞相是唐崖土司的人，领导是蒙古人……[①]

另外，其他正史与地方志在介绍唐崖土司及其世袭时，都从未提及覃氏是蒙古族或者蒙古人的后裔，《鄂西土家族简史》编写组组编之《鄂西土家族简史》还特

① 湖北省文物局等：《唐崖土司学术研讨会论文集》，科学出版社2014年版。

地指明另一唐崖《覃氏族谱》所记唐崖覃氏为古代巴人后裔。[①] 惜笔者未查到是谱，然《鄂西土家族简史》的主要编写人员胡挠老先生治学以严谨著称，其说一定必有所自。不过，我见过两本唐崖《覃氏族谱》、一本《谭氏族谱》，并言为巴族之后。不知《鄂西土家族简史》编写组所见之唐崖《覃氏族谱》与之是否相同。一本《覃氏族谱》藏于原咸丰尖山乡（现唐崖土司镇）鸡鸣坝烂沟子覃太安先生家，这是一个书香之家，其谱序明确认定："我祖源于上古廪君巴氏，同生于武落钟离山，各俱姓氏，赤黑穴中。我祖从覃为氏，确乎不易矣！"该序还强调说明："仁甫叔在汉镇抄来唐崖之谱序"，可见原有唐崖《覃氏族谱》亦主巴人说。另一本《覃氏族谱》藏于咸丰尖山乡（现唐崖土司镇）覃现章家，其谱序说："我祖源出武落钟离峒，赤黑穴中，各俱姓氏。我祖姓覃为氏，确乎不易矣！"一本《谭氏族谱》则是长阳县磨市宏农堂谭氏谱序，说明在巴东、长阳广泛分布的"八坪谭"属巴族，并强调不能与陈友谅后代谭氏相混，肯定"吾巴族与之通谱，吾斥之"。其中二覃氏谱载与唐崖土司覃氏为同一宗支。由此可见，中华民国时期的唐崖《覃氏族谱》所记载的覃氏是蒙古人后裔的说法也值得慎重推敲。

另外，唐崖《张氏族谱》将其远祖追溯到了黄帝，《张氏族谱》记载：唐崖张氏祖张云松因邻家命案牵连于明朝万历三十二年（1604）从荆州沙市猪市街迁徙到施南府大田所滴水岩居住，后与唐崖土司覃氏联姻，在唐崖土司村繁衍后代，与《唐崖土司招驸马》传说相吻合。通过《张氏族谱》和传说故事的记忆，可以比较清晰地把握唐崖张氏的源流。而按照《唐崖土司招驸马》的传说，当时的土司最初很是荒淫，但后来改了。可按照唐崖土司的世系，此期执政者应是第十一世土司覃文瑞（1588—1613 年任职），且从其将长子取名覃鼎来看，也应是一有为的土司王，且正是在他的时代使唐崖土司达到了鼎盛。但《张氏族谱》又说张云松乃覃鼎的女婿，则故事中的土王应是覃鼎，故而在历史时间上有出入。所以，我们似可从覃文瑞的文治武功及传说中的矛盾等层面来否定《唐崖土司招驸马》中的"初夜权"说，更何况民间早就有人说这个环节是人们硬塞进去的呢？

·一个姓氏与一座城市·

在西南土司地区，基本上是一姓一土司。自然，这个姓肯定是大姓、豪姓。唐

① 《鄂西土家族简史》编写组编：《鄂西土家族简史》，内部资料 1983 年版，第 17 页。

崖土司所属或传为覃伯坚后裔（另有不同之说加以分别[①]），自然是大姓、豪姓。

覃氏为湘鄂渝黔边区一方的土家大姓。据《覃氏族谱》所载，恩施市的“柳州城”（族谱载为“施州柳城”）是覃汝先宗支的发祥地。覃汝先生有伯坚、伯圭二子，覃汝先夫妇、覃伯坚夫妇和覃伯圭夫妇，都卒葬柳州城。覃氏二世祖覃伯坚因功封施州“行军总管”，筑城屯居。至此，柳州城成为世袭施州行军总管覃氏家族的军事行营。从元至元二十三年（1286）始设土司至清朝雍正十三年（1735）“改土归流”的449年间，其后裔成为湘、鄂西地区施南、散毛、唐崖、忠路、镇南、东乡、金峒、添平、茅岗九大覃氏土司的首领，其裔孙遍及湖北、湖南、四川、重庆、广西、陕西、贵州等地，人口达数百万。2006年，包括柳州城在内的“施州城址”成为中华人民共和国国务院公布的全国重点文物保护单位。

覃汝先宗支分为覃伯坚、覃伯圭两个大支系。宣恩县城是覃汝先宗支的覃伯坚支系的一个大本营，覃伯圭支系也是从这里出发向湖南发展的。这里曾是覃普诸的“镇国大元帅”府、镇边万户总管府（覃普诸为总管）、镇南五路都督军民府（覃尔毛为都总管）和施南宣慰司治所（覃尔毛、覃川龙、覃大胜等先后为宣慰使）；覃伯坚支系先后分为施南、散毛、唐崖、忠路、镇南、东乡、全峒七个土司所属宗支，其后裔主流分布于湖北的恩施八县市及长阳县、五峰县，还有重庆的石柱、黔江、彭水、万州、奉节、云阳、秀山、忠县、酉阳、江津等县市，湖南的龙山、永顺、保靖、花垣、古丈、吉首、凤凰、麻阳、邵阳、武冈等县市，以及四川、陕西、贵州的一些地方均有其分布。

为方便乱世图存，唐崖覃氏聚全族于现在的咸丰县唐崖土司镇的唐崖土司村。关于唐崖覃氏一族的渊源有巴人“瞫氏”说、土著本氏（覃）说和蒙古后裔说三种，当今的研究趋于土著本氏说。据《覃氏族谱》蒙古后裔说载，唐崖土司的覃氏是蒙古族的一支与当地土著的覃姓融合演变而来的，其祖先世系分别是：铁木乃耳→颜伯占儿→文殊海牙→脱音帖儿→福寿木花→覃启。唐崖土司建立后，从覃启算起，坐镇唐崖相沿18代，其历任土司分别是：覃启→覃直→覃耳毛→覃忠孝→覃斌→覃彦实→覃文铭（明）→覃天富→覃万金→覃柱→覃文瑞→覃鼎→覃宗尧→覃宗禹（覃宗尧弟，因覃宗尧劓寇病故乏嗣而袭）→覃鋐（hong）→覃溥泽→覃梓椿→覃梓桂（覃梓椿弟，因覃梓椿之子覃先烈年幼无知而世袭）。至少从谱学的角度，蒙古人后裔

①　《鄂西土家族简史》编写组编：《鄂西土家族简史》，内部资料1983年版，第16—17页。

说殊难成立，说已见前。

唐崖覃姓始祖覃启，又名处送，因元时战功显赫，被朝廷封为“武略将军”，授“宣慰使”司职，后奉调征剿，战死疆场。启处送为土家语人名，据说其意是“上天赐予的仁主”。其子覃直什用承袭父职，终老军营。覃直共生七子，各授恩赐，俱分授宣慰、安抚之职。长子覃安毛分授金峒司，次子覃耳毛分授唐崖土司，三子覃散毛分授散毛司，四子覃锦毛分授东乡司（宣恩境内），五子覃忠毛分授忠路司（利川境内），六子覃理毛分授施南司（宣恩境内），七子覃异毛分授茅港（冈）司（湖南桑植境内）。传至第四代覃忠孝，奉命招抚“蛮民”，被授予“安抚使”司职，于宣德二年（1427）在任身故。

传至覃鼎后，成为唐崖土司的巅峰时期，盛极一时。明天启元年（1621）覃鼎奉调征讨渝城。因军威显赫、战绩卓著，于1623年被朝廷授予宣慰使职，明熹宗朱由校亲赐皇令二道、大坊平西将军“帅府”二字和建石牌坊一座，上书“荆南雄镇”、“楚蜀屏翰”八个大字。明天启七年（1627），覃鼎因积劳成疾，病故任上。其子宗尧袭职，未几宗尧奉荆州府刘推官调剿流寇，驻防荆州染病身故，享年29岁，无嗣。其堂弟宗禹承兄职，于崇祯三年（1630）奉四川巡抚邵捷春调守紫阳城平卫乱，蒙兵部题奏授功，复实题授请给宣慰使司印信。后于崇祯五年（1632）内奉敕部取缴旧印，造宣慰使司印篆一颗，开掌司权，安管军民。

清康熙十三年（1674），吴三桂占据云南，改国号为周，唐崖土司归属云南，遂授唐崖土司长官司印一枚。康熙十八年（1679），宗禹病故，子覃兢承袭父职，于清康熙四十二年（1703）奉调至省，久病身故。最后，传至覃梓椿时，清政府为了防患，把土司及土官等纷纷调遣异地，进行“改土归流”。覃梓椿自愿呈请归流，于1735年上折蒙准。其子光烈（时任大将军之职），值归流之际，未袭父职而病故。其子世培因年幼无知，便由胞叔覃梓桂祖代孙名，由朝廷改为世袭千总迁移汉阳。

唐崖土司从元至正六年（1346）功授宣慰司至清雍正十三年（1735）“改土归流”为止，共存389年，如果真以其覃氏“蒙古”始祖（已属无稽）铁木乃耳驻守唐崖算起至雍正十三年“改土归流”结束，经元、明、清三朝历时460余年，可以说是中国历史上在位时间最长的土司王朝。“改土归流”后，覃氏有的散居在咸丰县各地，有的迁往川东南部（今属重庆）的丰都、酉阳、秀山、石柱和黔江等地，有的迁往湖南的永顺、吉首和桑植等地，有的迁往来凤、建始、巴东、五峰、长阳、宣恩和恩施等地，还有的迁往广西、贵州、陕西和湖北武昌等地，覃氏后裔遍布中国大江南北，并已有散布世界各地者。

另外，尽管唐崖土司已经退出了政治历史舞台，但近期对唐崖土司的研究、保护和开发却呈现出方兴未艾的态势，唐崖土司的“重生”已经开始其固有进程。中国考古学会理事长、故宫博物院原院长张忠培先生到唐崖土司城遗址考察时称其为“小故宫”的唐崖土司城遗址（各地的土司城遗址多有以“小故宫”为誉者），1988 年被鄂西州（今恩施州）列为重点文物保护单位，1992 年被湖北省人民政府列为省级重点文物保护单位，2006 年被国务院确定为全国重点文物保护单位，2012 年入围《中国世界文化遗产预备名单》，2013 年被国家文物局确认唐崖土司城遗址纳入国家申报世界文化遗产项目，2015 年 7 月被联合国接受验收确认。同期，2013 年被列入国家《大遗址保护“十二五”专项规划》保护之中，大遗址是中华民族文明发展史最具代表性的综合物证和弥足珍贵的文化遗产，唐崖土司城遗址是“十二五”期间国家公布的重要大遗址 150 处中湖北省的 9 处之一。[①]

[小知识]

·咸丰县境的土司·

在鄂西的 39 个土司中，先后有 10 个在咸丰县设立或由咸丰的土司管辖，突出反映了咸丰在土司时期特有的社会风貌，以及咸丰作为土司文化富集区的历史地位。其中从元朝至正六年（1346）始，朝廷在咸丰境内同时设置了 4 个较大的土司，它们分别是金峒安抚司、龙潭安抚司、唐崖宣慰司和散毛宣抚司等。

金峒土司遗址位于今天的咸丰县黄金洞乡唐崖河东岸。司城东西长约 1.5 千米，南北宽约 0.5 千米，总面积约 1 平方千米。早年司城内有天井，外有城墙，院墙围着三街六合司，即院子一条街、天井一条街、中间屋一条街，六合司建于 3 条街之中。金峒土司于元至正六年（1346）建立，清雍正十三年（1735）呈请改流，以其地入咸丰县，共存 389 年。

龙潭安抚司遗址位于今天的咸丰县城北约 30 千米的清坪镇东北隅 15 千米的龙潭河畔。龙潭土司城东西约 400 米，南北宽约 300 米。元至正六年（1346）设置安

① 参见姚胜权编著：《神往咸丰》，现代出版社 2014 年版，第 49—52 页。

抚司，明正德（1506—1521）、嘉靖（1507—1566）年间被亲戚黄氏篡权，追黄氏以罪诛灭而复为安抚司。清雍正十三年（1735）纳土归流，以其地入咸丰县，共存389年。

唐崖土司城遗址位于今天的咸丰县唐崖土司镇唐崖土司村，面临唐崖河，背靠玄武山，距县城30千米。唐崖土司系咸丰县四大土司之最。元至正六年（1346）功授宣慰司，明洪武四年（1371）因过降为长官司，永乐二年（1404）升授安抚司，清康熙十八年（1679）又降为长官司，直至雍正十三年（1735）"改土归流"为止。另外，元至正七年（1347）和明永乐二年（1404）分别在咸丰县设置了西坪蛮夷长官司和菖蒲蛮夷长官司，属于唐崖安抚司的副司。西坪蛮夷长官司（位于今天活龙坪乡集镇卫生院处）系唐崖安抚司的左副司，止于雍正十三年（1735）"改土归流"，首任土司司主为秦国龙。明宣德二年（1425），西坪蛮夷长官司改属金峒安抚司副司。菖蒲蛮夷长官司（位于今天活龙坪乡八家台板桥河村菖蒲小组）系唐崖安抚司的右副司，止于雍正十三年（1735）"改土归流"，首任土司司主为黄璋。

散毛土司辖今天来凤县的翔凤、接龙桥、三胡、绿水（包括茅坝、上寨和龙咀）一带及咸丰县的忠堡、高乐山一带，遗址位于今天的来凤县三胡乡猴栗堡上河坪村，司治已毁，残存墙基长约100米，宽2.6米。元至正六年（1346）设宣抚司，明洪武四年（1371）割其半为大田所（今咸丰县境大田坝治域）。清雍正十三年（1735）"改土归流"，以其地入来凤县，共存389年。[①]

[大信仰]

·咸丰少数民族的多神信仰·

多神信仰只是一种概说，包括的内容相当丰富，我们这里把图腾崇拜与自然崇拜之外的信仰统称为多神信仰，其中主要的有鬼魂崇拜、祖先崇拜、神灵崇拜、灵物崇拜等。

鬼魂崇拜是原始宗教信仰中极为普遍的信仰形式之一，是自然崇拜和动植物崇拜的进一步发展，也是原始初民社会自身进一步摆脱自然界束缚的一个重要体现。

① 参见姚胜权编著：《神往咸丰》，现代出版社2014年版，第47—49页。

在中国少数民族中，土家族等民族都不同程度地保持着鬼魂崇拜，如认为人有三魂，人死后，一魂送到坟上，一魂供在家里，还有一魂送到“城隍庙”鬼王那里报到，然后再回到祖宗所在的地方去；侗族人认为人死后有鬼魂，且经常作祟，鬼魂若要出现，必借某种动物作为依附，如野兔、野猫、狐狸、山羊、飞鸟等，若是夭亡之人死后不久常有鬼魂应显，则称为“闹鬼”，需要请法师安土地神镇之……

祖先崇拜同样是原始宗教的普遍信仰形式，它是在鬼魂崇拜发展到一定阶段上出现的。咸丰各少数民族都普遍地存在着祖先崇拜，其中保持着氏族共同祖先崇拜的民族有羌族等，保持部落或全民族共同祖先崇拜的民族主要有苗族、侗族、土家族等，其中苗族的祖先崇拜比较普遍，土家族有崇拜祖先神“八部大神”的宗教仪式，有些地方建有八部大神庙，每年春节后在庙前举行盛大的祭典和“摆手”活动。根据民族学、人类学的调查可知，鬼魂崇拜应产生于母系民族社会。

多神信仰的一个重要表现即神的普遍性，如侗族将所敬之神归为保护神、邪神和喜神三类，保护神主要包括土地神、山神、水神、郎家神、外家神等，邪神有瘟神、邪家、妖、怪、鬼等，喜神有屋檐神、财神、五谷神等；苗族地区有36堂神和72堂神之说等；土家族的多神信仰除受汉文化的影响较大而具有土汉结合的明显特点外，也有其本民族的特点，祖先神、梅山神、白虎神等自成体系，土地神、灶神、五谷神、财神等则属文化之借鉴……

[神故事]

·土司画像[①]·

从前，有个土司左眼瞎、右脚跛。他还不知趣，自以为长得很标致，请来一大群画师给他画像。土司说：“你们要老老实实地照着我的像画，画得好的，自有重赏；画得不像，小心棍棒！”画师们不敢马虎，都专心专意地画。画了几天，一个个都提心吊胆地拿去土司看。土司一看那些画，都是画的左眼瞎，右脚跛，像一个人画的。他气得火冒，大吼：“好大胆的奴才，敢把我画成这个样子。来人啦，把这些狗屁

① 鄂西土家族苗族自治州文化局等编：《鄂西民间故事集》，中国民间文艺出版社1989年版，第575页。

画师都给我统统地打出去！”那些画师吓得屁滚尿流，扑爬连天地跑哒。

后来，土司听说罗二娃画得好，就把他找来画。罗二娃功到艺熟，很快就画起哒。土司摇头晃脑地一看，自己在画上右脚踩在一个树桩上，正举着火枪，眯着左眼，向一只白兔瞄准。土司看了一遍又一遍，鼻子眼睛都笑到了一堆了。叫人赶快挂到大堂上，当场赏给罗二娃一百两银子。

讲述者：覃义珍　男　49 岁　土家族　小学　利川市汪营镇农民

搜集整理者：胡承良　黄汝家

流传地区：利川市汪营、柏杨等地

搜集时间：1982 年 3 月

·女儿寨[①]·

咸丰县有座山，三面都是刀劈的悬岩，只有一面有条羊肠小路通到山顶。从前，山顶上有个寨子，还住过一群土家族妇女呢！

那是明朝时候，唐崖土司[②]有个土王，他对百姓好，百姓对他也好。明朝皇帝生怕他们上下扭成一股绳，再难摆布，就到处无事生非、扯谎造谣言，说土家人要谋反。他们派了好多好多的人马来讨伐，想把土家人斩尽杀绝，去掉他的一块心病。

土王正在害病，得到了这个消息，连气带病，没过几天就断了气。王印就由王后覃氏夫人掌管。

覃氏夫人悄悄地埋了土王，不露半点风声。接着，她让几个儿子也像将士们一样，枪对枪、刀对刀地拼杀，将士们见她这样做，都受了感动，打起仗来，一个顶十个。后来，官兵越来越多。覃氏夫人晓得战不过，就派人暗暗到百里外的一座悬岩上修了一个寨子，还运去了许多粮草。一天夜里，她趁敌人防守不紧，带上全部人马，撤到了新修的寨子里。

① 鄂西土家族苗族自治州文化局等编：《鄂西民间故事集》，中国民间文艺出版社 1989 年版，第 106—107 页。按此传说有多种版本，本书后复录有另一版本传说，以广异闻。

② 唐崖土司：元末、明初恩施著名的十八土司之一，距今恩施土家族苗族自治州咸丰县城 30 余千米的唐崖土司镇境内。王城遗址至今保存较完好，尚有石牌楼、石人、石马、王坟、夫妻杉等风景点，已成为旅游胜地。

第二天早上，官兵发觉是座空城，又气又恼。他们四方放出探子找，找了好久才找到了覃氏夫人的下落。

官兵开到悬岩下，见那条独路守得紧，攻不上去，就做了些大木炮，灌上铁砂子轰。木炮火力不足，轰不到山顶，只把半山腰轰出一个缺口，后人叫那里为“炮缺”。铁砂子落到前面的山岭上，后人叫那里为“砂子岭”。

官兵见硬的不行，就来软的。他们在对面山上喊话，要双方的首领到中间的马家沟讲和。覃氏夫人晓得这是敌人玩的花板眼[①]，就说：“要讲和就只动嘴，不动刀枪。双方首领都不带一兵一卒。”

官兵满口答应，真的只有一个人向马家沟走来。覃氏也不带一个随从，立朝马家沟走去。双方越走越近，可以讲话了。那家伙就是不开口，只是不断往后看。覃氏正要问话，只听得山雀儿一阵惊叫，对面的树林里冲出一队队官兵杀了过来。覃氏早有防备，“嗖”地一箭，把敌将喉咙射穿，倒地死了。官兵无将指挥，乱成一团。覃氏趁机回到了山上，一根毫毛都没伤着。

皇帝又派了一个将领带了人马来助战，日日夜夜地攻打，还是攻不上去。眼看寨里粮草就要用完，外面又没有救兵，覃氏心里急得像油煎火熬。她对大家说：“要是死守在寨里，只有饿死，土家人就要绝子灭孙。活路只有一条，大家舍命杀下山去，跑出一个算一个，总不会死完。”接着，她又命令所有青年男女，只要平时有意，眼下也觉得合心时，今晚就成亲。军令如山，大家只得依从。

到了天要亮的时候，覃氏喊醒那些新郎新娘，对他们说：“所有的男人由田将军带领，从前面的小路杀下去；妇女由我带领着，自有脱身的办法。记住，杀出去后，我们在四川的石柱县会头。”

那些男人听她这样说，心里有些怀疑，又不好问得。这是军机大事啊！

覃氏打开寨门，那些将士“呼”地冲了出去，与官兵杀成一团。他们为了和亲人团聚，个个都不怕死，终于杀开一条血路跑走了。

就在山下杀得不可开交的时候，覃氏让妇女们各拿着一把花伞，从寨墙上跳下悬岩，随风飘到了山脚下的草坪坪上。覃氏又带着她们赶到四川的石柱县，和那些杀出重围的将士们团圆了。

据说，那里现在还有他们的后人。

① 花板眼：花招、诡计的意思。

后来，人们把那山上的寨子叫作“女儿寨”。相传，现在逢到夜深人静以后，有时还会隐隐约约看到她们在撑伞跳崖呢！

讲述者：李正福　男　60 岁　土家族　文盲　咸丰县大路坝乡农民

搜集者：钱锐　安治国

整理者：韩致中　安治国　钱锐

流传地区：咸丰县大路坝乡一带

搜集时间：1982 年 5 月

·大鱼泉[①]·

在咸丰县李子溪边，有一眼泉叫大鱼泉。大鱼泉以前出的好鲤鱼，为么子如今不出鱼了呢？有个龙门阵至今流传在这一带。

从前，有个土司，他每天都要吃两条活蹦乱跳的生鲤鱼，一年 360 天都是这样。他吃的鱼都是土民们轮流送。为这事，土民们叫苦连天。有的土民被逼得无法，跑到山外边谋生去哒。

李子溪边住着两弟兄，哥哥叫于捏，弟弟叫于杈，爹妈都死哒。他家几辈人都靠打渔吃饭，兄弟俩也学到了弄鱼的本事。他们见乡亲们为献鲤鱼伤透了脑筋，就提出由他俩每天给土司进鱼，乡亲们感激不尽。

于捏和于杈天天打渔送，年长月久，河里的鱼就慢慢少哒。有时送不上鱼，土司把他俩打得死去活来，还说：“要是再断鱼，就拿你们煮来吃。”

有一天，落起坨坨雪，风吹得呜啊呜地吼。河里结了好厚的凌冰子。到了下半天，两弟兄还没见到鲤鱼的影子，只好又往河的上游找去。他俩走到一个大峡谷边，看见一股泉水从峡谷里流出来。陡然，那泉水边的沙滩上有两条大鲤鱼在弹。两弟兄跑上去，一个捉到一条，送到土司那里，才交脱了当天的差事。

从那以后，于捏和于杈每天都到沙滩上来捉鱼，一天两条牢靠，再也不愁没得鱼送给土司哒。后来，土司晓得了这事，心想，这里一天出两条鱼太少了，何不把泉眼打大点，好让它多出些。

① 参见杨适之等主编：《咸丰民间故事集》，湖北人民出版社 2007 年版，第 367 页。

第二天，土司亲自带着石匠来到这里打。第一锤打下去，天变了；第二锤打下去，扯火闪[①]打炸雷；第三锤打下去，天上落起了雪米子[②]、冰块块，还夹得有岩脑壳，把土司和他带来的人都砸成了肉酱酱。那眼泉也被乱石头堵塞，再也不出鱼哒。

讲述者：易腾飞　男　30岁　土家族　高中　原咸丰县小村乡干部

搜集整理者：止戈

流传地区：咸丰县小村乡一带

搜集时间：1983年2月

[巧测验]

·土司制度·

土司制度也称土官制度，是中国元、明、清三朝在西南少数民族地区通过分封地方首领世袭官职，以统治当地人民的一种特殊之“一国两制”式的“民族区域自治”制度，以期达到“树其酋长，使自镇抚，以达其以夷治夷”的目的，也是中央与地方各民族统治阶级互相联合、斗争的一种妥协形式。明朝规定土司各级等品分别是宣慰（从三品），宣抚（从四品），安抚、招讨（从五品），长官（正六品），蛮夷长官司（从六品）等。土司实行封建世袭制，所设宣慰使、宣抚使、安抚使、招讨使、长官使等不问贤愚，概属世职，父死子继，无子者弟继。土司所设的宣慰使、宣抚使、安抚使、招讨使、长官使既是土司辖区的行政长官，又是军事首领，国有征伐，则为大将，常被朝廷征调去以蛮制蛮，即以蛮攻蛮。

土司制度是一种封建领主制度，虽比封建制度落后，但又是一种在一定的历史条件下适合于少数民族地区的一种特殊制度，对少数民族地区生产力的提高、社会经济的发展、加强民族间的交流和融合、捍卫多民族国家的统一都起到了一定的积极作用。土司制度下的百姓皆为没有土地的农奴，除了为土司提供繁重的无偿劳役和当土兵外，还要向土司缴纳或进贡各种实物。土司实际上就是本地的土皇帝，其地位世代相袭以保持独家统治特权。他们掌握着政治、军事、经济、文化及诉讼、

① 扯火闪：即闪电。

② 雪米子：即冰雹。

刑罚等权力，政治上依靠封建王朝册封世袭，划疆分治，军事上实行士兵制度，以种官田、服兵役的方式把农奴组织成土官武装。土司制度发展到后期，其消极影响主要表现在土司之间、民族之间的隔阂不断加深，战争不可避免地给各民族人民带来了严重的灾难。土司制度在后期严重地阻碍了各民族社会、经济、文化等各方面的发展。起于元朝，完善于明朝，止于清朝的长达近400年的土司制度，最终被清朝“改土归流”制度所终结，土司制度的废除是历史发展的必然趋势。[①]不过，有的土司还延续到了中华人民共和国成立时期。

·改土归流·

“改土归流”也称“改土设流”、“改土为流”和“改土易流”，指的是明、清两代在少数民族地区废除世袭土司统治，而改任流官（即朝廷从土司以外委派的主要官员）统治的一种政治措施。

一般认为，“改土归流”始于明朝洪武二十八年（1395），当时云南越州土知州阿资因作乱被斩，乃废土州，置越州卫。“改土归流”最初往往利用土官犯罪、绝嗣等时机将其辖地划并其他州县而取消土司统治权力，到明永乐十一年（1413）平定贵州思州、思南两宣慰使之乱后，废除土司制度，设立贵州布政使司。清朝康熙、雍正、乾隆三代，更加紧在云南、贵州等省推行“改土归流”政策。清朝雍正年间（1722—1735），由云贵总督鄂尔泰主持的“改土归流，乃历史上规模最大的一次，涉及云南、广西、贵州、四川、湖广五省。当时“改土归流”所添设的府州县，约60多个。在“改土归流”地区，清政府设兵驻防，实行屯田，兴办学校，编造户口，废除过去土司的残暴统治，杜绝土司之间的纷争，促进边远地区与内地经济、文化的交流，加强了中央对边远地区的控制。这些措施的推行，加强了中央对边远地区的统治，促进了边远地区的发展以及与内地的经济、文化交流。[②]

① 参见姚胜权编著：《神往咸丰》，现代出版社2014年版，第47—49页。

② 参见姚胜权编著：《神往咸丰》，现代出版社2014年版，第49—52页。

四　唐崖四相

中国古代将天空分成东、北、西、南、中五方区域，称东方为苍龙象，北方为玄武（龟蛇）象，西方为白虎象，南方为朱雀象，是为“四象”，这种“四象”是古人把每一个方位的七宿联系起来加以想象而成的四种动物的形象。如东方苍龙，角宿象龙角，氐、房宿象龙身，尾宿象龙尾；南方朱雀则以井宿到轸宿象鸟，柳宿为鸟嘴，星为鸟颈，张为嗉，翼为羽翮……后来古人又将“四象”与阴阳、五行、五方、五色相配，故有东方青龙、西方白虎、南方朱雀、北方玄武之说。后又将其运用于军营军列，成为行军打仗的保护神。

[游历情]

·沉思唐崖土司王城的风水四象·

或说唐崖土司王城背依玄武、前望朱雀、左视青龙、右仰白虎，从纯粹风水学的角度说，这种说法有些不准确，因为于风水“四象”，白虎应低于青龙，不应是仰，而青龙宜仰。同时，说前后左右四山全以古代神话中的四方四神命名，土司城安位于“神”的襁褓之中，这种说法也未为确论。因为这“四象”之说虽然有其神化，但却已经化为民俗，于是家家有“四象”、处处有“四象”，应直接认定为民俗“四象”。

由于中国华夏文明的主要发生地在自然地理的大范围上主要位于北回归线以北，考虑到采光等因素，因而在华夏文明的环境中，形成了坐北朝南的环境因应习惯，土家人自然也因而喜欢坐北朝南，即使不是这种环境，如在南方山地，也会形成这种坐北朝南的观念格局。唐崖土司即是在这自然地理之外形成了一个观念上的坐北朝南之“四象”体系。北靠的大山，来势悠远，可谓百里长龙，成为唐崖土司城背靠的穴山龙脉，把一座西山命名为玄武山而指向北方，不过，此山也的确山体磅礴，连绵雄峻，也的确可想象成“龟蛇”之象，《〈楚辞·远游〉补注》曾言“玄武谓龟、蛇，位在北方，故曰玄；身有鳞甲，故曰武”。孔颖达注《曲礼》释玄武为龟；李贤注《后汉书》谓玄武为龟蛇合体；《道藏》第606册中的《玄天上帝启圣录》取黄帝时期的神话，把玄武加以附会，湖北的太和山，取非玄武不足以当之之意，故更名为“武当山”。古籍诸说，均富于传奇色彩。土司王城之玄武山的得名难免受到诸说的影响，至少有义近形似之处。在外围环境上，土司王城实处东经109°，北纬39°41′，奔腾的唐崖河由北依玄武山而来，紧环城垣而南下，注入川东又西流入境而北返，倒流3 800里入长江。朱雀、青龙、白虎诸山，苍翠叠嶂、谷壑纵横，雾霭缠绕，藏风聚气于土司城，的确是一块“风水宝地”。

根据考古材料证实，唐崖土司的主体建筑是坐西朝东的。唐崖土司为什么坐西朝东而又有玄武、朱雀、青龙、白虎四神格局（“四象”格局）？按先天八卦（乾南坤北），于唐崖土司城的方位，东方为日，属太阳崇拜，也恰合当地山势而被定位为南位，是有朱雀，但应特别强调的是，至少在阳宅方面，“朱雀”并不是指前面的山，而是指前面的“明堂”，是穴前的一片开阔地或特定的水域——可不少论述唐崖土司风水的文献于此都错了；西方为兑位而被界定为北方玄武，显后天而隐先天，这即是心中有数。而按后天八卦（离南坎北），先天八卦的东方为离为日，属发展取向；西方为坎为月，先天八卦的西坎在后天八卦中属北坎，先天八卦的东离在后天八卦中属南离，隐后天而显先天。这样，再回过头来看，土家族地区的河图、洛书复合图应是先天、后天的复合图无疑，其中在唐崖土司设计中的四山命名，即不仅是有意为之的现实空间与想象空间的统一，而且是先天八卦与后天八卦综合运用的实证，于此我们可以看出土司建筑的传统《易》学意义——兼先天后天而为言。此一《易》学宗旨，在贾家沟桥的修复过程中也得到了传承。

此外，根据“负阴抱阳、背山面水”的风水理论，唐崖土司城以城市后部的玄武山为祖山，玉皇庙和覃鼎夫妇合栽的以夫妻杉（或叫“玄武杉”）为代表的风水林位于此父山的最高点，占据全城最为尊显的位置；唐崖河对岸的诸山与玄武山遥相呼应，成为土司城的案山、“朝山”，有“万众来朝”之寓意；北、南两侧的青龙山、白虎山左右对应，相当于“护山”。城池也恰好位于东西南北四条起伏之山脉的交汇点，城墙沿山脊和河沟的内岸砌置。山脉与河流以圆润柔和的曲线，将中心城池揽在怀中，形成一种力的图式，依山势地貌呈旋转状发射，其朝向、形势既切合自然之道，又与风水术极为合拍，体现了传统城市规划理念中风水思想对建筑与周围环境关系的阐述。不过应注意，唐崖土司城遗址是生、死两界合为一地，评价其风水应区别其阴阳建筑等两种不同的观念体系。

所以，上述“四象”之名并不是这四山的真实之名，而是基于唐崖土司城的神性之名。因此，从风水学上讨论，其“四象”（四砂、四山）格局值得回味。首先，选址的依山面水与坐北朝南并不相合。因为在中域传统风水学中也有特殊的尊卑高低方位之分，如《论语·为政》之所谓“为政以德，譬如北辰，居其所而众星拱之”之论，但唐崖土司城的实际方位为坐西朝东；其次，风水学讲实福实受，即建筑之福及于当受之人，这就有一定的建制标准。什么标准？《周礼·考工记》讲“匠人营国，方九里”，《疏》云：“周亦九里城，则公七里，侯伯五里，子男三里。”《春官·典命》云：“上公九命，侯伯七命，子男五命，其国家宫室皆以命数为节。”郑玄注云：“国家，国之所居，谓城方也。公之城盖方九里，侯伯之城盖方七里，子男之城盖方五里……则天子之城为十二里矣。”这里即规定了中域城市建设的规模。单就占地面积看，根据学界统计：在土家族土司中，保靖宣慰司在龙溪坪的旧司城占地面积为33公顷，永顺宣慰司老司城中心城址占地面积约19公顷，而在天启年间作为从四品的唐崖宣抚司治所却达35公顷，亦远远大于紧邻的大田所城。同治《咸丰县志》载大田所城“周五百丈有奇”，换算为现代长度，约1 667米，根据《大田所古城图》所绘的圆形平面图计算，面积约21.7公顷。由此可见，唐崖土司亦未遵“实受其福”之制。再次，建筑风水还特别讲求建筑的象数规范，唐崖土司城拥有“三街十八巷三十六院”，亦并不合于风水之象数规则，自然也可以强解以合……所以这些都值得从土家族风水学对中域风水学的运用、发展上加以研究。

从历史事实考察，唐崖土司的玄武山，原来应是叫宣抚山，后来才叫玄武山。起因于一场发生在这里的战斗，使唐崖覃氏祖先被封为宣抚，故此立城而叫宣抚山。后引入风水理论，方言玄武、宣抚音近而通，一些谱中直接在“宣抚山”后加括号说明叫“玄武山”，故也可证今名玄武山了。我们这样说的依据见于唐崖《覃氏族谱》的记载。原尖山鸡鸣坝烂沟子覃太安家珍藏的唐崖《覃氏族谱》及尖山南河覃现章家珍藏的唐崖《覃氏族谱》（版本不同）都说明覃汝先生二子伯坚、伯圭，征四川吴曦有功，据授行军总管，于宣抚山斩寇有功封明秀将军，伯圭之后为毛岗司祖；覃国安珍藏的民国版唐崖《覃氏族谱》则直接指认：因边夷南蛮屡叛，覃启处送奉旨征剿，招安蛮民，镇守司地，分茅设土落坪，落业安营宣抚山；覃值什用娶田氏生七子，于洪武四年（1364）征西蜀，因宣抚山平贼有功，恩授封七子土司武职官……这些说法，足可说明玄武山是由祖先发迹地而演变过来的。

[小知识]

·风水和风水学·

什么是风水？晋朝郭璞在《葬经》中指出：“葬者，乘生气也。气乘风而散，界水则止。古人聚之使不散，行之使有止，故谓之风水。”清代范宜宾在《葬书》中也说：“无水则有风而气散，有水则气止而无风。故风水二字为地学之最，而其中以得水之地为上等，以藏风之地为次等。”上述说法均指明“气”、“风”和“水”三者间的关系。其中，“气”是“风”和“水”的核心。这种使“气”不被“风”吹散，而停蓄在“水”面的现象，就叫作“风水”。

其中，“气”是风水的核心，它指的是没有一定形状、体积，时刻都在空中和地下流动着的，可以直接影响动植物发育生长和人的体魄以及生命力的一种物质——“生气”，即物质性的电磁微波辐射。“水”是由两个氢原子和一个氧原子结合的最简单的化合物。“风”则是因气压在地面分布不均而形成的空气流动。可见“气”、“风”、“水”三者都是实实在在的客观物质存在。它们质量的优劣，直接关系到人类居住环境的好坏和人体的康泰。所以，研究风水，主要是关注它们与人居住环境的关系，进而达到人体健康和社会和谐的目的。

研究风水的性质和规律的学说，就是风水学。唐崖土司城的建设，即特别注意了风水学理论的运用。

·家家有四象·

风水学上的“四象”，说到底，都是相对的，家家都有自己的四象，只是一般的小人物家之四象没有成名而被大家直接指认而已。

四象，如《礼记·曲礼上》曰：“行，前朱鸟（雀）而后玄武，左青龙而右白虎，招摇在上。”陈皓注曰：“行，军旅之出也。朱雀、玄武、青龙、白虎，四方宿名也。”又曰：“旒（liu，旗子上的飘带）数皆放之，龙旗则九旒，雀则七旒，虎则六旒，龟蛇则四旒也。”即说其表现形式是将“四象”分别画在旌旗上，以此来表明前后左右之军阵，鼓舞士气，达到战无不胜的目的。《十三经注疏·礼记·曲礼上》论及其作用时说：“如鸟之翔，如龟蛇之毒，龙腾虎奋，无能敌此四物。”可见其作用之大。

道教兴起后，沿用古人之说，将青龙、白虎、朱雀、玄武纳入神系，作为护卫之神，以壮威仪。《抱朴子·杂应》引《仙经》描绘太上老君形象时说：左有十二青龙，右有二十六白虎，前有二十四朱雀，后有七十二玄武。十分气派，着实威风。后来，四象逐渐被人格化，并有了其封号，据《北极七元紫延秘诀》记载，青龙号为“孟章神君”，白虎号为“监兵神君”，朱雀号为“陵光神君”，玄武号为“执明神君”。不久，玄武（即真武）的信仰逐渐扩大，从四象中脱颖而出，跃居“大帝”显位，青龙、白虎则被列入门神之列，专门镇守道观的山门。宋朝范致能的《岳阳风土记》云：“老子祠有二神像，谓青龙、白虎也。”明姚宗仪《常熟私志·舒寺观篇》云：“致道观山门二大神，左为青龙孟章神君，右为白虎监兵神君。”

在风水学上，以主人之处所为中心，都存在左青龙、右白虎、前朱雀、后玄武四象，这就是所谓家家有四象、穴穴有四象之说。

[大信仰]

·四灵信仰·

“四灵”是华夏文明传说中的四大神兽。古代汉族人民认为“四象”有祛邪、避灾、祈福的作用。道教本有以青龙、白虎、朱雀、玄武为天神护卫的说法，而这四位天神实际上来源于古代的星神崇拜，古人将黄道（太阳和月亮经过的天区）中的恒星分为二十八个星座，称为“二十八宿”；后来将二十八宿和“四象”相结合，形成了“二十八宿”和“四象”的说法。其中东方七宿——角、亢、氐、房、心、尾、箕，古人将其想象成龙的形象，因位在东方，按阴阳五行五方配五色之说，东方为青色，故称“青龙”。于此而有北方玄武、西方白虎、南方朱雀之说。青龙、白虎、朱雀、玄武合称“四象”，又称四方四神。

“四灵”或谓为四异兽，如《礼记·礼运》说：“麟、凤、龟、龙，谓之四灵。”注谓：麟为百兽之长，凤为百禽之长，龟为百介之长，龙为百鳞之长。

或谓为四星名，如《三辅黄图》卷三曰：“苍龙、白虎、朱雀、玄武，天之四灵，以正四方。”其中东方七星角、亢、氐、房、心、尾、箕形状如龙，所以称东宫为青龙或苍龙；西方七星奎、娄、胃、昴、毕、觜、参形状如虎，所以称西宫为白虎；南方七星井、鬼、柳、星、张、翼、轸联为鸟形，所以称南宫为朱雀；北方七星斗、牛、女、虚、危、室、壁，其形如龟，所以称北宫为玄武。

或谓为道教守护神，一般将这四方之神运用于军容军列，成为行军打仗的保护神。《礼记·曲礼上》曰：“行。前朱鸟（雀）而后玄武，左青龙而右白虎，招摇在上。”陈澔注曰：“行，军旅之出也。朱雀、玄武、青龙、白虎，四方宿名也。”又曰：“旒数皆放之，龙旗则九旒，雀则七旒，虎则六旒，龟蛇则四旒也。”即说其表现形式是将“四象”分别画在旌旗上，以此来表明前后左右之军阵，鼓舞士气，达到战无不胜的目的。[①]

……

[神故事]

·三兄弟葬父[②]·

从前，有个田老汉养了三个儿子，老大、老二忤逆不孝，只有老三老实孝顺。

这一天，田老汉死哒，要葬爹了，哪门办呢？老三说：“去请个风水先生，给爹看一块好地吧！”老大说：“请人看地，费钱费米。”老二说：“我们自己去看地吧！”老三犟不过两个哥哥，只好忍着不做声。

要送爹上山哒。老三说：“请几个人帮忙，热热闹闹送爹上山吧！”老大说：“请人帮忙，费米费钱。”老二说：“我们三兄弟抬吧！”老三犟不过两个哥哥，只好答应。

老大老二抬一头，老三一个人抬一头。棺材又大又重，硬是抬不动。好不容易抬出门，看到面前有个天坑。老大说：“我看这里风水好！”老二说：“又天生一

① 参见马书田：《华夏诸神》，燕山出版社1990年版。

② 鄂西土家族苗族自治州文化局等编：《鄂西民间故事集》，中国民间文艺出版社1989年版，第389页。

个坑！”老三说：“爹养我们遭哒孽吃哒苦，这门搞要不得。”老大说：“把爹掀到天坑里，又不费力又不耗时，几多轻省！”老二说：“把爹掀到天坑里，又不占地又不垒坟，几多容易！”老三说：“你两个不愿抬，我也没得法，我去弄把锄头，给爹挖一个深坑，给爹垒一个好坟！”老三刚转身，老人和老二就把棺材掀到天坑里去哒！

老三回来，哭哒好一阵，心里想，棺材掉到天坑里，还有不烂的？我要下去看一看，帮爹收拾好，也尽当儿的一番孝心！老三连忙往天坑里爬，一到天坑底下，看到棺材摆得好好的，一大群尺把长的蚂蚁正衔土垒坟呢！[①]老三给蚂蚁磕头作谢，正想走，一眼看到一个岩台上有好多金马儿、银牛儿、玉狗儿，闪闪发亮。老三想，这些东西白摆在天坑里，不用可惜哒。老三连忙拿了一个金马儿，爬上天坑。没几天，老三修房造屋，安家立业，和老大、老二分了家。

老大老二看到老三发了财，就问老三哪里来的钱财。老三就一五一十地给他们说哒。老大老二一听，连忙拿了口袋下天坑。看到岩台上的财宝，就往袋子里装。装哇装，越装越多，兄弟两个硬是没个饱足。金银财宝底下是个蚂蚁窝，蚂蚁爬出来，爬满老大、老二一身，把这两个没孝心的东西啃得只剩一副骨头架子哒。

讲述者：龚翠香 40 岁 土家族 高中 杨洞农民

搜集整理者：杨适之

流传地区：咸丰杨洞一带

搜集时间：1986 年 4 月

---

① 据黔江渤海堂《龚氏家谱》记载，龚启禄于嘉靖二十九年（1550）奉皇命为将军，出征强寇，驻马黔江。因启禄失利，在麻田坝大屋学堂激战中，误入苦竹林，被竹竿插入马鞍及马腹，追兵在急，乱箭其发，不幸捐躯殉国。三日之后，无人安葬；可奇事神出——被蚁封成冢。战乱平息后，启禄公子孙及同人，将此事认定是福人遇福地，福地葬福人之幸事，从此，就在麻田坝坟地立碑七次、树传，正是祸兮福来之事、人杰地灵之吉也！ 此传说也可证“蚁封成冢”在当地多有传说，且版本不同。

[巧测验]

·风水的四大局·

前朱雀、后玄武、左青龙、右白虎，被称为“四方神兽”，是风水的四大局。对它们的基本形态和作用的要求是：

1. 后玄武在建筑物的后面，有数重相叠的山峦由远而近，从高到低。其名称依次是：太祖山、少祖山、父母山、龙穴（生气凝聚点，建筑物的基址）。山峦重叠的玄武，是建筑物的靠山，是遮挡北风的屏障，又是防止盗贼的障碍物，使居住该地的人有安全感。

2. 左青龙在建筑物的左边，有比后面父母山稍低矮的山峰或冈阜，而且此山峰或冈阜应向右弯环，对建筑物有曲抱之情，这是左辅。

3. 右白虎在建筑物的右边，有比左边青龙稍低矮的山峰或冈阜，而且该山峰或冈阜应向左弯环，对建筑物有曲抱之情，这是右弼。

正如郭璞说：“龙虎要如肘臂，谓之环抱。”“青龙要高大，白虎不抬头”，要达到“龙强虎弱”之势的要求。青龙、白虎之山峰或冈阜近父母山的一端，要与父母山连成一体，而不能各自独立，在它们的后面，还应有一层或多层护山。

4. 前朱雀在建筑物的前面，有一片开阔地，此开阔地的前面还有一潭清澈秀丽的、回顾有情的月牙形池塘之水。此水是从护卫建筑物的众山峰里不断流来，而又缓慢回环地从池塘里流走的活动的水，切忌是一潭死水或臭水。

这片开阔地和池塘的地域，称为“明堂”。明堂在古代，开始是祭祀的地方，后来成为皇帝布政施教的场所。其主要功能是“明政教”、“明诸侯尊卑”，故称为明堂。它的形状是上圆，象征天；下方，象征地。

案山，在明堂前面的近距离内，有一秀丽低小，且横向朝着建筑物、弯环而有情的山峰或冈阜，其形有如玉几、横琴、笔架、龟蛇、金箱、玉印、书笥、席帽之状，这就是案山。它犹如在宅主的前面，摆放了一张美丽而舒适的书案，供其写作办公之用。

朝山，在案山前面的视距内，可见一座稍高于案山的山峰，此峰应端庄秀丽，形如朝向建筑物打拱朝拜，这叫朝山。该山后面还应有一层或数层护山。

河流，在朝山之外，或朝山与建筑物之间，或朝山与案山之间，有一条弯环曲折的金带式河流，其水质清澈，流速缓慢，天门开，地户闭。

上列各山峦及其护山，均应形态端庄，草木繁茂，流水潺潺，鸟语花香。“山管人丁，水管财”，所以，“山法”、“水法”均是风水的重要内容。

凡具有上述景观的区域，就可称得上典型的“风水宝地”格局。

·风水四大局景观格局的特点·

风水四大局景观要求的格局，有下列特点：

1．围合封闭。群山环绕，自有洞天，形成远距人寰的世外桃源。这与中国道家的回归自然、佛家的出世哲学、陶渊明式的乌托邦社会理想及其美学观点，以及士大大的隐逸思想，都有密切的联系。

2．中轴对称。以父母山→宅基址→案山→朝山为纵轴；以青龙、白虎为两翼；以河流为横线，形成左右对称或非绝对对称的格局。这与儒家的中庸之道及理教观念有一定联系。

3．富于层次感。父母山后的少祖山、祖山，案山之外的朝山，青龙、白虎之外的护山，均构成重峦叠嶂的风景层次，富有空间深度感。这在景观上正符合中国传统绘画理论在山水画构图技法上所提出的“平远、深远、高远”等风景意景和鸟瞰透视的画面效果。

4．富于曲线和动美。笔架势起伏的山峦，金带式弯曲回环的河流，均富有柔媚、曲折、蜿蜒的动态之美，它打破了对称构图的严肃性，使风景画面更加流畅、生动、活泼。

总之，选择一处上述景观的“风水宝地”，不仅要注意与生活有密切关系的生态环境的质量问题，同时也要注意与艺术视觉有密切关系之景观的质量问题。中国风水学，实际上受到了中国的儒、道、释诸家哲学以及中国传统风水思想的深刻影响，是综合了中国传统文化的产物。

五　张飞庙（含马王庙）

张飞庙一般也叫“桓侯祠”，俗称张王庙，早期的唐崖《覃氏族谱》则记为张公庙，是纪念三国时蜀汉名将张飞的祠庙。因张飞死后被追谥为桓侯，故亦名桓侯庙。全国各地有众多的张飞庙，如四川阆中张飞庙在唐时或叫“张侯祠”，明代称“雄威庙”，清代以来才叫“桓侯祠”。人们习惯于把唐崖土司的张飞庙称为张王庙，与重庆《永川市志·板桥镇志》的张王庙等或均应属误称，或属巴蜀地区通例。不过，历史上也的确存有张王庙，是为了纪念张巡（708—757）而立。张巡生于河南南阳邓州，祖籍蒲州河东（今山西芮城），因抗击叛军战死于河南睢阳。张巡殉国时，身首支离，惨不忍睹。唐肃宗诏赐张巡为“扬州大都督”。邓州、芮城、睢阳三地民众皆招魂葬之，并奉为神灵。目前，此张王庙还影响较大。所以，唐崖土司此处宜以张飞庙称之。

[游历情]

·张飞庙情思·

英雄不问出生，英雄彰显出生。

走进唐崖土司张王庙，这个问题便得到了极好的证明。

张王庙实际上就是张飞庙或者叫张桓侯庙，因为庙内主要供奉的是三国名将张飞而得名。此庙始建于明朝万历年间（1573—1620）。明代是演义小说《三国演义》的形成时代，也是将三国人物英雄化、神圣化的时代。张飞庙的修建本身即证明这个“造神”运动对当地的重要影响。

一般认为张飞庙是唐崖土司城的武庙，属于礼制性建筑。不过，根据民间传说，张飞庙的修建是因为这个地方的原有地名叫“群猪下河”，取意于当下地上的若干石头就像一群猪放牧在那片坡地上。当地的居民特别喜欢养猪，但常有猪瘟流行，无奈之下，人们便想到了三国英雄张飞。相传，张飞在与关羽、刘备结义前，世代为杀猪卖肉的屠户，后来许多屠户认定张飞是屠户的祖先。在日常语言中，如果要骂人是猪或者像猪，就会说“屠夫来了”，可见屠夫是猪的克星。自然，在当时的生产力状态下，为了不让猪得瘟疫病，也只好用屠夫来对付了。于是，当地居民请来了张飞，让其在此杀猪以止瘟疫，并为他塑像建庙。据说，自此以后，当地居民养猪即非常顺利，仔猪贸易也十分兴旺。当地居民感恩于张飞，年年来此烧香还愿，时至今日还香火不断。这也因应了中国人的一种普遍的适用性宗教情结：“平时不烧香，临时抱佛脚。”

整个张飞庙是坐西朝东的，不似人间的坐南朝北，大约是与人相对的，或即在整体上适用了土司城风水。三进大庙均依山就势而建，按进深分布在三级台地上，且呈中轴对称式布局。现保存完好的是山门、马殿、拜殿三部分。据说，张王庙曾在清朝乾隆年间（1736—1795）、光绪年间（1875—1908）进行过两次大的维修，惜最终毁于“文化大革命”时期。庙内现存完整的建筑基础和一对石人石马。石人石马雕刻于1611年，以两块巨大砂石雕琢而成，造型奇伟雄壮，倜傥权奇，势如腾骧。马身雕饰鞍、蹬、缰、辔，皆提腿欲行状，马鞍两侧的麒麟雕饰细腻优美，麒麟四脚跳起，侧头摆尾，缩颈扭腰，别具装饰意味。马前有执辔武士各一，头着盔帽，身着铠甲，配剑抱伞，执辔侍立马前，如控驭状。石马分为公母，左边公马高2.38米，长2.8米，缰上阴刻小字“万历辛亥岁季夏月四日良旦，印官覃夫人田氏修立”。右边母马高2.08米，背宽、长和公马相同，马缰阴刻小字“万历辛亥岁季夏月廿四日良旦，峒主覃杰同男覃文仲修立”。左边石人头已毁，残身高1.6米。右边石人高1.9米，头盔高耸，身披藤甲，脚蹬战靴，左肩紧绷刀鞘带，左手反握油纸伞，右手仍持缰前倾而立。以厚实的体块和横眉竖目、大头阔鼻的造型，表现了武士的壮实、勇猛和忠诚。从石马的马尾成捆缚状与石人侧立马旁的姿势来看，其马是将军刚乘之征战归来，刚好强力停下并保持了原来的飞腾之势，奋而欲搏；但将军已将马缰交给了驭马武士，而此驭马武士显然久已得到将军得胜归来的准确信息，静待将军凯旋归来，于是驭马武士身体略带倾斜地看着将军，却同时又接过了马缰，且有点信马由缰的范儿。这样，马的动姿与人的静姿结合，动静互衔，极具美感。而且，石人石马的造型手法独特，雕琢工艺精湛，堪称明代石雕的佳作和典范。从左右各署人名来看，这是带有宗教性的捐修纪念圣物，并得到了庙宇方的支持与同意；从马佩马饰来看，应属巴蜀地区的传统风格①。

从《三国志》对历史的客观描述到《三国演义》作者的主观感情色彩，三国时代的人物发生了极大变化，如曹操即被刻画为奸臣等，而真正成为神的恐怕就是关羽与诸葛亮等人了。不过，从诸神地位来说，张飞似又略逊了一些。问题在于，从当地百姓的观点来看，这里的张飞庙不是因为张飞是三国英雄，而是因其是屠夫。这里就引出一个有趣的文化问题：那么多的屠夫，为什么专请张飞？三国时期那么多英雄，又为什么只请张飞？请来的结果自然不是英雄的屠夫张飞，而是曾经是屠夫的英雄张飞。一方面，英雄不问出生，屠夫出生的张飞后来成了英雄、成了神，所以各地有不少的张飞庙或张王庙，更有张飞的后裔——中国台湾地区的张飞第72代孙张华安先生即曾“祭祖”——和非张飞的后裔共同祭祀；另一方面，英雄也彰显出生。试想，如果张飞不是英雄，这个张屠夫是否还与其他屠夫一样是一个凡夫俗子呢？尽管在民间有“除了张屠夫，还吃活毛猪”的关于人才普遍性的认定，也尽管屠夫职业本身具有普遍性，但也仍然只有张飞这个张屠夫在当地取得了神的地位，并被不少屠夫认定为自己职业的祖宗。看来，英雄对于出生的影显也极有益处。

更为有趣的是，取名张王庙，其所供神却并不只是张飞，而是包括了刘、关及18罗汉，具有混同性。据长期管理此庙的陈兆南老人回忆，桓武庙又称马王庙，在清代俗称张王庙。也就是说，这里还有一种马崇拜。

事实上，这是历史传说之误。因为至少在咸丰土家族地区，甚至在整个武陵民

① 古人讲究马身上的饰物，马饰与驾驭用的马具不可分，多数就是在马具上加上金属或玉石的饰片。例如《左传·僖公二十八年》：“晋车七百乘，韅、靷、鞅、靽。”这就是因为两千八百匹马的驭具整齐鲜明，因而连用这四个名词以显现晋军军容的肃整。韅（xiǎn，显）是马腹带，靷（yǐn，引）是引车的皮带，《左传·哀公二年》：“邮良（即古代有名的御手王良）曰：‘我两靷将绝，吾能止之（使靷暂时不断）。我，御之上也。”孔颖达正义：“古之驾四马者，服马夹辕，其颈负轭；两骖在旁，挽靷助之。”那么靷就是今天的“长套”。鞅是套在马颈上的皮带，靽是套在马臀部的皮带。另有靳，是服马当胸的皮带。《左传·定公九年》：“猛曰：‘我先登（指登上晋国夷仪城）。’书（书与猛都是齐人）敛甲（指站起身准备打架）曰：‘曩者之难（等于说作对），今又难焉！’猛笑曰：‘吾从子，如骖之靳。’”古代驾车骖马略后于服马，骖马之首与服马胸齐，“如骖之靳”即如骖马随着服马的胸前皮带而前进。杜预注：“靳，车中马也。”则是以靳借代服马。勒是整套的笼头。其中马所含的“嚼口”叫衔。《孔子家语·执辔》：“夫德法者，御民之具，犹御马之有衔勒也。”《汉书·匈奴传》：“单于正月朝天子于甘泉宫，汉宠以殊礼……赐以冠带衣裳……鞍勒之具。”（http：//zhidao.baidu. com/link?url=x6w3DPy1_ps2kGPcbxlLId4qYwkbxlo8Df7rHoiE_KoEUmhQaCNu6wZ6RmnVIrHtKXTfpMj0O6RgWv6eMnOFpK）。

族地区，张飞庙作为武庙与马王庙是同时存在的。但唐崖土司与咸丰县的其他地方有所不同的是：在武陵地区的其他地方，一般都会在城市的东南位置建置马王庙，此马王庙或在武庙的偏东位置如重庆的奉节，或者即在武庙内比如咸丰县。如根据清朝同治版《咸丰县志》记载，马王庙在新关庙内。而据中华民国版《咸丰县志》的记载：新关庙在县署左的城隍庙右，且马王庙亦设于内。也就是说，当地的信仰是二庙合一的——作为武庙的关庙与作为马神的马王庙是“一个机构，两块牌子”。据此我们再来理解，民间传说或称唐崖土司的张飞庙为武庙，而且又俗称为马王庙，其实是在传承过程中将二者合一了。历史事实则是：区别于其他地方以关庙为武庙，因唐崖土司的猪的问题，二合一地以张飞这位曾经是屠夫的英雄、将军为神祀为武庙（武庙职能的“二合一”），且同时将马王庙设于内（后设于其中的），这样，此庙的职能实质上已是“三合一”了，这可是典型的地方特色了。

张飞庙建筑有三进及两个天井场坝，每深入一进，都会有更深一层的情感传递。当初始走进正门时，沿着两三米高的石台基之石拾级梯而上，似已有了神气扑来。而一进大门的第一进，一正两厢的内八字型房屋结构，给人以一种神的抽象感及神殿的开放感；三层屋顶，逐层升华，巧显神的庄严，其中第二层为戏台，使娱神与娱人浑然一体。由第一进经天井坝进入第二进，天井坝是必经的去处。天井是民居建筑对宅院中房与房之间或房与围墙之间所围成的露天空地的称谓，可以是四面有房屋，也可是三面有房屋而另一面有围墙或两面有房屋另两面有围墙时的中间空地。在中国南方的民居房屋结构中，一般位于单进或多进房屋中前后正间中，两边为厢房包围，宽与正间同，进深与厢房等长，地面用青砖嵌铺的空地，因面积较小，光线为高屋围堵显得较暗，状如深井，故名。一般来说，神庙建筑的天井，有增加其神性的功能。

如果由第二进前左右两厢吊角楼二楼钎子走廊到达，三层即为庑屋尖顶；从二楼中部呈螺弦转顶楼梯而上，梯步顶部的藻井为盆型。二进为石人石马殿亭罩三层。石人身披藤盔，着蓝彩色；石马为着色的枣红马，因原施色彩脱落，在民国三十七年（1948）复由恩施师傅填图施彩。第三进为外八字型正屋，左右两厢与二进相连成第二个天井坝。正屋中堂所立为张飞、刘备、关羽像，且张飞为木雕座像居中位，刘备立居左位，关羽立居右位，刘、关二立像为篾泥漆胎，显示出中国传统礼仪中尊左重右而张飞则居主人位的排位格局，表明三结义的世俗地位。“八”字左侧房为小钟楼，右侧房为大钟楼，后面摆放大雷鼓。两厢陈列 18 罗汉。建筑和雕像在“文化大革命”期间均被拆毁，已无实物可考。从庙内残存的刘、关石像底座、香炉座底及石板地线嵌花等遗物中，当年古朴宏伟的建筑规模略见一斑。但尽管如此，还是表明人能“胜天”，而且也表明人能“胜神”。自然，原遗址内也少不了鳞次栉比、形式多样的土家吊角楼，这是一座依山傍水、舒适、美观的庙宇。

张王庙作为咸丰境内的著名寺庙历来被称颂，清代咸丰秀才袁采臣曾撰写庙联两幅：“百里雷霆驱石马，万山风雨舞泥龙。”“威名赫赫修千古，日月荡荡播万年。”现有的石人石马上方的罩马亭是1983年依据历史格局修建的保护设施。

[小知识]

·关于马王祭祀·

据《古今图书集成·神异典》卷34记载：周制以四时祭马祖、先牧、马社、马步诸神。按《周礼·夏官·校人》：

春祭马祖，执驹。郑锷曰：马未尝有祖。此言马祖者，贾氏谓天驷也。以天文考之，天驷房星也，房为龙马，马之生者，其气实本诸此，则马祖为天驷可知。于春则祭。春者，万物始生之时。

夏祭先牧。郑锷曰：先，始教人以放牧者也。夏草芳茂，马皆出而就牧，思其始教以养牧之法，故祭于夏。夏者，放牧之时，可以就牧，故颁而牧养之。

秋祭马社。王昭禹曰：马社，厩中之土示。凡马日中而出，日中而入。秋，马入厩之时，故祭马社。郑锷曰：阜厩所在，必有神焉。赖乎土神以安其处所，故祭马社。

冬祭马步。郑康成曰：马步神，为灾害马者。郑锷曰：寒气总至，马方在厩，必存其神，使不为灾。唐人之颂曰：冬祭马步，存神也。贾氏曰：马神称步，若元冥之步，人鬼之步之类，与酺字异音同义。

郑锷曰：马之难育也，必祈诸神以为之助。故春祭马祖，夏祭先牧，秋祭马社，冬祭马步。四时各有所祭之神，顺其时各有蕃马之法。

隋制以四时祭马神。炀帝大业七年（611），设坛祭马祖，命有司祭先牧及马步。

唐制以四时祭马神。按《旧唐书·礼仪志》：仲春祭马祖，仲夏祭先牧，仲秋祭马社，仲冬祭马步，并于大泽。

可以看出，马王信仰亦古已有之，传之唐崖后，即亦享祀。

·三国时期的蜀汉名将张飞·

张飞（？—221），字义德，幽州涿郡（今河北省保定市涿州市）人氏，三国时期蜀汉名将。刘备长坂坡败退，张飞仅率二十骑断后，据水断桥，曹军没人敢逼近；与诸葛亮、赵云扫荡西川时，于江州义释严颜；汉中之战时又于宕渠击败张郃，对蜀汉贡献极大，官至车骑将军，领司隶校尉，封西乡侯，后被范强、张达刺杀。后主时代追谥为“桓侯”。在中国传统文化中，张飞以其勇猛、鲁莽、嫉恶如仇而著称，虽然此形象主要来源于小说和戏剧等民间艺术，但已深入人心。

建中三年（782），礼仪使颜真卿向唐德宗建议，追封古代名将六十四人，并为他们设庙享奠，当中就包括“蜀车骑将军西乡侯张飞”。同时代被列入庙享名单的只有关羽、张辽、周瑜、吕蒙、陆逊、邓艾、陆抗而已。及至宣和五年（1123），宋室依照唐代惯例，为古代名将设庙，七十二位名将中亦包括张飞。在北宋年间成书的《十七史百将传》中，张飞亦位列其中。

[大信仰]

·石人石马与马王信仰·

传说张飞庙又叫马王庙，至少说明在当地曾经存在着马的崇拜，有如土家族的牛王崇拜一样。

一种说法是：土司皇帝覃鼎为蒙古裔孙，善骑为好，加之戎马生涯，深知马背征途的辛劳，倍感马伴身旁的亲切和马载荣耀的欣慰。石人、石马则是表达主人心愿的主题创作。

石马，为有骨有肉、有情有义的受驯良马，传说为覃杰和田夫人的坐骑。两马头部高昂，形态可鞠，颈胸硕大，腰间轻巧，粗尾呈S状立地，马的前脚一曲一直，后腿着力微蹲，势若腾骧。马头马尾大起大落，马背上一条极富生命力的曲线，在周围草坪杂树的陪衬对比下，更显壮观，气魄非凡。石人为马弁之相，既没有秦始皇兵马俑的跪跽请骑之礼，也不是昭陵六骏拔剑时的如此心疼，而是大头大鼻的忠诚厚道，横眉竖目，使得高高的发髻线上的头盔显得如此高耸，身披藤甲，着实的武士兵靴，尤显壮实。左肩紧绷的刀鞘带，左手反握的油纸伞，右手仍持疆前倾而立，马弁的责任竟是如此之繁重。或说此石人石马为蒙古武士和蒙古战马，不过经蒙古族学者辨识，已为不确。

另一种说法是：

土家民族信鬼神，尊祖先，城区内建有“三王庙”、“土王庙”。据《咸丰县志》记载，覃鼎夫人田氏，“尤喜奉佛”，自四川峨眉山朝奉归来，又在司城内外先后修建了大寺堂、玄武观、桓武庙等建筑。

事实上，这石人石马反映的却是马王信仰传入唐崖土司以后的新增信仰。在中域文明中，历代都有官方的祭祀马神的制度，如明太祖朱元璋即命祭马祖诸神，并且在南京特命太仆寺主持。明成祖朱棣迁都北京后，即马上命令在莲花池建马神祠，由官方礼祭。由于上层统治集团的提倡，下层民间也很快流行马神信仰，马神庙随即遍布各地。特别要提到的是明代的马政。明代徭役中，有一项是“编民养马”。明初养马本是官牧，国家设有太仆寺、苑马寺和群牧监等机构，专门管理马政，由军队养牧。但后来，内地撤销了牧监，改为“令民间孳牧”，开始是论户养马，后改成论丁养马，再改成计地养马。给公家养马的人家叫马户，养的马瘦了，死了，甚至到期限没怀上驹，都得罚钱、赔钱，再加上公差胥吏敲诈勒索，马户们苦不堪言。因此，马户们祭拜马神，祈求马神保佑自家养的马又高又壮，以期顺利交差。到了清代祭马神、马王的风俗，兴盛不衰，而且还规定了祭日：农历六月二十三日。可见，唐崖土司的马王庙与武庙张王庙合署办公，也自有其制了。

[神故事]

·唐崖土司的马——岩的·

用方言读，“岩的”读“埃的”，意思是说“一定的”。这里就涉及了张王庙的建筑问题。

·张王庙的修建·

相传，这里的地名原名“群猪下河”。当地土民尤喜养猪，但猪瘟流行，无奈之下，土民想到了张飞，张飞是屠夫。土民请来张飞，让其在此杀猪止瘟疫，并为他塑像建庙。自此以后，土民养猪非常顺利，仔猪贸易十分兴旺。土民感恩于张飞，年年来此烧香还愿。时至今日，香火不断。

·土家神马·

在鄂西咸丰县境内，现在还有一座唐崖土司皇城遗址。那里有两匹石雕的高头大马，一公一母，完完整整的。说起这对石马，它还来得远呢！

传说很久很久以前，土司皇出征去哒，留下皇后田氏掌管朝政。田氏贤惠，正直，对臣民们好。大家都尊敬她，喊她田氏祖婆。她有一个儿子，尽搞坏事。无凭无故地在杀人台杀人，在天灯堡办人的刑罚，凡出嫁的新姑娘，他都要睡第一夜，宫里那些宫女、女仆也有好多被他糟蹋哒。

田氏祖婆说起这事就伤心流泪，她白日昼夜都想儿子快些改恶从善。那儿子就是不顺当娘的心，坏事越搞越多。田氏祖婆心想，我是不是做了亏心事？前生是不是作了恶？要不，哪门我会养下这个不争气的儿子？

田氏祖婆决定要多积德行善做好事，为母子俩赎罪过。她让侄儿覃杰陪着，带上百多个宫娥、妃子，到峨眉山去烧香敬佛。

他们走进四川，见那里地肥水美，样样都有，真是个好地方。那些宫娥，妃子看起了这个地方，都不想离开哒。她们又舍不得田氏祖婆，只把这些心事藏着。田氏祖婆看出来哒，说：“人往高处走，水往低处流。我不强留你们。”见她松了口，大家就四道八处找自己的意中人，都在那里安了家。

田氏祖婆和侄儿覃杰还是日日夜夜往前赶，来到了峨眉山。他们烧了香，敬了佛，了却了一桩心愿，都很欢喜。他们正要起身回去，陡然传来消息说，土司皇被敌人围往哒，一无粮草二缺兵，等着皇后派兵去救他。

田氏祖婆急糟哒，这么远的路程，一个时候哪门走得拢嘛！

她望着峨眉山神。望了一阵，心就灵活哒，对覃杰说：“人都说仙山上的石头、草木有灵性，能帮助好人治恶人。我们就用山上的石头打成马，骑着跑回去吧！”覃杰说：“石马当坐骑，我还没听说过。再说，我们没有凿子、锤子，那石马哪门打嘛？”

田氏祖婆说：“试试吧！”她左看右看，选好了一处石料，又折来山上的常青藤，在小河里蘸上长流水当墨线。说也怪，那“墨线”一弹，岩石齐齐崭崭分裂开，比快刀切豆腐还利索。四四方方两大块，大得像戏台。

田氏祖婆又折下一丫小松枝，蘸上水在石料上左刷右刷，这一剃、那一戳，岩石渣渣到处飞。没用好多功夫，两匹石马就显形哒。只见那两匹马抖抖毛，睁开眼，咴咴一叫，成活马哒。

田氏祖婆和覃杰一人骑一匹，那马四蹄一蹬就飞起来哒。他们有些害怕，赶忙闭上眼睛，抓好鬃毛，只听得耳边风声呼呼吼，像腾云驾雾一样。

过了一会儿，耳边的风声停哒。他俩睁开眼睛一看，两匹马稳稳地站在皇城的校场坝上。皇城的官员都来迎接，观看这两匹神马。

田氏祖婆马上封覃杰为二路元帅，集合起兵马开到渝城，救出了土司皇。田氏祖婆没有忘记两匹神马的功劳，就专门修了一座马王殿，让它们站在里面，像别的神灵一样享受人间香火。

讲述者：唐崖土司皇城维修工程工地民工座谈

搜集整理者：韩致中

流传地区：咸丰县尖山乡

搜集时间，1983年秋

·落马滩·

一年，唐崖土司的神马自四川征战归来，路经唐崖土司镇大坪村附近。时值盛夏，坝子上稻苗茁壮，郁郁葱葱。神马饥渴难耐，跑到稻田吃起青苗来。田主人看见马吃稻苗，便急忙追赶。马见人追，慌忙逃遁。因马身怀有孕，转弯太急，使马驹早产落于稻田。后来这个地方就改名为罗马滩。现在这丘田里还有一坨大岩石头露出地面，形似马背，据说这就是当年神马落下的小马驹呢。

口述：张治松

搜集整理：止戈

·石马上小孔的来历·

相传，张王庙的两匹马经常在夜里到附近田里偷吃庄稼。当地老百姓只见庄稼被偷吃，而没有看到牲畜。于是，便在夜里守候在庄稼地里。一天夜里，又见两匹马到庄稼地里偷吃庄稼，老百姓便用猎枪对着两匹马开了一枪。第二天，当地老百姓顺着血迹寻找这两匹马的下落，一直找到了张王庙，方知原来是两匹石马。石马尾部的小孔便是遭枪击留下的痕迹。

·石马泉的来历·

张王庙石马屹立在唐崖河畔，威武雄壮，扬鬃奋蹄，栩栩如生。这“马”从何而来？传说是来自石马泉。

石马泉，在今活龙乡与利川市交界的地方苕湾。苕湾对面有个洞，洞内有股地下水汩汩流出。泉水源远流长，深不可测；洞内鱼龙变幻，阴森可怖；洞外悬崖峭壁，古藤悬吊，云腾雾霭，气象万千。一日，电闪雷鸣，狂风呼啸，两石马自洞内飞奔而出，越八家台，跨大沟岩，经龙潭坝，浴青狮河直奔唐崖河畔的坪上。自此以后，人们称苕湾下那个泉为石马泉。在忠塘上去的河滩上，至今还留有这“神马”的脚印叫“马蹄塘”，在卷洞门附近，还有这两匹马歇气的地方叫大马歇和小马歇呢。

口述：姚大均

搜集整理：止戈

[巧测验]

·关于张飞的歇后语·

张飞吃豆芽——小菜一碟

张飞吃豆腐——小菜一碟

张飞穿针——大眼瞪小眼

张飞抓榜子——大眼瞪小眼

张飞使计谋——粗中有细

张飞绣花——粗中有细

张飞卖针——人强货扎手

张飞卖秤锤——人强货硬

张飞的妈妈——无事生非（吴氏生飞）

张飞吃称陀——铁了心了

张飞绣花——不对劲

张飞拆桥——有勇无谋

张飞卖肉——光说不割

张飞战马超——不分胜负

张飞战关公——不念旧情

张飞遇李逵——黑对黑

张飞讨债——气势汹汹

张飞耍扛子——轻而易举

张飞上阵——横冲直撞

张飞扔鸡毛——有劲难使

张飞骑老虎——人强马壮

张飞剔牙——炮换鸟枪

张飞接吻——有两把刷子

曹操张飞打哑谜——你猜你的，我猜我的

抓住张飞当李逵打——认错人了

六　东城门遗址

城市也叫城市聚落，是以非农业产业和非农业人口集聚形成的较大的居民点。人口较稠密的地区称为城市。现代城市一般包括了住宅区、工业区和商业区并且具备行政管辖功能。城市的行政管辖功能可能涉及较其本身更广泛的区域，其中有居民区、街道、医院、学校、公共绿地、写字楼、商业卖场、广场、公园等公共设施。城市是“城”与“市”的组合词。“城”主要是为了防卫，并且用城墙等围起来的地域。《管子·度地》说“内为之城，内为之阔”。“市”则是指进行交易的场所，“日中为市”。这两者都是城市最原始的形态，严格地说，都不是真正意义上的城市。一个区域作为城市必须有质的规定性。按照这种标准来说明唐崖土司城，则表明其还缺少“市”的建构，这种状况在土家族地区，至今还存在有“城”无“市”的个案。

[游历情]

·唐崖土司的城门——反（转）的·

小时候曾听说一条言子：“唐崖土司的城门——反（转）的。”不理解其意，老是向大人或说者追问，只回答说：“就是那样！”

这里说的是唐崖土司的城门，其命名的方位与现实的方位是不同的。

按照《周礼·考工记》“匠人营国，方九里，旁三门。国中九经九纬，经途九轨”的基本做法，城门主要设在城市干道和城墙的交汇处。唐崖土司城共设有5座城门。我们这里所说的是其东（南）城门遗址。据考证，东城门遗址为唐崖土司城的主城门。

门道面阔5米，进深8米，两侧城台基础保存较好，城楼形制不详。城墙随形就势，平面呈不规则形，东西跨度约700米，南北跨度约670米，总长约2 500米。城墙均采用“石包土”结构砌筑，即用大型人工加工的块石和条石垒砌，内部填土。现基础大部保存完好，残存城垣多高达1米以上。

我们知道，城门是城市内外交通的出入口，其建筑规模、数量常依城市的大小、形制、方位、用途等因素来确定。决定城门位置及数量的另一个重要影响因素，是随着社会发展而日益强化的宗法礼制。按照《周礼·考工记》所规定的基本做法，城门主要设在城市干道和城墙的交汇处。

从自然地理的层面看，根据唐崖土司城内主干道和干道的走向情况判断，共设有五座城门。其中，主干道的上街与南（西）城墙的交汇处设南（西）门，主干道的下街与北（东）城墙的交汇处设北（东）门，干道第一、二、三下河道与东（南）城墙的交汇处分设三个东（南）门。另外结合城内普通道路的走向以及城外交通设施和遗存的分布情况，唐崖土司城可能还开设了一些出城口。目前，仅东（南）城墙北（南）门发现城门基础和门道遗存。

历史上的唐崖土司主要依靠水路出行。南、北门由于分别面对贾家沟和碗厂沟，不具备主要出行的条件。根据码头的分布情况，以及各下河道的宽度、修筑工艺和等级判断，东（南）城墙北（东）门应为城市的主城门。该城门坐西南朝东北（自然地理方位，以下不再注明），门道面阔约5米，进深约8米；两侧城台基础保存较好，城楼形制不详。城台外墙采用大型人工加工的块石和条石垒砌，内部填土，填土残高约2米。按照《周易》后天八卦方位来说，此属东南巽卦之位，巽者顺也，此门取东南方位“紫气东来”之象。据此，或可将此南方通唐崖河的三门分别称为致顺门、端午门、坤宁门，并分别对应于第一、二、三下河道的城门。

现在我们命名的“东城门”，其实应是唐崖土司的南城门，其命名不是依据的现实空间，而是想象的风水空间，这就是歇后语所说情形的由来。所以，现今考古学命名的各方位城门是现实的自然地理空间，可在当时的命名却与此不同，宜按想象空间方位称之，这种称谓的具体情况将在下面阐明。

唐崖土司城依自然地势分布，西为海拔670米的玄武山（北方），向东逐级下降至海拔510米的唐崖河畔（坐北朝南），形成约140米的落差，南北（想象空间的西东）则分别以两条天堑为界，南侧是贾家沟（西），北侧是新寨沟、打过龙沟、碗厂沟（东），形成外围的天然防御屏障。这种背靠山林，不占农田，且便于排水的临河缓坡选址，符合土家族聚落筑屋于半山腰，背靠山林，不占良田的基本选址特征，在生活、生产、交通、管理、防御等方面具备优越的天然条件。一是有险可守，便于设置安全防御体系；二是有足够利用的空间，便于布局城市功能区；三是出于生存与建设的需要，有可利用的资源，尤其是两岸地势较平，有大片良田作为补给；四是出行方便，有便利的交通要道，便于对周围行政区域的管理，出现入侵或内乱便于迅速逃生。该城作为唐崖土司的治所，伴随其始终，直至“改土归流”，而且其间没有被攻克的记录（传说中有放弃坚守城市的历史记录）。

门有三个主要功能：一是进出，二是守卫，三是隐蔽。但是，唐崖土司城的东门却在现实中属南方，这是土家人的风水习惯，如宣恩县的天堑东门关骡马大道其实是宣恩的南北通衢。这座山名叫东门关，它东西走向长百里，横亘在宣恩县的地域中间，把宣恩分成南北两片，是宣恩南北乃至湖南、湖北过往的交通要道，也是宣恩古代的重要地理标志。不过，从现实方位来讲，东门关矗立在宣恩县城的正南方，按理说应该叫“南门关”才是，但人们认为在天干地支中，东方甲乙木，南方丙丁火，水火无情，南方属火不吉利，特别是山属火，火灾连连，更令人生畏；而东方属木，木郁郁而有生气，一派兴旺景象，而山属木，草木葱茏，则大吉大利。于是人们便舍南取东，这就是东门关本在南边却为什么它的地名为东的由来。

现实中，我们所说的唐崖土司城的东城门，就好理解其应是何意了。

[小知识]

·关于门的文化·

关于门的思想：

门出现的确切时间，已难以考证，也不必细细考究。不过，早在我们的祖先穴居于岩洞那个年代，门的雏形可能就产生了。大概是从人类产生了人类意识，产生了家居意识，也就产生了门吧。山顶洞人住的山洞，在洞口挡些石块、树干之类的东西以作屏障，不就是原始的人类之门吗？许多人不正是通过这扇门才看到了人类的童年吗？

谁是最先步入华夏建筑文化之门的第一人？上古神话的回答是：有巢氏。《韩非子·五蠹》描述说：“上古之世，人民少而禽兽众，人民不胜禽兽虫蛇。有圣人作，构木为巢，以避群害，而民悦之，使王天下，号有巢氏。”大概自人类从树上爬下来，自有巢氏在地上架木造屋栖身以后，便有了门。

《诗经·陈风》说：“衡门之下，可以栖迟。”这是一种十分简陋的门。

《易传·系辞传》说：“上古穴居而野处，后世圣人易之以宫室。上栋下宇，以待风雨。”或言为避禽兽，或言以待风雨。

《玉篇》称“人之所出入也”为门，而《博雅》则说：“门，守也。”看似矛盾的界定，其实是道出了门的作用至少有二：一是供人“出入”，二是“守”。守者，防也。防什么？我想原始之门是为了防止野兽偷袭，且兼以御寒；而现代之门，则有防同类的责任，就是防盗贼，所以现在多安了防盗门、防盗网。

所以，《释名》曰“门，幕障卫也”，那是极准确而又精当的解释。“绿衣监使守宫门，一闭上阳多少春。”门的另一层含义就是隐蔽深幽，掩饰内里。寻常百姓，即使两口子发生口角，也要掩上房门，唯恐邻里听见，家丑外扬。更不用说，那些绮户红楼的朱门巨富，许多肮脏罪恶事，隐讳莫深。至于皇宫高墙之内，迷眼荡魂的笙乐翠袖、冷宫呻吟的血泪悲剧，对外人永远都是千古之谜。

博大精深的中华文化，将许许多多事物熏陶得纹彩绚烂，折射着自己的精深。有关门的文化也是如此。

中国古代建筑在世界建筑发展史中具有独特的地位。它的特点除了房屋为木结构体系而外，就是建筑多以群体的形式出现，所以，建筑的门就是它们之间的区别。建筑群体差别很大，情况多样，大者可以是城市、宫殿，小者可以是四合院、天井院住宅，因而门的种类就非常多，有城门、宫门、殿门、庙门、院门、宅门之分。门是建筑的出入门，所以位置很明显，也比较有讲究。古代代表着一个家庭的家风（门风）、资望（门望）等。它的形式和内容即是门所反映、所记载的历史与文化。门上的雕刻装饰和色彩的处理，都在不同程度上表现了古代的文化内涵、封建的礼制、伦理道德、理想追求等。形态上也显示了各地区的各个民族、各种宗教的特征。

随着社会发展和生产力的提高，门的制作水平也越来越高，其功能也从单一的“幕障卫”向多方面转化、发展。有宅门、邑门、里门、闾门、巷门、坊门、市门、庙门、校门、厂门、寨门、衙门、狱门、宫门、府门、城门、国门……诸多名目。按门的位置，又可分为大门、二门、角门、耳门、侧门、前门、后门、东门、西门、南门、北门等。依门的材料，有篾门、柴门、木门、石门、铁门、磁石门、水晶门、玻璃门、铝合金门、防盗门、钢门等。

门，既是建筑物的脸面，又是独立的建筑，如民居的滚脊门、里巷的闾门、寺庙的山门、都邑的城门。独特的中国建筑文化，因“门”而益发独特。古人言“宅以门户为冠带”，道出了大门具有显示形象的作用。在旧社会，门是富贵贫贱、盛衰荣枯的象征。谁家越穷，谁家的门就越矮小。特别是在“村径绕山松叶暗，柴门临水稻花香”的偏僻山村，老百姓都扎柴为门，仅仅表示这里有一户人家罢了。只有那些富贵人家，才有讲究：门楼高巍，门扇厚重，精雕细刻，重彩辉映。这样既可与一般老百姓严格区分开来，又可以炫耀于长街，让你还未走近门口，便自觉矮了三分，先生几分畏惧。

《红楼梦》里刘姥姥进荣国府，就是在大门前的石狮子旁站了好一阵儿，吓得不敢进门，才溜到角门前，向门卫道了一声“太爷们纳福”。皇家的规矩更多，旧时天安门城楼的门，仅在皇帝登基、结婚时才打开，且中间大门只能皇帝走，文武百官从侧门出入。宫门上巨大的门钉，横九纵九，九九八十一枚，如凸立的文字，浓缩了中国传统文化的一篇大文章。宅门上门神威武，双双把门，将远古先民关于神话世界的畅想，经过漫长时光的千图百绘，定稿为身披甲胄的模样。门神名单一长串，从神荼和郁垒，到秦琼和尉迟恭，以及钟馗、魏征、姚期与马武，还有关羽与周仓、焦赞与孟良……门前石狮，何谓“十三太保”？“泰山石敢当”、“抱鼓石”，何得“以捍民居”的功能？俗语或言：“猪入门，百福臻。”土家族地区则言：“猪来穷，狗来富。”逢年过节在门上贴上驮聚宝盆的肥猪拱门剪纸。辟邪呀，镇宅呀，祈福呀，驱恶呀，迎祥呀，招财呀，门又作了古风今俗的展台。

关于门的元素：

门框：门的边框，镶在墙上，支承固定门扇。

门扇；门的主体，可自由开关的部分。

门轴：门开关时绕着旋转的轴，现多为金属合页或铰链。

亮子：门扇上方的窗，用于采光通风。

窗：门扇上的窗，用于透光或互视。

百叶：门扇下方，供房间通风。

把手：门的手动开关装置。

门锁：锁门防盗，有时与把手成一体。

门铃：安装在门上的铃，室内人可闻声开门。

门槛：门框下端的横木条、石条或金属条。

门牌：钉在门上、房子的号码。

猫眼：装在门上的小透镜，用于在室内观察室外来客的装置。

闭门器：门开后自动关门的装置。

固门器：门开启后，使之保持位置的装置。

门环：一种通常为装饰性的固定装置，通常由一金属板及用枢纽悬于其上的金属环组成。

门闩：门关上后，插在门内使门推不开的滑动插销。

门鼻儿：钉在门上的金属半圆形物件，借助其他东西扣门或用来上锁。

门钹：装在门环下边像钹的东西，用来敲门。

·关于门的民俗·

门，还演绎出种种五彩斑斓的民俗文化。除夕门上贴春联与“福”字，正月初一贴鸡于门，破五“送穷出门”，上元节张灯祭门，清明门插柳，谷雨门贴符禁蝎，蚕月昼闭门，四月八嫁毛虫，端午门悬艾菖，伏天城门磔狗，七月半门上挂麻谷，茱萸酒洒重阳门，冬至门上糯米圆……

以今观古，许多事情的确神乎其神，神得有些古怪。对门的种种功用产生了神秘感，再加上想象力，结果“万物有灵”，这门、这户被古人奉若神灵，祭之祀之。并沿着岁时，将这么多文化信息簪在门楣、门扇上，增添了一道又一道的门前风景，给寻访门文化的今人，留下了韵味绵长的品味。

民俗认为，门是内外空间分隔的标志，是迈入室内的第一关和咽喉，因此，又将一家一户称为“门户”。人们历来十分重视各种门的处理。曾有人说：中国古典建筑是门的艺术。其实，寻常百姓，门岂止是“艺术”，还认为关系到一家人的吉凶祸福，故将门置于修房造屋的首位。

入必由之，出必由之。于是，历史的风风雨雨，门总要首当其冲。初唐的李世民，不是导演过一出鲜血淋淋杀兄逼父的“玄武门之变”吗？明英宗在其弟景泰帝病重之际，夺取东华门而进宫，登上奉天殿，又做了天顺皇帝，史称“夺门之变”。天安门“金凤朵云颁诏书”，不是能显示帝王的威严气象吗？

“天子五门”所铺张的，绝不是帝王的排场。老百姓则盼“夜不闭户”，太平盛世，社会安定，无盗无贼，清平世界，这是一代代中国人的美好理想。与此形成反差，是官府的封条大印在门扇上打叉叉。无论宫廷，或是皇城，都有前门和后门、公门和私门。矛盾的对立统一，构成了社会。前、后门，公、私门，高尚与正直，低卑与猥陋，天堂与地狱，贫穷与富有，官员与百姓，腐败与清廉，都借助“门”，登了台，亮了相。

中国的门，也派生出了“芝麻开门”的故事。中国的门，更创造出了“禹凿龙门”、“鲤鱼跳龙门”和“七夕天门开”的神话传说。前者反映了探索者的精神需求，后者表现了超越自我的渴望和对美好生活的企盼。中国的门，还创作出了《辕门斩子》的戏剧，表现了杨家将对朝廷的忠臣。流传最广的是“八字衙门朝南开，有理无钱莫进来”，是对封建统治的无情揭露。中国的门，还编造出了“鬼门关”的迷信，吓唬一般的胆小鬼。

门总是引人注目的，门占尽了出入口的“区位”优势。门文化也是一个出入口，它是中国建筑文化中最具色彩纷呈的篇章。中国的门文化博大精深，由一“门”而窥全豹，门的历史，于是成为历史之门。透过门的文化，可以寻找中国文化之门。①

[大信仰]

·门神是谁·

门神除了神荼、郁垒外，还有唐代出现的钟馗、张天师，元代以后出现的秦琼、尉迟恭，旧时苏州地区人们崇拜的温（或谓晋代之温峤，或谓东岳大帝属下之温将军）、岳（岳飞）二元帅。道教崇奉的青龙、白虎，一些地区信奉的赵云、赵公明、孙膑、庞涓等。还有的地方将门神分为三类，即文门神、武门神、祈福门神。文门神即画一些身着朝服的文官，如天官、仙童、刘海蟾、送子娘娘等；武门神即武官形象，如秦琼、尉迟恭等；祈福门神即为福、禄、寿三星。这些门神虽出现的时间区域背景不尽相同，但至今都被人们普遍信仰，其中影响最深的要数神荼、郁垒、钟馗、秦琼、尉迟恭等。

① 此上关于门的文化、元素等知识内容，均源自 http：//zhidao.baidu.com/link?url=BC64iED_0pmBjPgSI_qcMrdd6gr68xWxosH1MNQOiUO07-0MSGPz31vmE3DJAJt0SFDnqjeoW0aVMsuOMOtaTlOXKfDuPYlYDIaJ3vZV_Jq。

[神故事]

·土司城·

早些时候，唐崖土司并没有修这个皇城，后来会什么要修呢？原来有个说法：

原来，这个地方并没有城，搞什么都不规范，当地有个顺口溜：

湾湾河边地不平，衙门朝北硬无城。
大堂有人挨板子，河的对面数得清。

可知原来的办公地点在河边那快，是面向北边的，且地方不大。于是，土王决定重修土司城，恰好有了军功，可以修了。

由于唐崖土司覃氏的先人或在此山有过激烈的战争，并立功而被封为宣抚，所以此山也就被称为宣抚山了。这在多本唐崖《覃氏族谱》中都有明确的记载，有的即在宣抚山后加注说明即玄武山。其实是后来因风水学的思想影响，“前朱雀”而“后玄武”，前朱雀即指穴前台地或水域，后玄武则指这宣抚山了，漫漫地也就叫成了玄武山了。所以，在唐崖土司的周边，也只有这一座山是具有四神象之名的确定性地名的。

据说，为了修这个土司城，土王请了好多风水先生看，最后据说是选了一个福建的、一个江西的风水先生搞的，并且主要是听江西那个风水先生的。

不过，说起这个风水，学问可大了。

萧洪恩搜集整理

[巧测验]

·紫禁城的门钉·

由于皇家建筑体量大，门也大，需要门钉的路数也多。通常皇家竖九路、横九路，王府七路乘七路，亲王七路乘九路，再往下就是五路乘五路。

紫禁城东西南北四个门中，除南门午门外，其余都开三个门。朱门上都有金黄色门钉。这一排排门钉，不仅有其构造功能，也是装饰品，并体现着中国封建等级制度的森严。

在大门上装门钉，本出自构造需要，在本板和穿带部位钉上铁钉是为防止门板松散。但钉帽外露，有碍美观，古人将钉帽打成泡头状，这样，门钉兼有装饰功能。从隋唐（581—907）以来，就在大门上施用门钉了。

紫禁城南（端午门）、北（神武门）、西（西华门）三门都设九路门钉，即九行九列，共八十一颗门钉，独东门（东华门）是八行九列，共七十二颗门钉，为何此处用偶数（阴数）门钉而不用奇数（阳数）门钉？至今无从详考。九为阳数之极，故九路门钉是体现最高等级的门钉排列。有说东华门是“鬼门”，所以用阴数门钉。理由是，先皇帝的殡宫停放景山寿皇殿时，从东华门走，其卤簿仪杖及百官排班也在东华门。据考，清顺治、嘉庆帝的灵柩是先后出东华门进景山的。道光帝崩后，灵柩移圆明园正大光明殿时，也是出东华门。又说，皇后神牌也由东华门迎入奉先殿，神牌属阴。其实，按照《易》学象数学，“八”是阴数之极、“九”是阳数之极，八九七十二，故东华门即兼具阴阳两极之事的功能了。

然而，皇帝外出巡幸走的也是东华门，皇帝的画像、玉牒也由东华门请入。故“鬼门”一说，似有牵强，其实这是皇家的习惯，东华既办丧也作他用。关于门钉使用的数量，明代以前，无明文规定；到了清代，才把门钉数量和等级制度联系起来。《大清会典》载：“宫殿门庑皆崇基，上覆黄硫璃，门设金钉。”“坛庙圆丘外内垣门四，皆朱扉金钉，纵横各九。”

对亲王、郡王、公侯等府第使用门钉数量也有明确规定：“亲王府制，正门五间，门钉纵九横七”；“世子府制，正门五间，门钉减亲王七之二（减掉七分之二）”；“郡王、贝勒、贝子、镇国公、辅国公与世子府同”；“公门钉纵横皆七，侯以下至男递减至五五，均以铁。”

《燕都》杂志曾刊殷文硕单口相声《漫话燕京》：

连大门上的门钉也全分等级。皇宫城门上的门钉，每扇门九排，一排九个，一共九九八十一个。在古代呀，“九”是最大的阳数，象“天”，所以，皇宫的门钉，是九九八十一个。哎，唯独东华门的门钉少一排，是八九七十二个。为什么呢？那时候，文武百官上朝都走东华门，这门是给文武官员准备的，所以少九个门钉，剩七十二个啦。王府的门钉是七九六十三个；公侯，四十九个；官员，二十五个……到咱们老百姓家，一个不个！不信？您考察呀，只要不是官府，多阔的财主——磨砖对缝影壁，朱漆广亮大门，那门上一个门钉没有！要不怎么管平民百姓叫“白丁儿”呢，哎，就从这留下的！

七 天灯堡

唐崖土司城遗址有一处相传为土司刑场的处所，叫"天灯堡"，位于城址东北部（自然地理空间的位置如此，神圣空间的位置是东南部）的东门（南门）外右侧，第一下河道旁，与东门（南门）附近的城墙外侧相近，面临唐崖河。平面呈折尺式的不规则形，为一利用原生岩的石砌台基。台基总长3.3米，宽2.3米，面积约8平方米，相传为土司处决罪大恶极犯人的刑场。可事实应是如何呢？

[游历情]

·"天灯堡"：天恩所赐的灯塔·

走到"天灯堡"，听原来的导游解说，除了那些民间传说而外，我想起了梁静茹的《情歌》专集中有一首《天灯》，其中吟唱的歌词有："在最像情侣的那一瞬，和他朝着晚空放天灯。两颗心许过什么愿望，我想问始终都不敢问。"在这里，"天灯"已没有了刑场上的"点天灯"的恐怖。

事实上，唐崖土司城遗址的"天灯堡"本来就不应是心生恐怖的去处，它本来也不恐怖，而是天恩所赐的人性美德的彰显。

首先，如果真是因古代刑罚"点天灯"而得其名的话，也不需要在石头上。因为很明显，关于"点天灯"的刑罚知识及其他相关的说法是这样的：

> 点天灯是古代的刑罚，算是旧时的酷刑。王皓沅在《清宫十三朝》第

七十二回上的具体说明是："什么叫做点天灯？系用布帛将人束住，渍油使透，倒绑杆上，烧将起来。"一般的说明则是：在古代，点天灯也叫倒点人油蜡烛，是一种极其残酷的刑罚。具体做法是把犯人扒光衣服，用麻布包裹全身放进油缸里浸泡至入夜后，再将他头下脚上拴在一根挺高的木杆上，从脚上点燃。燃烧部分后浇灭，再次点燃，如此循环而至终局。在历史上，《三国演义》中董卓被王允设计杀死之后即被点了天灯。

还另有一说：在现代，"点天灯"于刑罚方面还有另外一个意思，据说该方法为川湘一带土匪首创，方法是在犯人的脑上钻个小洞，然后倒入灯油并点燃，可让犯人在极痛苦中被烧死。

另外，在小说《盗墓笔记》中有"邛笼石影"一部分，其第六章即"点天灯"，说的是旧时候赌场里的一种叫"点灯"的赌博技巧，意思是与赌台上手气非常不好的人反着押注，他押大你就押小，他押闲你就押庄，即以他人的霉气作为你的"灯"。据说有些人天生运气差，逢赌必输，还会专门被人请去"点灯"，以小输搏大利……

由上述可以看出，如果真是因"点天灯"而处决犯人，那是不应叫"天灯堡"而应叫"天灯树"的。自然也不会是因唐崖土司在此处开设赌场所设。所以，仅方法本身即对此地名与传说的关系提供了否证。现在看来，是到了纠正误传而还一本真的时候了。

仔细思考起来，说唐崖土司城遗址的"天灯堡"是处决犯人的地方，还有一个重要的否证就是唐崖土司城的建设是特别讲究风水的。从自然空间的角度说，"天灯堡"位于唐崖土司城的东方，东方主生不主杀，在此处处决犯人于理不合；从想象的神圣空间来说，"天灯堡"位于唐崖土司城的南方，因为根据唐崖土司的风水设定，此处宜叫"南门"，准确地说应该叫东南门，为紫气东来之门，符合其坐北朝南之方位设定，以其背靠玄武山也，南方主财、主旺而不主杀，在此处处决犯人亦于理不合。所以，从自然地理空间或思想地理空间的角度说，"天灯堡"都不可能成为处决犯人的地方。虽然历史上有"推出午门斩首"的说法，但那只是戏说，是于理不合的，学界已多有辩驳。

那么，何以解释此被认为是刑场遗址的"天灯堡"呢？根据此地的具体位置特征——第一下河道近河的转角处，同时也是唐崖河回环的转角处，若在此安放一个于唐崖河上的船舶指示航道、于行人指示行路的指示灯，则是一个极好的位置。据此，你可以想象的是：

> 在繁华的唐崖土司城，由于濒临唐崖河。而唐崖河属乌江水系，流向西南，在龚滩之上汇入乌江，因而唐崖土司的活动范围，主要是面向当时的四川，于是在这唐崖河的转弯回环处，且处于城门口的相对高处，既有利于行人，又有利于航行的灯塔，就成了不二的解释。可以说，这处“天灯堡”正好是一处天然的指路明灯之堡或天然的指路明灯之塔。

自然，这“天灯堡”取其“天然”的意义。至于为何人所设，已不得而知。如果由唐崖土司所设，自然是极为合理的解释，因为这是唐崖土司的主要出入通道，而且也是唐崖河的转弯回环处和东（南）城墙墙垣通道，很有必要。于此，这“天灯堡”自然是天恩所赐，甚至可以说是皇恩浩荡。自然，也有另一种可能，这就是土家族地区有修桥指路的美德，或许因为唐崖土司管理不到位，而有民众为之，实为善举，据此，则又是天恩所赐，属苍天有爱了……

要之，“天灯堡”真正是天恩所赐的灯塔！因此，你走在那里，绝对没有那是处决犯人之地的恐怖，有的只是面对唐崖河的上下之登高远望的情怀，有的只是唐崖土司城第一下河道在此转弯之曲径通幽的遐思……

[小知识]

·土家族照明用具的历史·

逃避黑暗、趋向光明，这也应成为人类的本性。

人类的照明“用具”大致可分为以下几类：

一、充分利用自然物以照明

约略人类与其他动物甚至植物一样，最初是以日月为照明“用具”的，可以叫作自然照明阶段，中国人把“明”字写成日月的横向合体，表明的即是一种“日往则月来，月往则日来，日月相推而明生焉”的现实场景；同样，这种相推可能是日月的各自起落，故将“易”字写成日月的纵向合体，“日月为易，像阴阳也”。表明了变异性。可以这样说，人类最初的照明“用具”就是日月，正所谓“以天地为炉，以造化为工”。事实上，以日月为照明“用具”，还产生了相应的民间谚语，直到现在还在一定程度上指引着人们。

充分利用自然物照明，还可能利用其他的发光物体，如即曾有人捉来大批萤火虫以利用萤火虫发出的萤光来照明，也可算是一种奇特的照明方法了。此例在土家族地区未曾有见。

二、发明和利用火光来照明

火的使用标志着人类开始学会支配自然力，它使原始人逐渐改变生食的习惯，这对于改变原始人的体质，促进大脑的发展起着重要作用。此外，原始人还可以利用火来取暖、照明、驱赶野兽等，在一定时代还可以利用火来制造生产工具。

从照明的角度说，学界总结照明经历了从火、油到电的发展历程。照明工具经历过无数的变革，出现过火把、动物油灯、植物油灯、蜡烛、煤油灯到白炽灯、日光灯，发展到现在琳琅满目的装饰灯、节能灯等，可以说一部照明的历史正是人类发展历史的见证。

在土家族地区，用火照明包括火把（通常用各类草做成草火把、用腐化过的向日葵杆做成各种葵花杆火把、用种种易燃树枝如松树支火把……）、动物油灯（笔者到目前未见实物，少量用猪油，但多是用于仪式）、植物油灯（最典型的是桐油灯、松油灯、间或亦用茶油……）、蜡烛（土腊，一般不用于通常的照明；18 世纪出现了用石蜡制作的蜡烛并开始用机器大量生产，蜡烛在土家族地区也曾广泛使用）、煤油灯（最初称洋油，20 世纪 50 年代讲实现共产主义后“点灯不用油，耕地不用牛”之“油”，主要即指此，但指的是不用一切油而用电，油灯一般可自制，马灯是较典型的油灯）等，现在在一些偏远地区还在用油灯，在一些仪式上还是用油灯。

三、从煤气灯到白炽灯、日光灯、蒸汽灯……

100 多年前英国人发明了煤气灯，后曾在土家族地区的矿山使用；爱迪生于 19 世纪末发明了电灯，从此改写了人类照明的历史，现已广泛用于土家族地区，具体灯具也多样，如电灯泡（白炽灯）、日光灯等；蒸汽灯则是由密封在玻璃管里的各种蒸汽通以电流而发光的，有水银蒸汽灯、钠蒸汽灯等类型。

笔者出生于 20 世纪 60 年代初，几乎经历上了述全部的照明用具，也包括自制油灯等，印象最深的则是挖长期腐化的松树蔸，其中积累了不少的灯油，挖回家弄成油丝，用以照明，效果特佳。仅此松油丝灯，我即使用了至少十年。

[大信仰]

·指路碑与土家族信仰·

在整个土家族地区，你随处均可见的指路碑，或者叫“令牌碑”。在现今咸丰县城内尚有此一去处。

从形制上看，之所以把指路碑叫“令牌碑”，是因其在形制上是一种长条形的上园下方的碑石，好像旧时县太爷在大堂上判案时所使用的令牌，故有是名。世界上有千千万万碑石，但对谁使用却颇讲究。这种指路碑是专为活人——多灾多病的小孩树立的。按照土家族地区风俗，若某家小孩多灾多病，养育不顺，父母或疑有某种鬼神相缠，为务求其解脱，最好破解的办法，就是主人在十字路口立一块碑石，并标明东走通达何处，西行抵达何方，南走可通某寨，北去可至某村。正中两行大字：“长命宝贵，易养成人。”此碑专为外乡行人指点迷津，是一种行善积德之举。说来也巧，凡是照此办理的那些人家，小孩子百病消除，百养百顺。在咸丰县楚蜀大道往小沟进去的桥上即有一块这一种碑，即属此例。

此种指路碑的习俗，在更大的范围内即是一种修桥补路等善举盛行。唐崖土司城外的“天灯堡”当属此类善举设施。

[神故事]

·短命峡→断明峡→明峡：近现代社会进程的的彰显[①]·

在咸丰境内的唐崖河有三峡：断明峡、汪二峡、虎跳峡，以断明峡居首。不过，断明峡即与照明有关。

若到了断明峡，你所知的第一段历史即应与太平天国运动有关，这是一段既真实而又有恐怖记忆的历史——《关于断明峡的传说》，事情发生在“干洞”，后来想起，这个故事早已由我的父亲说过，只不过当时没有放在心上而已。那大约是20世纪70年代初，我父亲已是重病在身，但我还很小，又是独子。时值县里准备在断

① 萧洪恩、萧菁：《〈历史记忆与历时还原〉——咸丰县明峡两岸口承文化的人类学解读》，《科学发展观与民族地区》2009年7月19日。

明峡修电站，好奇心驱使我去那里玩，父亲知道那里危险，不让我去，于是讲了这一故事。故事大致内容如下：

要修电站的地方，原来叫断明峡，说是没有光明，其实那是后人改的。本来叫短命峡，这还有个来源。

那是好久以前，洪秀全他们领导了长毛起义①，不知怎么搞的，打败了，逃到我们这里来。这些兵太不把当地人当回事，要吃要穿不说，还要睡你的女人，所以都怕长毛，见了他们就跑，若先知道消息就躲。如是进出了好几回。

又有一天，有消息说长毛又要来了，村里有年纪大的老人就和大家商量说，我们出去躲一下把，当门②沟里没人有去过，我在赶山（狩猎）时发现那里有两个洞，也没有外人知道，现在恰好是夏天，那两个洞中只有水洞里有水，干洞没水，正好可以躲人。大家都同意老人的意见，遂在老人的带领下，带着食物，除留下少数人在山上观察长毛动静外，其他人都躲进了干洞中。

果然，长毛真的来了，他们到处找人，终于有人找到了干洞，由于攻不进去，就用火攻，于是几百人全都被烧死在里面了，硬是没有一个投降的。躲在山上的人也曾想办法，但还是没有救下那些人，后来就一直流传着“长毛过路七天七夜烧死一洞人”的惨剧故事，那个地方也就叫短命峡了。

这个故事后来在高山羊的杨家院子得到了另一个证据，一个关于太平军残忍的传说——《杨老三之死》：

有一年，长毛打过来了，老百姓都躲出去了。长毛喜欢吃大户（在地主、富农家等大户人家吃住而不给钱），住进了杨家院子。杨大户家的老三，在屋后面山上看见长毛正在杀他家的猪，不服气，就用石头打长毛。这下惹了大祸，长毛派兵追他。当时是大雪天，地下垫了好厚一层雪，杨老三

① 指太平军留着长辫子，而当时的土家族人民都包着头巾，头发很少外露。

② “当门”：方言，指人的前面，可扩大指房或村或物的前面，如屋当门、洞当门等。

在逃跑时挂破了皮，一路流着血，所以长毛兵很快就沿着血迹追到了杨老三躲的地方。原来杨老三走到了一个孤老家，这个孤老的心特善良，也不问来人是谁，就把他藏（原话说的是“sou”音，应是“廋”——当时记录时不知是何字，因而换了“藏”字）起来了。长毛兵硬是把他从苕洞里找了出来，抓到了杨家院子，把屁眼用刀割开，把竹子搬下来，把他大肠拉出来捆在竹子颠上，然后让竹子弹出去，杨老三就那样被搞死了。长毛走后，杨家把他埋在了柳（岭）上青岗林里。

这两个故事基本上是同一主题，即对太平军进行否定性评价，从历史意义上认知，应是土家族地区经过改土归流后的百多年时间，产生了“中域”的国家认同[①]，因而否定了太平天国运动的正当性。后来我多次去杨老三的坟头找那种感觉，但总因历史的久远而难以如愿。不过，虽然没有那种战争场景，却有一种“追杀”、“火攻”的心境，并因此为我们先辈的不屈而表示出某种敬意。

现在，“短命峡”已早不见于记忆，“断明峡”也因修了电站而直接叫“明峡”了，甚至也已不是地名，而是一个单位的名称了。如果没有那种历史记忆，如何能找回久远的历史？

[巧测验]

·月亮出没时刻与圆缺时间·

月相是依日月黄经差度数来算的，共划分为八种：

1.新月（农历初一日，即朔日）：0度；

2.上峨嵋月（一般为农历的初二夜左右—初七日左右）：0度—90度；

3.上弦（农历初八左右）：90度；

4.凸月（农历初九左右—农历十四左右）：90度—180度；

5.满月（望日，农历十五日夜或十六日左右）：180度；

① 萧洪恩：《脱蛮入儒：19世纪土家族的文化认同与社会转型》，《中南民族大学学报（人文社会科学版）》2006年第5期。

6.残月（农历十六左右—农历二十三左右）：180度—270度；

7.下弦（农历二十三左右）：270度；

8.下峨嵋月（农历二十四左右—月末）：270度—360度。

另外，农历月最后一天称为晦日，即不见月亮。

其中最主要的是四种主要月相：

新月（农历初一日）；

上弦（农历初八左右）；

满月（农历十五日左右）；

下弦（农历二十三左右）。

·土家族地去的月亮出没时刻歌·

初一死，初二生，初三初四管一更。

月亮落五不落六，初七初八管二更。

初九初十三更照，十三十四管鸡鸣。

十五十六紧相随，你落我出日月跟。

十七更前十八后，十九二十亥时行。

二十一二三，月起半夜间。

二十四五六，月起放早牛。

二十七八九，月起鸡开口。

到了三十夜，朔望待交接。

八　阴阳两府库

从唐崖土司城第一下河道的河岸上行到东（南）城门口，进城即有两个特色建筑，惜已全部无存。据民间传说，以背靠玄武山而论，左区为“水牢”，右区为金融中心。当地传说言之凿凿，而学术研究却不得要领，导游也因资料原因而没有更多的介绍。在此，笔者根据中国传统建筑格局及相关资料，认为这左右两侧的建筑，应是阴阳两府库。

[游历情]

·阴阳两府库遐思·

当你走在进东（南）城门口后，在这段相对平直的道路上，当你听到导游介绍这里左区为“水牢”、右区为金融中心时，无论如何你都会心存疑问：为什么会有这么奇怪的建筑格局呢？自然，这背后有一种习惯性的解释是：金融中心自然是管理财富的，但“水牢”却是关押犯人的。加上又将城门口的“天灯堡”说成是处决重罪犯人的地方。于是，一个莫须有的城市结构就自然而然地被建构起来了。事实上，这是不能成立的想象。

背靠玄武山，右区为金融中心，自然容易理解。因为道理很简单：按照古代民居的建筑格局，特别是重视八卦风水的《易》学格局，此为东（南）门，主生、主财，且一般的府库都位于风水中南位，而此金融中心的位置正好处于该位。如果按照三条下河道的设计，此第一下河道又为东南位，而金融中心则在相对西南的位置上，可算是“西南得朋”之位。按照坤卦卦辞强调：“坤，元亨，利牝马之贞。君子有攸往，先迷后得主。利，西南得朋，东北丧朋，安贞吉。”虽然总体上肯定开始很好且通达顺利，但却要求具备一定的条件：一是适宜像母马那样的正固安详，外柔内秀，强调内在气质问题；二是即使是君子要有所前往，也不能太过冒进，否则就会碰得头破血流，到那时你可能会想到应找一个好的领路人了，强调前人或时贤的经验；三是要注意方位的选择，如在西南方得到朋友或钱，而在东北方则可能丧失朋友或钱，强调空间布局。所以，总体说是适宜安于正固就会吉祥。《象传》对这一精神即解释为以顺为主题的人的休养，并最终达到自己的目标：“至哉坤元，万物资生，乃顺承天。坤厚载物，德合无疆，含弘光大，品物咸亨。牝马地类，行地无疆，柔顺利贞。君子攸行，先迷失道，后顺得常。西南得朋，乃与类行。东北丧朋，乃终有庆。安贞之吉，应地无疆。”可以这样说，唐崖土司把土司的金融中心——阳间的府库设在这里，正是尊崇了《易》学文化精神。

事实上，同样依据这种“西南得朋，乃与类行”的《易》学文化精神，我们也可以否认作为处死犯人的“水牢”的存在。因为一般来说，古代的监狱通常都在城市衙门附近，主要是便于随时提审犯人。按照古代县一级的机构设置情况，关押一般的杂犯往往不需要很复杂的监房，只有特别的死刑重犯才可能设置内监。因此，监狱（古人称为“囹圄”）作为衙门的一个重要组成部分，应该是紧靠主衙的。而按照当时唐崖土司的情况，并且是在努力学习中域文化的时期，不可能不了解这种机构设置的一般情况。因而，传说中的“水牢”，在较远离主衙的情势下，是不符合实际的。另外，在一个重视风水的城市建设中，城市的功能分区是有相应规定的。根据唐崖土司的四象格局，“水牢”所在的位置属自然地理上的东门和神圣（风水）空间上的南门，这两种方位，都属主生而非主死、主财而非主破的方位。因此，这里是不宜作为趋死重犯的“水牢”位置的。而根据百度百科对“水牢”的界定：“水牢是一种牢房，它建筑在地底下，周围都是坚厚的石墙，分为两层，上层是个蓄水池，下层是牢房，一开机关就可以将牢房淹没。另外，传说中的水牢，也是酷刑的一种。被关进水牢的人，虽然不会像上述受刑者一样在短时间内窒息而死，但人在水牢里无法坐下休息，更无法睡觉，不出几天，身体支撑不住，就会倒入水中被溺毙。这个相对漫长的过程，其残酷程度，实不亚于几分钟内的窒息而死。”可以看出，“水牢”是主死的，而且是具有特殊的设计要求的。据此，我们完全有理由否定相关“水牢”的传说。

那么，又为什么传说这是“水牢”呢？其实这是方言转译之误。当唐崖覃氏始接受中域文化时，为了准备祭祀的用品——牺牲——牛、猪、羊等大型的祭品时，考虑到喂养的方便，而把它们置于邻河的东（南）城门处，所以把这里叫“牲牢”，到如今，当地老百姓还把牛、猪、羊等叫“牲口”，把相类者则统称为“畜牲”，而“牢”本意即是与关牛相关的设施，并用来指代祭品，《道德经》讲“如享大牢”即是。可是，因为“水”、“牲”在当地的汉语方言里十分近似而相误，就像“大堰塘”误为“大印塘”一样。也就是说，这是一个为了祭祀而专门喂养作为祭品之牲口的地方，比照阳间的府库金融中心，其实可以叫阴间的府库祭品中心（牲牢）。正所谓“一个东南门，阴阳两府库”。

事实上，根据唐崖土司城的宗教设施来看，专设“牲牢”是有必要性的。据学者介绍，唐崖土司的“宗教区位于衙署区的左侧，作为土司祭祀祖先和礼佛的主要场所，是唐崖土司城的主体部分之一。主要包括覃氏宗祠和大寺堂两组相连的建筑。同时，在城外有玉皇庙、张王庙、尖山寺、铁壁寺和观音寺，土司后裔称，当时各类寺庙共有 8 座。这种做法，当然与发挥宗教的教化功能有关，其目的不外乎想通过阳间与阴间配合，将政治权力与思想教化结合起来，双管齐下，以实现对这座城市的统治和驾驭”。这种格局正好需要“阴阳两府库”来落实。

[小知识]

·中国城市的规划理念·

或许从最初的城市起源开始，中国的城市就存在着人为的规划，体现出人的世界观。

但是，一说到世界观，就必然会问：谁的世界观。于是：在中国传统的城市规划理论中，就形成了主要的两种世界观取向。

以《周礼·考工记》为代表的世界观取向，可以用伦理的、社会学的规划思想做概括。该书强调：都城的基本规划思想和城市格局是“方九里，旁三门”；“经涂九轨，九经九纬”。“左祖右社，面朝后市。”这些观念一直在中国古代城市建设，其中特别是政治性城市建设中影响较大，最为典型的案例就是唐朝的长安城和元明清时期的北京城，清晰的街坊结构和笔直的街道，以及城墙和城门等无不反映出《周礼·考工记》中的礼制思想。按照这种城市格局，城市已不仅仅是一个可供人居住、生活的场所，而是一种具有价值的文化符号、一种深刻的社会关系和严格的礼制秩序。从这个意义上说，现已考古发掘的唐崖土司城遗址的核心区即充分地体现了这种思想。

以《管子》及后期风水理论为代表的世界观取向，可以用天人合一的、功能性的规划思想做概括，这就是其特别强调适用理性、功能主义的思想观念，如成书于战国时期的《管子》在城市规划领域即对《周礼》进行了否定，主张从实际出发而不拘于形式，“因天才，就地利”，“城廓不必中规矩，道路不必中准绳”。特别是在城市与山川环境因素的关系上，《管子·立政篇》中强调：“凡立国都，非于大山之下，必于广川之上。高毋近旱，而水用足。下毋近水，而沟防省。”从唐崖土司城遗址的整体面貌看即充分地体现了这种思想。至于说到风水理论对于唐崖土司城规划的影响无疑是重要的，虽然其特别重视理气结合，但却更重于形，这已在前面有所论及。

自然，这两种城市建设世界观并不是截然分开的，在中国历史上，很多城市的规划与建设同时反映了这两种思想，其中唐崖土司城的例子即很明显，也正是这两种世界观的结合一直统治着中国传统的城市规划，从而造就了一个又一个富于个性的文化之城。

[大信仰]

·《易》学天人合一论[①]·

在中国，伟大的治水斗争既提供了奴隶制国家形成的直接动因，又成为后世思想家们以第一意关心自然环境的深刻根源。作为一个以治水闻名的文明古国，其纵横交错的江河湖泽，既可以带来灌溉之利，也可以招来洪水之灾。从五千多年前的黄帝时代起，我们的祖先就累世同洪做斗争。为了克服氏族制度的分散性，客观上促成了氏族组织向国家机构的转变。而治水斗争，既促成了中国早熟奴隶社会的形成，又深刻地影响了后来的思想发展。其中最为重要的影响就是促使人们不得不去探讨

① 参见萧洪恩：《易纬文化揭秘》，中国书店出版社 2008 年版。

人与自然、社会与自然的关系。中国哲学史上的天人关系论，就其最初的客观根据而论，也就是中国社会对于客观自然界的强依赖关系。在后代哲学发展上，无论是孟子等膨胀人的主观能动作用去达到天人合一，还是像庄子那样通过扼杀人的主观能动作用去达到天人合一，还是像荀子那样通过“制天命而用之”去达到天人合一，都有一个历史共性，即给予自然界以深刻的注意，探讨人与自然界的深刻联系。

根据中国奴隶社会及其后社会对自然环境强依赖关系的传统，《易》学提出了自己的天人关系论。他们不仅用“五气渐变”的“五运”学说来论证天、地及人的最初统一性；而且还通过“卦气”说系统地分析和论证了人对自然的依赖关系及其感应关系，在天人关系的量化研究方面做出了一定的探索；同时，《易》学还提出了六位三才统一于《易》的思想，故《易纬·乾凿度》肯定“《易》有六位、三才，天地人道之分际也。三才之道，天、地、人也。天有阴阳，地有柔刚，人有仁义[①]，法此三者，故生六位。六位之变，阳爻者，制于天也；阴爻者，系于地也。天动而施曰仁，地静而理曰义。仁成而上，义成而下，上者专制，下者顺从，正形于人则道德立而尊卑定矣。此天、地、人道之分际也”。因此，无论是自然、社会，还是人的思维自身，都在卦爻象中得到了统一，并通过卦爻辞做了较为明白的说明以及一些硬性的规定。这样，在自然界中获得的数量规定，通过在《周易》一书中的运用，不仅对于社会史的发展根据进行了规定，而且对于社会史的变化过程，即社会史节律做了规定。所以，从最终意义上说，《易》学的产生和出现，完全没有脱离中国社会思想发展的根本道路。并且，这一道路所体现的“天人合一”思想，始终是《易》学家们思考问题的根本方向。

[神故事]

·五个先生扯懒谈[②]·

有一天，草药先生、风水先生、端公先生、道士先生、算命先生走到一起哒，就扯起懒谈来。

---

① 《太平御览》卷一引为“天有阴阳，地有柔刚，人有仁义，是谓三才”。

② 扯懒谈：谈白话，聊天的意思。杨适之等主编：《咸丰民间故事集》，湖北人民出版社 2007 年版，第 611 页。

草药先生说："搞我这行的呀，男女老少都尊敬，病人见我喊仙人。"

端公先生说："我又捉鬼，又拿神，阎王见我也怕三分。"

风水先生说："皇帝见我也打躬，求我看地埋老人。"

道士先生说："我东家接来西家请，一年四季忙不赢。"

算命先生说："四位先生狠齐天[①]，生死还由我来定。"

五位先生各说各的"狠"处，没分出个高低，觉得没趣，就互相搞整起来。

道士指着端公说："你神搞鬼搞胡乱叫，好比癫子把舞跳。你那么会把鬼来捉，我还是忙得不开交。"

端公回答说："你又是哼来又是唱，锣鼓九板十三腔。又开路来又做斋，人死怎么不还阳？"

草药先生指着风水先生说："你一天指西又划东，我说你狗屁都不通。你那么会把地来看，怎么不找块宝地埋祖宗？"

风水先生回答他说："你整天望人把病害，烂草烂根当药卖。你那么会把病来治，你的祖宗该还在？"

算命先生在旁边打了个哈哈，说："四个先生不必争，我们都是一个命，骗起人来无深浅，不如闷起不做声。"

讲述者：王崇明 男 44岁 土家族 初中 原建始县景阳粮管所职工

搜集整理者：刘绍必 侯明银

流传地区：景阳一带

搜集时间：1987年4月

·金银塘的来历[②]·

顺唐崖河而下，距张王庙两里多远有口塘叫"金银塘"。说起这口塘还有一个来历呢。

据说，在张王庙石人、石马修成的时候，土王为了炫耀自己的业绩，召集文武官员，

① 狠齐天：土家族方言，即本事大的意思。

② 杨适之等主编：《咸丰民间故事集》，湖北人民出版社2007年版，第356页。

邀绅士、工匠和远近宾朋，大摆筵席。宴席就摆在马殿之上。客人们都被那栩栩如生的石人、石马吸引住了。那石人、石马披挂得整整齐齐，油漆的马鞍，特制的踏蹬，绣花的马汗搭，捆得紧紧扎扎。双马足踏彩云，势欲昂首奔天。幸有那两员得力的卫士，头戴金盔，身穿银甲，佩雨伞，执宝剑，横眉怒目把住了马的缰绳，勒住了骏马。客人看了，个个啧啧称道，赞不绝口。土王见众人看得入了迷，没有人入席落座，只得高喊一声："各执其事，落座入席。"众人入席后，照古规，先请掌墨师傅陈大仙说了福事，接着众绅士讲了一些奉承话，随着就是文武官员大吹大擂，争先恐后地为土君敬高功酒。众官们你一排来，他一排去，土王面前行人不断，不到半个时辰，就把土王灌得昏昏大醉，摸不到东南西北了。只见土王恍里惚去地走下座位，在殿上乱窜，时而摸摸石马哈哈大笑，时而摸摸石人做一个大拇指翻腰。土王走到这里，这里的人说他功劳大；走到那里，那里的人说他德行高。他一下窜到了陈师傅面前，粗声粗气地对陈大仙说："这石马打得可好？"陈大仙谦虚地说："这石马打得不见得好，我手艺不高，望君主赦罪！"恰好土王旁边站着一个歪嘴灵官，他最爱搬弄是非，是一颗讨好卖乖的烂酒曲子。等陈师傅话音一落，他就扑向土王的耳边，架起簸箕云，无中生有地说："你看这老狗，多不识抬举，你老人家把他当作上大人待，他还说这石马打得不见得好。意思是说他在别处比这里做得好些，他哪把你放在眼里啰！"被酒灌醉了的土王，哪经得起挑拨，像烤焦了的火药一点就燃。只听他冷笑一声，伸手把陈老师傅抓住，大吼道："你好大的狗胆！还不是真心地给我做！来人啦！把他绑去沉水。"众士兵一拥而上，像一群恶狼，把陈师傅绑了起来。老人被捆得话都讲不出来了。众绅士和一些士兵，都赶忙跪地求情。土王哪听众人忠谏，反而大声乱叫："快将那陈老狗拖出马殿，丢进唐崖河去。"众士兵不敢违抗，只得遵命行事。可怜一个富有艺术才华的名师，就这样含着冤屈，被活活地抛进了唐崖河激流之中。

事情也怪，陈老师傅被抛入唐崖河内，他的尸体却浮而不沉，翻滩越潭，徐徐顺流而下。当他的尸体飘至铁鼻寺下的绿荫塘时，久久地盘旋着，再不朝下漂了。其时，一老渔翁路过这里，见塘中漂着一具尸体，一看是陈老师傅，觉得很奇怪，就急速去告知土王。土王闻知，大惊之色。他急忙吩咐备马，带领侍从人等，疑神疑鬼地向铁鼻寺下绿荫塘边来了。

来到塘边，只见那岩上松柏苍翠，山中红枫挺拔，两岸修竹垂首，那刀切的明岩，显得格外严峻。土王不禁毛骨悚然，心虚三分。再进前几步，看清陈老师傅尸下有鲤鱼拱托，更加害怕。那谗言灵官，见到土王面如土色，壮着胆子向土王靠近，战战兢兢地向土王禀道："陈师傅为你修建石人、石马，历时三年，在功成圆满之时，我主理应给足工钱，莫不是他……"土王如梦方醒，忙喊总管："你快去存钱坝，找人抬两箩金银来。"总管得令奔去，稍许，抬来了金银。土王官兵手捧金银，朝陈老师傅的尸体上撒去。金银撒尽，陈老师傅尸体徐徐下沉。自此以后，这口塘就叫金银塘了。

口述：佚名

搜集整理：朱忠诲

[巧测验]

·土家族建房仪典追求的境界[①]·

在中国的传统文化中，人类、自然、社会的这种关系始终都是一种以和谐为特征的关系。人们普遍的认为，人是自然的一部分，人是由自然界产生的；人是社会的构成要素，是由社会产生的。自然与人的伦理是天人合一，人与人的伦理是文明礼仪。一旦发生不和谐的事情，则会受到相应处罚。对自然和谐的破坏，必遭"天谴"；对人事和谐的破坏，则遭"杀诫"。而且，"天谴"和"杀诫"还相互地引发。所以，和谐的形成，无论是对自然和谐的形成还是对社会和谐的形成，都会获得好的报偿。《白蛇传》中的许仙、《聊斋志异》中的人鬼狐故事、《二十四孝》中的诸多典型等，都从各个方面反映了中华民族的这种特殊的"和谐"追求。

土家族文化是中华民族文化的极为重要的一元。土家族人民对这种"和谐"的文化追求符合整个中华民族"和谐"文化的主体思想，这就是力求形成一种全方位的和谐境界。在这种特有的"和谐"境界里，人、自然、社会乃至整个"大千世界"之"万象"都各得其所，各安天命。

从建房的程序及仪典祝词的角度说，土家族人民将这种境界分为三个层次，对各个层次有不同的评价。

① 参见萧洪恩：《土家族仪典文化哲学研究》，中央民族大学出版社2002年版。

第一层次是煞境：这种境界，人、物等都不宜居住。时间上讲有年煞、月煞、日煞、时煞，即有系列的年份、月份、日份、时份，在有煞之时是不宜居处的。空间上讲有五方之煞及天地之煞等，五方之煞即东西南北中五方，天地之煞即天煞地煞，有此类煞的，也不宜居住，是所谓根本不宜居者。实物上有各种物煞，如龙、虎、鸡、狗等诸类动物，树、草等诸类植物之煞，有这些煞的也不宜居处。还有气象上的阴煞、阳煞、温煞、寒煞等。所有这些各种煞，说到底即是对人、物不宜居处环境进行的分类。

第二层次是适境：这种境界，人、物等都可以居处。这种环境的特征是：既有有利的方面，又有不利的方面，有利和不利方面的比较，有利的方面为主；这种环境对人、物的影响不是全方位的，只在某个方面，如影响发财或影响发人或影响升官等，不至于对人们的生存造成大的危险；这种环境可以通过人们的努力，通过采取一定的措施进行补偏救蔽式的改造，并且在改造过后不会再对人类造成危害。也就是说，这种环境具有可改造性；这种环境在自然界、在社会是普遍存在的，是大量的，因此具有广泛性。从一定意义上说，承认这种环境的普遍性，实质上就是承认人类自身的广泛适应性，也就是承认人类对自己生存发展的坚定信念。

第三个层次是佳境：这是人们的最佳选择和追求。佳境，有纯自然生存的佳境，这种环境不论何时、何地、何人都是适合的，是最理想的环境。有调和的佳境，这种境佳是由不同的人、不同的时、不同的地，经过一定的人为的努力选择调配而生成的，通常的佳境就是指这种佳境，因为纯自然生存的佳境是可遇而不可求的。有纯单方面的佳境，这是就空间、时间、人等某一方面因素形成的，比如时间，一年中有一段时间很好，百事不忌；空间，一个环境有一方好，百事不忌等；人，有时一切好，诸事顺心。这种佳境，主要突出的是人们的选择性，说到底是人们的主观能动性。

由上述分析可以看出，土家族建房仪典追求的是一种境界，这就是放弃煞境，保证适境，力求佳境。修造的首要程序是选址，说到底就是选环境；“造屋场”或“打屋基”，说到底仍然是选环境、造环境，“定向”、“择时”、“释异”，无一不与追求这种环境有关。从一定意义上，土家族的这种环境论，一方面说明了环境是人造成的，改变的；另一方面又说明人是环境的产物。二者的相互作用，正好体现了人类的自身进步，也体现了当今人类的可持续发展追求。所以，土家族建房仪典的这种哲学境界说，是应当加以研究的。人们在对比美国的西部开发和中国过去的西部开发后，得出结论说：关键是两国处理开发与环境关系的方式不同。按照人们的结论，再反思我们土家族建房仪典所追求的环境境界，不是很有意义吗？

九　三街十八巷三十六院

据《唐崖土司遗址》一书介绍，历史上的唐崖土司城由城市本体、墓葬及外围附属设施三部分组成，分布范围明确，大致以唐崖河和周边的天然壕沟构成一个相对封闭的空间，东西长约 1 200 米，南北宽约 700 米，总占地面积约 74 万平方米。民国版唐崖《覃氏族谱》描述为“自玄武山发脉，前至大河边，左右二寨，石场二沟，设立衙署、街基庙宇寺庙，历朝功绩昭著”。城内部分是主体，地处紧邻唐崖河较为平缓的区域，四周有城墙围合，随地势呈不规则梯形展布，总面积约 35 万平方米。据此而论，“三街十八巷三十六院”自然是其市政主体。

[游历情]

·“赶场”与“赶街”·

在家乡，“场”与“街”是有区别的。儿时说“赶场”，一般是指小集镇，当时的小公社、现在的片区集镇，差不多都只能叫“场”。而一般说“赶街”，那就有另一个说法，叫“进城”。所以，“赶街”即成了“进城”的另一说法。即使当时有人们称“丁寨街上”，但也只说“赶丁寨”而不说“赶街”或“进城”。

究其原因，或许可从汉字的字源上得到说明。你看，“街”是形声字。从行，圭声，小篆像纵横相交的十字路，其本义即指四路相通的大道，故《说文解字》说：“街，四通道也。”《三苍》说：“街，交道也。”这种思想指引着后来中国文化中的东西为街、南北为路之说，并有“东西街、南北路”的顺口溜。即使在一些不发达地区有斜街等说法，但人们对“街”的总体印象则是确定的。

从小时即听说，唐崖土司城属“街”的规模与东西（北南）分布格局。因此，能担当起“街”的名称，自然有其非同凡响之处，这也就是我为什么总对唐崖土司城有一种神秘而神圣的情感之原因。

现在我们知道，唐崖土司城也的确有“街”，但那已是历史陈迹了。

考古学已经基本确认，唐崖土司城有相对复杂的路网体系，是一个由城内的三横三纵的主干道、次干道、数十条巷道构成的一个复杂的整体，被称为“三街十八巷三十六院”，其数是以“三”为基数的倍乘数，“阳立于三”，故为三街；“三的”二倍是“六”，三六一十八，故有十八巷；“六”的二倍是“十二”，“三”乘“十二”为三十六，故有三十六院。在民间，以三为阳立之数，以“六”为事顺之数，故此可看出唐崖土司的数崇拜实际上有根植于民间信仰的基础，并在市政建设上有突出的表现。

“三街”为主干道，被认为是全城单体最长、规模最大、工艺最高且保存最为完好的道路遗存。从结构上看，以南北向贯通全城（唐崖土司的想象空间为东西向，符合中域文化“东西为街”之内涵），路面大部分呈平直状，局部随地形弯曲折拐。所谓的“三街”，并不是因为有并行的三条街道，而是自南向北（唐崖土司的想象空间的自西向东，下面不再指明想象空间，只指明想象空间的方位）依次分为三段，也就是俗称的上街、中街、下街三街，全长800余米，路面宽1.5—2.7米，中段最宽处达3.5米。路面采用青砂岩铺筑，路心为横向条石铺砌，路肩采用纵向条石压边。路面纵向设有排水阳沟数条。这种街道设置，在武陵民族地区较为普遍，可以说是程式化的建筑风格。其中：

1.上街北端（东端）始于“荆南雄镇”牌坊，南端（西端）止于南门（西门），平面呈曲尺形，全长近150米。按自然走向，上街事实上也可分为两段：北段（东段）为南北（西东）向布局，路面平直，局部随地势设有踏步以适应坡度，体现山区街面“无平不坡”的特点；南段（西段）紧邻贾家沟，东西（北南）向布局，随地势呈西（南）高东（北）低状，路面因坡度较大而设有较多踏步，不过，紧邻城门段因水土流失而破坏严重，故后期改建较多。

2.中街的南端（西端）始于衙署前踏步尽头，与第二下河道相接，且与上街呈“之”字形布局，符合了“街，交道也”的“街”的特征，其北端（东端）在采石场附近与下街相接，在整体上呈南北（西东）走向，不过在局部因地形略有弯曲。此段的总长度约为250米，平均宽2.3—2.7米。路面的绝大部分都保存比较完整，而且在中部临“陈家院子”处，路侧还设有小型石板平台。

3.下街位于中街北部（东部），全长约400米。大致呈南北（西东）向，南端（西端）与中街相衔接，北端（东端）至北城门（东城门）。以打过龙沟为界，可分为南（西）、北（东）两段。南（西）段宽度、用材、工艺和上、中街基本一致，显然为一次铺筑而成，反映出建设过程的整体建构。北（东）段除桥上桥附近保存较好外，大部分路面已无存，仅能断断续续摸清走向。现存路面宽约1.4米，多由不规则块石铺砌而成，有学者从道路体量、用材与工艺判断，认为其等级明显低于南（西）段而属于非主干道的城外道路。

对于上述判断，学界具体分析了三条理由：（1）打过龙沟附近有明显的人工取石开凿的痕迹，表明此地乃因城市防御要求而扩大了深度和广度。（2）从打过龙沟以北（东）至碗厂沟都没有遗迹现象，没有出土土司时期的遗物，且打过龙沟以北（东）的东（南）城墙没有明确的迹象，说明其不属于城址构成。（3）打过龙沟在遗址西北部（东南）有一分汊，主流进入遗址内，并向东（南）流入唐崖河。北（东）汊为遗址的西北（东南）边界，宽10—40米，汊道两侧均较为陡峭，垂直的基岩形状规整，沟内垂直深度为10米，可能是人工开凿而成，但与遗址的北（东）部边界碗厂沟有10米左右的距离尚未连通，因此碗厂沟无法形成城外的外围封闭的防御体系。所以，遗址西北（东南）部的边界应为打过龙沟，而非碗厂沟。这些分析理由是成立的。也就是说，唐崖土司城的北（东）部范围，应以打过龙沟为界，现在的旅游线路则拓展到了碗厂沟。

由上述可以看出，唐崖土司的“三街”实际上是一条主干道分为三段，这种格局可以说是整个武陵地区20世纪70年代以前各集镇城区的通常格局：一条主要街道，各段有自己的重心，如农产品区、手工艺品区、饮食服务区、动物交易区……这样的划分，有点像现在的“市场分工”、“经济区划”之类，是唐崖土司当时辉煌的见证——叫“街”已然了不起，形成街区分区、分工更是了不起，在17—18世纪的咸丰地域，那的确是奇功了。

唐崖土司城的次干道在城东（南）部按三纵三横布局，分别为东西（北南）向的第一、第二、第三下河道，及南北（西东）向的第一、第二、第三横道。自然，次干道要窄于主干道，宽1—1.7米，砌筑的方法也较主干道简单自由得多。三条横道路旁也均有平行及斜穿路面的排水沟；三条下河道沿道路方向也砌有较大的排水沟，宽 0.2—0.75 米，最深处达 1 米。其中以第一下河道、第三横道保存最为完好，现在还能通行，第一下河道是目前的主要旅游通道。

第一下河道是三条下河道中体量最大、长度最长、保存也最完好的道路，路面采用平面不规则石板铺砌，沿途踏步采用条石铺筑，全长约 200 米，路面最宽处达到了 2 米，平均宽度约 1.5 米，基本上属武陵地区一般盐茶古道格局。西（东）端在陈家院子左侧与主干道的中街相连，由西（南）向东（北）穿过东（南）城门，经张王庙直到唐崖河码头。在唐崖土司城城内部分大致呈东西（南北）向，保存较好。城外部分呈西南（东北）至东北（西南）向。不过，从张王庙至码头段因后期建设活动以及唐崖河水的冲刷破坏殆尽。由于第一下河道是连接衙署、中街和码头的主要通道，同时根据道路的等级，以及东（南）门的体量和地位，可以确认该道路是当年土司进出土司城的主要通道，符合紫气东来的城市风水格局。

第三横道位于唐崖土司城东（北）部，是城内第二条南北（西东）向的主要道路。北（东）端起于第一下河道，南（西）端止于第三下河道，中部与第二下河道相交，全长200多米，是连接三条下河道和城东（北）部院落的主要通道。以第二下河道为界，分为南北两段，间与第二下河道相连，平面呈“工”字形，两段长度基本相当，大致北（东）高南（西）低，多有弯折。整段路面仅南北（西东）两端路口处保存较好，中间则几乎被完全破坏，路面也宽窄不一，平均宽度约 1.5 米。

唐崖土司城在主次干道之间，还有若干位于城内的巷道以及通往城外的通道。城内巷道计有 11 段，仅局部铺设石板，较次干道狭窄，基本保持了东西向或南北向格局，成为分割院落、连接主次干道的基本通道。此外，尚有道路遗址 8 条，呈放射状分布，分别连接城内主次干道，多为通往城外的通道，宽窄不一，其中以“七十二步朝天马”和“九道拐”保存最为完好。这些巷道值得认真把观。

上述次干道的纵横格局，实际上与主干道一起形成了一种“雨”字格局，但又略呈点射状，这体现了一种中心集聚、映照四方的格局。

如果要对唐崖土司的“街”做出某种地理类型的划分，则此“街”显然属于所谓的“山街”，区别于土家族地区过去广泛存在的所谓天街、岸街、雨街、桥街等街道设施。[①] 山街、天街、岸街、雨街、桥街等的广泛存在，表明土家族地区过去商品经济的发达。根据张良皋先生的说法，“天街”即随山梁上升，沿着上升的石街

① 参见张良皋先生的《武陵土家》“市政”（三联书店 2001 年版），其中的诸街名及其意涵，均从其说。

两边开设店铺，石街蜿蜒曲折，店铺建筑自然掩映多姿。赶场的人群，背着背篓，缠着包头，男女都着蓝布衫裙。在天街的对面看，整个街市竟像倒竖起来，赶场人也仿佛腾云驾雾一般。与天街相类的岸街、雨街、山街，都是人们为经济目的而设。所谓的“岸街”，即主要街道与江河岸线平行，这是比较普通的形式，沿江沿河市镇常见。人们一进入三峡地区，沿江城市如秭归、巴东、巫山、奉节……都是此种形态。土家地区的岸街，临江一面都建有吊脚楼。土家地区的岸街的出现也很是自然。如果临岸禁止建屋，则街道失去空间，效用也减少一半，在古代的经济规模上为不可思议。土家族的吊脚楼在沿岸出现不但无损于美观，而且还别具情趣。这种市镇的巅峰之作可见酉阳的龚滩与龙潭老街。土家地区与西南少数民族地区一样，常以桥为街市的中心，西南有些地方甚至称赶场为“赶桥”，形成所谓的“桥街”、“桥市”。规模较大，保护可称为完善的即有唐街河上游的利川毛坝的桥街。毛坝老街沿唐崖河布置，而现代公路则挨山通过，完全不侵犯老街；公路选线紧挨山坡，难于“开发”而避免了“以路为市”，显得十分和谐安详。这种局面，其实也都见于龚滩、龙潭、老屋基，不过毛坝更为显而易见而已。土家地区的风雨桥街市实质上也就是所谓的“桥街”。咸丰水坝的“凉桥”就有半边辟作商业之用，在上面开了商店；咸丰十字路的风雨桥亦如之。土家地区多雨，故尔铺面挑檐深邃。来凤以南，多用双层挑枋，向外挑出两步架；咸丰一带，则发展了一种“板凳挑”，使挑出两步架的传力更为合理。这种挑法，甚至远传到峨眉山白龙洞，那大殿的挑檐就是板凳挑。挑檐深远的目的从来都是为了遮雨，对于商业建筑更是如此。“雨街”发展的极致是“穿心店”或曰“过街楼”。恩施两河口杨家店铺就建有过街楼。杨家夹街开店，两铺面用过街楼覆盖，可以想见这种便民措施如何吸引顾客。由于有了过街楼，街道的空间有所分隔，形成节奏，增加美感。这种做法，在咸丰杨洞、龙坪、龙潭司都曾见到，足以说明：带过街楼的街市在土家地区曾是普遍现象。笔者的家乡咸丰丁寨的十字路街，在历史上就是典型的“雨街”，即使下大雨在那里赶场，也会有所遮盖。结合其风雨桥，则更显风格。上述这些街的出现，或许可以理解为什么土家族人士卓炯能在中华人民共和国成立后首先提出社会主义商品经济理论了。这或许即是所谓的精英文化与民间文化的契合。不过，唐崖土司也处于唐崖河边，为什么没有设定为岸街？如果确系所谓山街，是否设定为雨街？那桥上桥，是否还曾是桥街？这些都是值得认真研究的问题。

[小知识]

·五祀[①]·

1.谓禘、郊、宗、祖、报五种祭礼。见《国语·鲁语上》。

2.古代祭祀的五种神祇。（1）祭祀五行之神。《周礼·春官·大宗伯》曰："以血祭祭社稷、五祀、五岳。"郑玄注："此五祀者，五官之神。"《左传·昭公二十九年》曰："故有五行之官，是谓五官。实列受氏姓，封为上公，祀为贵神。社稷五祀，是尊是奉。"《太平御览》卷五二九引《汉书议》则曰："祠五祀，谓五行金木水火土也。木正曰句芒，火正曰祝融，金正曰蓐收，水正曰玄冥，土正曰后土，皆古贤能治成五行有功者，主其神祀之。"（2）祭祀住宅内外的五种神。《礼记·月令》曰："（孟冬之月）天子乃祈来年于天宗，大割祀于公社及门閭，腊先祖五祀。"郑玄注："五祀，门、户、中霤、灶、行也。"汉代王充《论衡·祭意》曰："五祀报门、户、井、灶、中霤之功。门、户，人所出入；井、灶，人所欲食；中霤，人所託处。五者功钧，故俱祀之。"清代富察敦崇《燕京岁时记·门神》曰："夫门为五祀之首，并非邪神，都人神之而不祀之，失其旨矣。"

3.五类应享受祭祀的功臣。汉蔡邕《独断》曰："五祀之别名：法施于民则祀，以死勤事则祀，以劳定国则祀，能御大灾则祀，能扞大患则祀。"

[大信仰]

·路神（行神）、旅游神·

《破除迷信全书》卷十记载：人不能常居本地，是必要出游的。古时交通不便，出游的少，近今轮船火车，一日千里，出游的或单行，或团体；近者数百里，远者数千里，数万里，或数十万里，均是司空见惯，不以为奇。唯在我国，一般头脑陈旧的人，于出行时，则必先祭路神，以为非如此，路上就得不着平安。若要推究那一个是路神呢？原来是甚不光面令人可丑的。为什么呢？若是一个有功生民的伟人

① http://www.chazidian.com/r_ci_6e967f7238dd113dcd6c668fa2eb9431/。

死去，后人因要纪念他的功德，把他将神敬拜，或者可以说得下去；至于一个凶人的浪荡子弟，又没得着好死，后世再去拿他将神看待，未免过于优待了。按《风俗通》说是：“路神是尧时目为四凶之一舜时流于幽州的共工的儿子，他的名字是叫修，性好远游，却没有游历的好目的，当游历时不知如何死在路上，当时也不过以为死了就算完，并没曾想到他还成了神，谁知时隔两千余年，到了汉朝就把他当路神祭祀。”这样说来，汉朝以先，并没有路神的名目，汉朝人若是以为非有个路神是不行的，也当推出一个得好死的好人，将他抬上路神的座位，绝不当推出一个败家的子弟来，当路神敬拜。汉朝以后的人，若是想到汉朝的错处，就不当将错就错，至少也当另行择选一个好的路神，可是为什么两千年来，竟以汉朝人的路神为路神呢？基督说：“瞎子领瞎子，两个人都必掉在坑里。”就是指着此等事说的。还有一个岔儿，就是古人一面以共工的儿子为路神，一面在《后汉书·荀彧传》上又说：“黄帝的儿子好远游，死在路上，所以后世以他为路神，加以祭祀，以求出门时在路上多蒙他的祝福。”这样看来，在汉朝时忽然添上两个路神，不知他两个还为这最高问题，起什么交涉否？

另据百度百科：《宋书·礼志》记载，“祖，道神也。黄帝之子曰累祖，好远游，死道路，故祀以为道神，以求道路之福。”累祖非常喜欢旅行，最后死在旅途中。道神，就是保佑出行平安的神灵，后来演变为“旅游神”。古代有种神叫“旅游神”，常见的版本有两个：一个说的是黄帝的元妃嫘祖，嫘祖随黄帝边周游巡行全国边教百姓们蚕桑，最后逝于道上，被祀为“道神”；一个是《宋书·礼志》注引崔寔《四民月令》记载：“祖，道神也。黄帝之子曰累祖，好远游，死道路，故祀以为道神，以求道路之福。”累祖非常喜欢旅行，最后死在旅途中。道神，就是保佑出行平安的神灵，后来演变为“旅游神”。黄帝的元妃和儿子不是普通人，出游所到之处都有专人负责记录，然后把他们的想法和行为方式分享给更多的人学习、借鉴。

事实上，行神，即路神、祖神，亦五祀之一，后来把他称为旅游神，固与人们远行生活有关而立神祭祀。在人神化的过程中，有黄帝妻、黄帝子、共工子几种说法。这些都是神话，不需要言之凿凿而求其实指。

[神故事]

·赶猪过路取娇妻·

从前，有个美丽聪明得像昭君的姑娘叫阿香，其父是个教私塾的先生，思想特别封建，对她管得特别严格，把她整天关在吊脚楼的阁楼里读书、写字，写诗、作画，根本不准她随便出门，更不准她和男性接近、交谈，稍有不合之处，就要遭到训斥，甚至挨打。所以，她心里很苦闷，但又没有好的办法对付。

有一年夏天的一个晚上，天气很热，月亮又都偏西了，阿香还被关在屋里，照旧坐在窗前灯下读书。炎热的夏天，是蚊虫肆虐的时节。也就在这时候，突然有一只蚊子飞来咬她的左臂，她就举起右手掌，“啪”的一声把蚊子打死了，还顺口吟了一首诗：

细细蚊子嘴巴长，
偷偷飞进我书房。
你不是我亲夫子，
也拿肉身你来尝？

这时，阿香的父亲正好从外边走人家回来，走过门边，只听得后面三句诗，心中大吃一惊，那个气呀，就别提了，真是气得胡子直翘。当晚，他躺在床上，一直没有合眼，总以为女儿做了对不起人的事。

第二天早上，其父也不问青红皂白，就叫两个儿子上楼把阿香捆起，装在竹笼里，抬去撂在唐崖河沉潭而死。阿香也不知是哪点得罪了父亲，惹得他下如此的狠心，急得边哭边问道：“伯伯（方言“爸爸”的意思），为什么要把我撂在唐崖河！”其父指着她的鼻子大骂道：“你偷男人还有脸问我？气死我也！气死我也！”阿香又惊又羞，忙问：“你说这话有哪样根据？”其父就气汹汹地把昨晚听到的三句诗念了出来作证。阿香听了才知是父亲的误解，就连忙说明。可是，其父已被气得失去了理智，硬是不相信。虽然她气得哭喊“冤枉”，可其父还是要照样执行先前的决定。

再说这两个兄弟奉命把她抬出去，半路上歇气，走来一个赶猪的小伙子田响，他牵着一只小猪崽赶场。那田响见竹笼里装着个年轻美貌的姑娘，哭哭啼啼地喊着“兄弟”，便问：“这是为哪样？”兄弟俩放下竹笼，也是“呜呜”地哭，就是不吭气。他只好问阿香。阿香看着猪崽，吟了一首诗：

细细猪崽嘴巴尖，
漫漫走路有人牵。
我为吟诗把命送，
你去赶场来赚钱。

田响一听，心里就明白了几分，就问她的两个兄弟：“吟诗犯哪样法了，怎能把她撂到唐崖河？亏你们还是她的兄弟！”兄弟俩本就伤心，只是父命难违，于是把经过说了出来。田响用缓和的口气说：“你父亲好生糊涂，你们也跟着糊涂吗？”兄弟俩默想一阵，把姐姐放出竹笼来，又对田响说：“兄弟，你要是心好，就让我家姐姐跟你去吧？”田响听了问阿香愿不愿跟着去？阿香点点头。兄弟俩转忧为喜，搬块大石头放在竹笼里，撂下唐崖河就回家去了。

再说这阿香跟田响回到家中，见他虽然是个种田人，却很勤劳聪明，读过不少书，也会吟诗作对，心里即非常爱慕，每晚伴陪他读书到深夜，还常常教他。不到几个月，田响有了很大进步。这年秋天，他一举考中进士，被封为七品官，回家接妻子进京。消息一传开，家乡人纷纷跑来庆贺，连他妻子的父亲也来了，夸他才华超群，又盘问他的恩师是哪个？他把妻子请下楼来，笑着告诉大家说：“就是她。”阿香的父亲抬头细看，见她长得和自己死去的女儿一模一样，不禁呆住了，忙问进士田响道：“请问她是哪一家的？”进士田响哈哈大笑，吟了一首诗作答：

细细女儿锁阁楼，
轻轻吟诗河里丢。
蚊子听成亲夫子，
事到如今你愧羞。

其父一听，硬是满面通红，又惊又喜，悔恨地说道：“我好糊涂啊！”走到女儿面前就就要下跪。女儿立即将他扶住，又吟了一首诗：

高高木楼一把锁，
细细儿女锁楼阁。
严格要求无厚非，
妄加猜疑错上错。

人们听了，个个都说：“这话说得就是好！”

[巧测验]

·南阳柴夫子训子格言——利川鱼木寨六吉堂铭刻·

费尽了殷殷教子心，激不起好学勤修志。恨不得头顶你步云梯，恨不得手扶你攀桂枝！你怎么不寻思？试看那读书的千人景仰，不读书的一世无知；读书的如金如玉，不读书的如土如泥；读书的光宗耀祖，不读书的颠连子妻。纵学不得程夫子道学齐鸣，也要学宋状元联科及第；再不能勾，也要学苏学士文章并美，天下听知。倘再不然，转眼四十、五十，那时节，即使你进个学，补个廪，也是日落西山还有什么长济？又不需你凿壁囊萤，现放着明窗净几。只见你白日里浪淘淘，闲游戏；到晚来昏沉沉，睡迷迷。待轻你，你全然不理；待重你，犹恐伤了父子恩和义。勤学也由你，懒学也由你，只恐你他日面墙悔之晚矣！那时节，只令我忍气吞声恨到底。

民国九年庚申岁小阳月吉日向光远建修，命次男孝士书录格言，世守勿替。

十　唐崖土司城遗址现场展示馆

2013年3月21日，咸丰县机构编制委员会批准成立咸丰县唐崖土司城址文物管理所，成为唐崖土司城址的第一个专门管理机构；2013年12月，恩施土家族苗族自治州编制委员会同意设立咸丰县唐崖土司城遗址管理处，为隶属于咸丰县人民政府办公室管理的正科级财政拨款事业单位；2014年12月，咸丰县人民政府决定将唐崖土司城遗址管理处、县文物局、县民族博物馆实行一套班子、三块牌子，合署办公的管理体制。从空间位置看，唐崖土司城址现场展示馆基本上位于遗址的中心，是唐崖土司城遗址管理处集办公与展示为一体的多功能组织机构与设施。

[游历情]

·从“遗产”到“新贵”——跨越时空的展示·

在湖北省恩施土家族苗族自治州咸丰县唐崖土司镇，曾经有一座唐崖土司古城，现已仅存城址遗迹……虽然有些苍凉，却仍然不失厚重……

在唐崖土司城内，面对任何一处历史遗迹，只要你用心品读，你都会有穿越时空的文化感受，并产生心灵的震撼。

毫无疑问，在唐崖土司城址的现场展示馆，你会有一种整体上的跨越时空的游历感，自然会产生一种整体上的心灵震撼……发现唐崖土司已发生了从“遗产”到“新贵”的巨大蜕变。

唐崖土司城址现场展示馆位于遗址内，占地总面积近2 000平方米，因与唐崖土司城址管理处合一而被设定为正科级单位。有意思的也正在这里，虽然只是一个科级，但却管理的是一个世界文化遗产，全面负责作为世界文化遗产构件的唐崖土司城遗址的保护与管理工作；虽然也在意是什么级别，却管理的是一种只在意境界的文化对象，正所谓“小单位，大世界；低级别，高境界”……

这种感受，当你一走进唐崖土司城址管理处内的现场展示馆，你就会有“直接”、“亲切”、“快意”……的感受。在一个总面积约 2 000 平方米的展示馆内，从展示序厅的概括性了解到对土司制度的历史认知，从对唐崖土司城址的宏观了解到对重要遗存的具体了解，及至保护与管理的措施、诉求，你都会有清晰的了解与感受，并通过影像呈现在你面前——一种具有历史内涵、情感厚度、审美高度、思想深度、触及力度的呈现……

当你走进序厅，一段波澜壮阔的历史画卷即向你有序展开，用历史长镜头去把观那段现已寂静的历史：元朝至正十五年（1355），地处唐崖的覃氏家族，一改过去仅受笼络、羁縻的政治状态，接受了元朝的土司册封，被正式纳入了国家治理的整体的确定性序列；一改过去“义在羁縻，无取臣属”的“怀柔远人”的“安边”政策而成为民族区域自治的国家内部管理区域，成为正式的中国政治版图的一部分，这一制度一直沿续到清朝雍正十三年（1735），在唐崖土司共历 381 年 16 代 18 位土司司主。

唐崖土司城址的主要遗存为 17—18 世纪的文化创造，占地规模约 80 公顷，为土家族唐崖覃氏土司的治所所在及相应的文化创造。这两个世纪正是整个土家族作为一个民族吸收、消化、融合、创造、发展中域文化，其中主要是汉文化的高峰时期；也正是在这一时期，唐崖土司的历史也经历了长官司、千户司、安抚司、宣抚司等的起伏变化；但是，它却始终没有停止文化创造的脚步，在所管辖的约 600 平方千米的领地上创造了灿烂的土司文化——唐崖诗文、民间文学、传统曲艺、传统美术、传统技艺……一应的文化世象，可以用应有尽有来形容。唐崖土司城址上的文化创造仅只是其中的很小一部分，当然是极有价值的一部分。

在第一展厅，你会对土司制度有深切的了解：土司制度概况、土司制度体系、土司的社会结构、土司的职级、土司的遗存等，以文字配合图片的形式向你展示了土司制度的基本方面，涵括了土司制度的多方面内容，让你明白土司制度的基本文化元素。

在学术界，土司制度到底存在于何处，有西部民族地区说、中国西部及南部说、大西南地区说等，作为一种区别于古罗马行省制、波斯阿契美尼德王朝行省制、欧洲中世纪的封建领主制、印度卧儿帝国曼萨卜达里制、印加帝国库拉卡制、英国殖民地土邦制等不同的解决多民族国家内部民族结构关系的制度，土司制度即是中国元、明、清中央王朝在广大少数民族地区委任当地首领担任“土司”、世袭统治当地人民的一种“民族区域自治”性的行政管理制度。现在可以发现的是，土司制度主要推行于云贵高原、青藏高原东北边缘山地，涉及今湖北、湖南、贵州、云南、广西、四川、重庆以及青海、西藏局部等广大地区。在社会治理与文化政策方面，它秉承了古代中国延续数千年的“齐政修教、因俗而治”的多民族地区管理智慧，不仅有效地保障了国家的长期统一，而且也维护了民族文化的多样性传承。

土司制度册封地方豪酋（首领）为土司而成为民族地方的民族首领。这是一种相得益彰的管理智慧——地方豪酋借助中央政权的身份认定来提高自己的统治权威，加强族群凝聚力，借势以稳定管理；中央政权通过册封等推恩措施强化民族地方的国家认同及各方面管理。因此，土司统治事实上密切了国内相关地区的政治、经济、社会、文化、生产、生活等多方面多层次关系，在保持本地民族文化传承的基础上，全方位地促进了土司地区的快速发展，并空前地增强了文化、民族、国家认同。

在唐崖土司城址的现场展示馆内，通过展示一幅土司社会结构及建筑功能类型示意图、明代的土司职级表，我们会发现，土司制度是中央官制体系的组成部分，具有相应的品级，包括武职和文职，其中武职土司隶属于中央兵部，受一级行政区划中都指挥使司的管辖；文职土司隶属于中央吏部，受一级行政区划中布政使司的管辖。

到目前为止，在中国已知的与土司相关的遗存约100处，其中保存有一系列典型的土司城寨及官署建筑遗存。这些遗址作为土司行政和活动中心，体现出了特有的形态特征，其规模宏大、布局集中、整体性强、功能完整，均建有作为权力象征的大型建筑或建筑组群，且鲜明地体现出土司统治地区在本土原有的社会文化基础上，因土司制度管理而强化了社会秩序和组织管理模式，是少数民族地区树立国家认同的标志。

2015年6月28日至7月8日，在德国波恩召开的联合国教科文组织第39届世界遗产委员会会议上，总共审议了34项世界遗产申报项目，其中包括文化遗产28项、自然遗产5项、文化和自然双遗产1项。2015年7月4日，联合申遗的“中国土司遗产”包括湖南永顺老司城遗址、湖北唐崖土司城遗址和贵州海龙屯遗址代表的土司遗址，作为中国2015年申报项目，提交本次大会审议并获得确认。从此，唐崖土司城址成为世界文化遗址，走向了世界，影响了全球。

世界遗产委员会认为，这是土司制度的代表性物证，这些“土司遗址”反映了13至20世纪初期古代中国在西南群山密布的多民族聚居地区推行管理少数民族地区的政治制度。留存至今的土司城寨及官署建筑遗存曾是中央委任、世袭管理当地族群的首领“土司”的行政和生活中心。其中，湖南永顺老司城遗址、湖北恩施唐崖土司城址、贵州遵义海龙屯遗址是相对集中于湘、鄂、黔交界山区不同层级的代表性土司遗址，在选址特征、整体布局、功能类型、建筑形式、材料和工艺等方面既展现出当地民族鲜明的文化特色，又在此基础上表现出尤为显著的土司统治权力象征、民族文化交流和国家认同等土司遗址特有的共性特征，是该历史时期土司制度管理智慧的代表性物证。“土司遗址”系列遗产，也见证了古代中国作为一个统一多民族国家，对西南山地多民族聚居地区独特的“齐政修教、因俗而治”的管理智慧，这一管理智慧促进了民族地区的持续发展，有助于国家的长期统一，并在维护民族文化多样性传承方面具有突出的意义。世界遗产委员会认为，申报遗产符合列入《世界遗产名录》的标准（ii）和（iii）……

第二展厅是唐崖土司城址的专题展示。唐崖土司城址背靠玄武山，面临唐崖河，反映了武陵山区土家族聚落背山面水的选址特征。展示馆展示了唐崖土司的城墙、道路、建筑遗址等遗存要素的布局关系及形制特征，真实地反映了土司城的典型格局与建筑特征。从展示的内容来看，遗址的规模、选址、格局及重要遗存、铭文与唐崖《覃氏族谱》、《咸丰县志》、《湖北舆地记》等历史文献相印证，极为真实地反映了唐崖土司治理下古代唐崖地区的社会面貌和文化特征。

土司制度是一段历史的缩影，唐崖土司也不例外。从那幅唐崖土司世系表上可以看出，唐崖土司共历16代18位土司司主，鼎盛于第12代土司覃鼎时期（1621—1624）。鼎盛时期的唐崖土司城总面积达到74万平方米近80公顷，内建有三街十八巷三十六个院落。城址历史脉络清晰，功能格局完整，文化内涵丰富。其丰富的物质遗存以及传承至今的族谱、史书、本土少数民族习俗和文化传统，为土司统治地区的社会生活方式和文化特征提供了珍贵、特殊的物证。从展示中可以看出唐崖土司曾多次参与征调的情况，可以了解唐崖土司城的建设沿革及史料汇集，真实地体现了土司制度下地方族群对中央国家的认同与奉献。

现存的唐崖土司城址主要遗存包括城防设施、交通设施、建筑基址、墓葬、苑囿、手工业遗址等多种类型，特别是保存完整、井然有序的道路、院落体系，呈现出城市主体一次性规划、营建的特征。

应特别提到的是，在展柜中陈列的那些从唐崖土司城址内考古出土的部分瓷片，多为青花。纹饰丰富，绘制有动物、山水、花鸟、人物、文字等纹饰；器型以碗、盘、杯为主；款识多样，记有年号、吉祥、堂名、花押、文字等款。考古学者判定其主要集中于明代中后期（1611—1644），充分说明了唐崖土司的兴盛期就是此时段。细心品读展示内容，你的结论只能是——通过实物和文献二者的互证，展示所反映的历史事实真实可靠。

第三展厅主要为实物展示，是特别展示的重要遗存，多为城址内出土的石质建筑构件，这些都是凝固的土司话语。在唐崖土司城内，石构遗存特别丰富，大量留存有建筑屋面、柱础、石栏板、装饰构件等不同形制的石构件，其雕刻手法多样，内容题材丰富。唐崖土司城建设遵循“因地制宜、就地取材”的建筑风格特征。石材多采自城内的采石场，体现了土司时代对石材运用的技巧与工匠的高超工艺。另有少数瓦滴、瓦当等屋脊构件和铁器残件。

第四展厅专就唐崖土司城址的保护与管理进行展示。目前的唐崖土司城址专门管理机构为“唐崖土司城址文物管理处”，为正科级单位，全面负责唐崖土司城址的保护与管理工作。唐崖土司城址在1986年公布为县级文物保护单位，1988年公布为州级文物保护单位，1992年公布为省级文物保护单位，2006年公布为国家级文物保护单位，2011年进行考古发掘，2012年11月列入《中国世界文化遗产预备名单》，2013年公布实施《唐崖土司城址保护管理办法》、《唐崖土司城址保护管理规划》，2015年列为世界文化遗产名录……这些坚实的脚步，其中的努力、其中的艰难、其中的喜悦……可任由你想象！

道光年间咸丰贡生冯永旭曾游历唐崖土司城址，并作有《唐崖土司》诗，诗曰：

烟树苍茫望里分，当年歌鼓寂无闻。
惟留废苑埋芳草，但见空山走白云。
古木寒鸦元武寺，斜阳衰柳土司坟。
千秋凭吊情何极，况听哀猿又叫群。

的确，昔日辉煌不在，唯有遗迹尚存。作为14—18世纪湖广地区土家族唐崖土司的长官司治所，虽然只是湖广地区土司体系中较低的职级机构之一，但却见证了武陵山区土家族土司的治所形态和社会状况，对土司遗产的发掘和研究等方面具有重要的价值与意义。

[小知识]

·当代文化观念的变革与民族文化资本化·

民族地区实现跨越式发展的可选路径是民族文化资本化，并且已然成为了一种趋势，因为民族地区长期坚持传统精英文化观，使民族地区文化资本化陷入许多困境。因此，民族地区文化资本化亟需文化观的变革，通过文化观的变革来影响文化资本化。民族文化资本化在文化观上应具有超越性，要超越传统精英文化观，摆脱其不利影响，让民族文化资本化在正确文化观的指导下更好地开展。结合当前世界发展趋势，我们认为民族地区文化资本化在文化观上应当发生“文化是第一生产力观”、“全要素生产力观”、“大众文化观”以及“文化产业观”、“文化国土观”五个方面的观念变革。

一、文化是第一生产力观：文化力的重要性

第一生产力随着全球性现代化的发展已发生了文化转向，凸显了文化的重要地位。第一生产力在不同历史时期具有不同的体现。在古代社会，因受制于大自然的强大力量，第一生产力表现为“劳动力”，即“人”本身，到了马克思主义的生产力定义时，依然把劳动者作为生产力的第一要素。随着科学技术的发展，“知识就是力量”得到了广泛认可，知识推动科学技术的发展，经过英、法双元革命的成功，“科学技术是第一生产力”席卷欧洲与北美，得到前所未有的认可。工业革命使得资产阶级在它产生不到一百年的时间里“所创造的生产力，比过去一切世代创造的全部生产力还要多，还要大”[①]。这场革命最后推向全球，极大地推动了全球性现代化的进程。随着20世纪末计算机的推广应用，使得人们对于信息的分享空前膨胀，知识的生产与传递非常迅速，“信息是第一生产力”便应运而生。在此过程中，文化的作用日益凸显，以至于成为民族国家发展的核心竞争力，使得人们重视文化的

① 马克思、恩格斯：《马克思恩格斯选集》第1卷，人民出版社1995年版，第277页。

作用与意义，因此第一生产力也发生了文化转向。

第一生产力的文化转向首先表现在经济、社会生活中，文化力不断得到彰显，文化不仅仅体现在人类社会历史发展中承继的文化物质财富与物质能量，它更体现在具有先导作用的文化力上，文化力是软实力的核心[①]。文化元素力、文化竞争力、文化创造力、文化凝聚力等一系列文化力表明了文化力量的重要性。这使得文化领土的战略地位越发突出，文化竞争力俨然成为国家和地区核心竞争力的重要组成部分，成为国家和地区在全球性现代化竞争中的关键一环。国家把主权完整与安全视为生命，文化安全问题的实质更是民族的生存安全问题[②]，文化领土与国家的领土、领空、领海同样重要，较早认识到这一点，可以避免文化领土空壳化的危机。

全球性现代化是全球化与化全球的关系，外来文化对我们的冲击与渗透无处不在，使得既有的文化传统在承传的过程中不断变化，我们既要有文化自信来面对外来文化的冲击，也要有守护核心文化的责任与方法。部分国家对我们文化的开发利用走在了我们之前，比如“功夫熊猫”、“端午节”等文化蚕食案例，我们不能等到失去文化主权的时候才来重视自身文化的保护与利用。民族地区文化资本化在全球性现代化的文化领土之争中相伴而生，文化资本化是一种文化创新，文化创新是大国博弈之核与世界财富之魂，文化领航着经济创新[③]。因此，我们必须重视第一生产力的文化转向，重视文化力的作用。

二、全要素生产力观：文化要素的重要性

我们在讨论生产力时，除了第一生产力发生了文化转向外，生产力俨然已经进入了全要素生产力时代。“一切可以为我所用的要素”都可以转化成生产力，文化要素则是全要素生产力的重要组成部分。文化是全要素生产力的特色要素，是独一无二的要素，而民族文化要素则具有不可替代性。全要素生产力观是伴随着全球性现代化而产生的，全要素生产力的主要内容包含实体要素、渗透要素、运筹要素，劳动力、劳动工具、劳动对象等实体性要素；科学技术、知识、信息、文化等渗透要素；对各种资源的管理、对各类要素的整合等运筹性要素，我们可以通过优化整合各类要素来提高全要素生产力。社会上存在的一切要素都可以生产力化，比如把生产关系、分配方式等都作为全要素生产力的一部分，通过整合后直接对社会发展

① 高占详：《文化力》，北京大学出版社 2007 年版，第 2 页。

② 马翀炜、张帆：《文化安全的文化人类学分析》，《云南社会科学》2006 年第 3 期。

③ 皇甫晓涛：《文化资本论》，香港成报出版社 2012 年版，第 196 页。

产生影响。家庭联产承包责任制就是全要素生产力观的体现，它极大地推动了农村经济社会的发展，这种制度的变革使得制度也成为了生产力，制度要素成为全要素生产力的一部分。因此，我们必须重视全要素生产力观，重视文化要素作用的重要性。民族地区具有优势的文化资源，这些优势文化资源都具有民族特色，但现实情况是这些优势的文化资源长期处于闲置状态，文化要素也没能运用到产业发展中去。我们应当将文化要素运用起来，进而推动文化资本化，把文化生产力作为先进生产力的一部分，通过创造性地整合文化要素，把民族文化要素由潜在资源转化为发展优势，提高全要素生产力，以期实现民族地区的跨越式发展。

三、大众文化观：主体文化的重要性

大众文化观是针对传统精英文化观而提出来的，民族地区文化资本化在传统精英文化观影响下长期陷入发展困境，大众文化观则有利于改变这一现状，大众文化观与传统精英文化观的最大不同在于它凸显主体文化——人的作用。传统的精英文化观把文化分为了广义与狭义两种。广义的文化是指人类在社会历史发展过程中所创造的物质财富和精神财富的总和，包括物质文化、制度文化以及心理文化三方面。狭义的文化指社会的意识形态以及与之相适应的制度和组织机构。在传统精英文化观下，普通人对文化的态度是文化在我之外，具体说来是“与我的创造无关”。这种文化观的突出弊端是容易让普通人失去文化自觉与文化责任，而我们来到这个世界上理应肩负起文化创造与传播的责任。与精英文化观相对应的大众文化观则更强调人本身，它强调把人自身内化为文化人，成为文化的创造者，从根本上说即我们每个人都是文化人。

大众文化观意义上的文化是整体上的文化，文化应该涵盖整个社会。因此，文化指人们对自然、社会及人自身万千事象的领悟、创造及其成果。具体来说，大众文化观意义上的文化构成要素包括：（1）主体文化——人本身即是一种文化，人本身会受到社会化的影响，人的物质性的身体与精神性的思想、品德等都是一种文化要素；（2）行为文化——即人的社会行为，包括人认识和改造客观世界（含人自身）的各种物质生产和精神生产活动；（3）成果文化——即我们领悟创造的一切成果，包括物质成果与精神成果，也就是传统精英文化观所强调的物质成果与精神成果。

大众文化观视野下的文化可以从以下四个方面去进一步理解：（1）文化即人化——人是文化的创造者，人在一切事物上打下了自己的烙印，人类在生产生活过程中对自然、社会及自身万千事象进行着领悟与创造，“自然的人化”即是文

化。（2）文化即化人——文化本身对人有指导和改造的作用，不同文化之间也存在着相互影响与交流，人与人之间也存在着相互影响。人的社会化历程实际上是特定的“文化化”的历程，是文化的扩散，是文化对人的塑造。（3）文化即模式——人所面对的环境就是一种模式，每个人自觉不自觉地生活在一种文化模式之中，“南米北面”就是一种典型的代表，其实质是饮食文化模式的不同。人们乐于适应一种文化模式，并在其中实现自我满足。现代社会思考的最重要的任务，莫过于思考文化的相对性[①]。（4）文化“活动”是一种艺术——人们对文化的创造应当具有艺术性，这些艺术性的文化活动具有独特的创意或深厚的文化内涵，实际上这是对人们创造、传播文化提出的一种高要求。

因此，在大众文化观下进行民族文化资本化，要避免“文化与我无关”现象的发生，要树立人人都是文化人的观念，积极地对待文化创造。要发掘与人主体本身有关的文化要素，比如把农民传统的生产行为当作行为文化进行观赏。要充分发挥人的创造性，形成有创意的文化产业，把文化资本化当作一种艺术创造，创造有生命力的文化模式并传播这种文化模式。

四、文化产业观：产业与文化相生相嵌

民族地区文化资本化可以通过文化产业化与产业文化化来实现，以文化商品与文化服务作为现实依托。文化资本化从产业形态上讲，包括文化产业化与产业文化化。文化产业化，实质上是在经营文化、管理文化，把民族地区优质的文化资源整合起来，形成优质的文化产业链条。文化资本化最终的落脚点是文化产业，有了文化产业，文化资本所具有的符号资本价值才能得到实现，可以说文化产业是文化资本实现经济效益的中介。当前民族地区的文化产业化，主要是民族文化旅游产业与民族特色商品产业，与之对应的是旅游文化服务与民族文化商品，即把民族地区特有的民族风俗、文化产品、文化景观等文化资源整合起来打造文化旅游产业、文化商品产业，恩施的旅游文化产业与西双版纳哈尼族的“树皮服饰展馆”[②]就是典型的例子。

产业文化化则是将文化的符号价值转化到民族地区既有的产业中去，把原本没有文化优势的产业赋予文化内涵，借以增加产业的文化附加值。产业文化化实质上是进行产业创新，成功的产业文化化不仅需要熟悉技术规则、市场规则、文化规则，

① ［美］露丝·本尼迪克著，王炜译：《文化模式》，社会科学文献出版社 2009 年版。

② 张雨龙：《民族文化资本化的个人实践——西双版纳哈尼族民间艺人张树皮的生活史研究》，《思想战线》2014 年第 2 期。

加入创新文化符号的商品与服务，还需要获得社会大众的接受。民族文化对于创造新时代的新文学和新艺术具有滋养的作用[①]，我们可以通过对文化符号价值的深度开发，进而形成新的"文化传统"。按照"昨天的文化是今天的经济"、"今天的经济是明天的文化"的思路，从文化层面进行产业创新。产业文化化不仅是文化发展的形式，而且还是产业升级换代的方式。产业文化化与文化研究的侧重点不同，文化研究侧重的是文化证据，注重的是"史实"；文化发展侧重的是文化创意，注重的则是"史影"。北京的"民族园"、深圳的"民俗文化村"、云南的"民族村"[②]等就是产业文化化的典型例子，开发商创造性地把民族文化符号引入到了都市旅游产业中去。因此，民族地区在进行文化资本化时务必把握好文化产业化与产业文化化这两种路径，要把民族地区丰富的文化资源整合在一起形成链条式的产业，要将民族地区既有的各种产业注入民族文化内涵，通过文化商品与文化服务等多种现实依托来实现民族文化资本化。

五、文化国土观：领土内涵的扩大与发展转型

近年来，"领土"的内涵日益扩大，由原来的"陆地领土"、"海洋领土"、"空间领土"扩大到了"文化领土"，产生了"文化国土"的新国土观。

从内涵的层面来看，"文化国土"强调文化成为国家主权与安全的核心要素，成为继国家领陆、领海、领空之外的新的主权与安全要素，显示出国家对自己文化的主权与治权。因此，文化资源与文化元素的清理、研究、开发及权利维护，即成为一个国家的国情认知、发展研究、主权维护等方面的重要问题。

正是由于"文化国土"的突出，因而"文化领土"之争在国际国内并有展开。在国际上，以中国同韩国为例，在自然领土之外，"文化领土"之争已涉及民族风俗如节日、历史名人、文化事象（汉字、中医、技术发明）等；至于国内的文化领土之争，更是日益剧烈，有学者已初步统计，计有陕西、河南、甘肃等地的伏羲故里之争，湖北、河北、甘肃、山西、河南等地的女娲故里之争，陕西、河南、甘肃等地的黄帝故里之争，陕西、河南、湖北、湖南等地的炎帝故里之争，山西、山东、河南、湖南等地的舜帝故里之争，四川、河南、青海等地的大禹故里之争，山东、安徽、江苏、河南等地的姜尚故里之争，江苏、四川等地的彭祖故里之争，河南、

---

① 钟敬文：《民俗文化学：梗概与兴起》，中华书局1996年版，第64页。

② 王琛：《都市生存的文化策略与族群认同——对一个苗族流动群体的个案研究》，《深圳大学学报（人文社会科学版）》2006年第5期。

安徽等地的老子故里之争，山东、河南、安徽等地的庄子故里之争，广饶、惠民等地的孙子故里之争，诸暨、萧山等地的西施故里之争，山东、河南等地的墨子故里之争，湖北、河南等地的诸葛亮“躬耕地”之争，河南、安徽等地的曹操与华佗故里之争，正定、临城等地的赵云故里之争，宁夏、甘肃等地的皇甫谧故里之争，常州、镇江等地的南朝齐梁萧氏故里之争，河南、湖北、安徽等地的花木兰故里之争，四川、湖北等地的李白故里之争，安徽、江西等地的朱熹故里之争，江苏、安徽等地的朱元璋出生地之争，辽宁、河北、江西等地的曹雪芹出生地之争……这些争论，一方面说明“文化”的日益重要，另一方面也说明人们的背后动机。与近年的这种“文化”之争不同的是，发生在土家族文化史上的“佷山”、“柳山”与“三里城”之争也不只是特殊的个案。

总之，民族地区在处于后发现代化地位的情况下，选择一条合适的发展道路是当务之急，民族文化资本化道路是基于民族地区现实情况与世界发展大趋势而做出的正确选择。后发民族地区要想赶超先发现代化地区，最优的选择是走跨越式的发展道路。并且，这种跨越式的发展是可以通过选择合适的发展道路来实现的。文化是第一生产力观、全要素生产力观、大众文化观等观念的变革，可以使民族地区在发展社会、经济上有一个超越性的观念认识，对未来民族地区文化资本化将会有深远的影响。随着全球性现代化的发展，未来的文化观也许会再次发生变革，但无论文化观变革成什么样子，文化力的价值已然得到了彰显，可以预见的是文化引导着未来。

[大信仰]

·文化是第一生产力·

第一生产力实现文化转向的标志，我们认为主要表现在：一是全球性现代化运动发展中的“寻底竞赛”，凸显文化的战略地位。所谓“寻底竞赛”，在本质上说即是“文化竞赛”，是指“文化”的内涵超越文化艺术、文化科学、文化专业、文化行业、精神文明与意识形态、精神生产与文化活动、文化传播的范围，形成文化商品与文化服务、文化娱乐与文化产业、文化休闲与文化资源、文化符号与文化媒体的市场载体、传播技术、信息结构、产业自组织系统等，并成为全球性现代化运动的生产力结构与国家核心竞争力的博弈力体系。美国人称之为“寻底竞赛”（race to the bottom，英语中原有 race to the top 的说法，即汉语的“登峰造极”，追求最后一丝利润的竞争）[①]。二是“文化领土”问题的突出，如美国等西方发达国家除进行文化扩张外，还纷纷利用中国文化资源开发知识财富主权的文化产业项目，进行文化领土蚕食，甚至作为东方国家的日本、韩国等，也因与中国文化具有深厚的渊源而进行文化领土扩张，中国的“花木兰”、“同仁堂”、“端午节”等成为他者的文化产权，使中国文化领土出现了空心化趋势，并因此而影响了商业领土与经济领土的主权安全。因此，文化安全与经济安全、政治安全、社会安全在新一轮社会发展中的地位日益突出，甚至成为大国之战的最为核心与尖锐、紧迫的问题。三是表现在文化的全方位渗入经济、技术、社会发展及人们的日常生活，已进入一切生产、交易领域与财富创造领域。文化的当代趋势表明，它已不再只是以文化的文本传播在少数人的知识传播中由上向下移动，而是以数字化的大众传媒及新媒体的多向互动渗入到文化创造与文化消费及日常经济生产与文化生活的一切领域。四是产业内容的转移，即产业已从工业中解放出来，产权也与国家主权、国际法权愈来愈密切相关，科技制造从物质经济走向文化创造的非物质经济，形成了所谓柔性生产方式及弹性生产方式的软化升级，仅靠能耗而增长的科技制造王国及其“庞大的商品堆积物”被代之以在资源再生产的文化创新中走向“细分的世界”的专精化财富王国，如北京知识经济的贡献率为40%多，而工业科技贡献率仅为6%，其中30%多都是非物质化的服务经济等即可资为证。我们的目的就是以此为指导，对民族地区民族文化资本化问题进行讨论，从而加快民族地区生产力的升级换代进程。

全球性现代化的文化转向与“文化”作为第一生产力地位的凸显具有极为严肃的理论与实践价值。从理论上说，全球性现代化的文化转向要求人们对文化进行再界定，超越传统的机构法、实践法、理论法和概念法等定义方法，突破文化的哲学、艺术、教育、心理学、历史、人类学、社会学、生态学和生物学等学科概念，对文化进行总体认识，即强调文化的整体概念，因为文化是“与人们看待和解释世界、把自己组织起来、处理自身的事务、提高和丰富生活以及与在世界上定位自身等有关的有机的和动态的整体”[②]；因为“今天我们生活在全球相互联系的世界上，其中

① ［美］麦克尔·哈特等著，肖维青等译：《控诉帝国——21世纪世界秩序中的全球化及其抵抗》，广西师大出版社2005年版。

② ［加］D·保罗·谢弗著，许春山等译：《文化引导未来》，社会科学文献出版社2008年版，第51页。

的生物现象、心理现象、社会和环境现象是完全相互依赖的。为了更妥善地描述世界，我们需要一个新的范式，一个新的现实观——这是我们的思想、看法和价值的一个根本变化。这一变化的开始，即从现实的机械论概念转向现实的整体概念的变化，已经能够看得到”①。从实践上说，全球性现代化的文化转向要求人们重新认识文化的价值与意义，这就是“文化引导未来”，因为“几乎所有的当代社会问题，无论是国内问题还是国际问题，都相互交织，成为极其错综复杂地纠缠在一起的一团线，各线条之间的关系仅被模糊地理解，以致试图解决一个特定问题会影响许多其他问题。此外，每一个问题有许多要素：技术要素、经济要素、社会要素、政治要素和人文要素。因此，政治家、科学家、工程师或经济学家几乎都不能单独解决。随着各国之间相互依赖的增加以及出现许多全球性规模的问题，不得不呼吁许多学科同时参与。然而，多学科研究难以取得成功，因为社会主要是在垂直的基础上组成的”②。按照D•保罗•谢弗的理解，这就需要从总体上强调文化的整体理念，因而在现代化建设的道路上需要重新认识文化建设的重要性，从而树立“文化是第一生产力”的思想。

[神故事]

·故里经济：河北两县赵云故里之争发人深思·

5月4日，“五一”小长假刚过，由河北省文化厅召集的协调会就急匆匆地召开了。

出席此次会议的正定县文物旅游局赵云庙管理处主任孙新华事后告诉记者，这次“特别”会议正是试图平息正定、临城两地愈演愈烈的赵云故里之争。

2009年，河北省正定、临城两地打响了赵云故里争夺战。而今年以来，随着媒体关注，两地间为此展开的争夺也日益升级。

在同一间会议室内召开的协调会，双方却没有“交集”：主办方将临城安排在上午，正定安排在下午。

---

① Fritj of Carpra, “A Ncw Vision of Reality”, New Age, Feb. 1982, Watertown： New Age Publishing Co.P29-30。

② Alexander King, “Technological Determinants and Educational Needs of Society in Transition”, Razvoj Development International5, Zagroh： Institute for Development and International Relations, 1990.P199。

“从上至下，双方涉及的政府有关方面可谓应到尽到。”孙新华介绍说。

下午的会议一开始，河北省文化厅副厅长彭卫国就向正定方面通报了上午临城方面协调会的相关内容。

“文化厅要求临城方面停止滥用‘非遗’（非物质文化遗产名录）进行宣传，否则今后邢台方面一切申报省级非遗的项目，文化厅都不再审批。”孙新华说。

而对于文化厅要求正定方面围绕赵云故里展开的争夺战彻底“熄火”，正定方面表示，“要想‘熄火’，先给临城县‘非遗’摘牌，不摘牌绝不罢休”。文化厅方面表示，可考虑去掉“非遗名录”“临城赵云故里传说”中的“故里”，但正定方面坚持必须“摘牌”。

由于双方各执一词，最终会议不欢而散。

5月6日，正定县文物旅游局副局长张星在接受《中国青年报》记者采访时，颇为无奈地表示：无论临城的“非遗”是否摘牌，其实临城都已是这次赵云故里之争的最大赢家！

天津市历史学会理事、青年学者裴钰认为，名人故里属于文化旅游业，而文化旅游业又是文化产业的组成部分之一，因而“故里经济”是文化产业中的一个重要缩影和典型案例。“故里经济”作为文化竞争，体现的是旅游营销策略，并不建议仅仅从学术角度做简单的、有倾向性的评判。

同时也有专家指出，从发展文化旅游业、旅游营销策略来讲，作为国家级贫困县的临城在与河北省经济强县正定的这次博弈中，确有可圈可点之处。

·嫦娥奔月台被找到了：“嫦娥是在新密牛店月台村奔的月”·

2010年3月至10月，按照全国统一部署，全省文化系统开展非物质文化遗产资源普查，普查整理各类线索180余万条，基本立项22余万个。从今日起，本报将陆续对其中40项有代表性的重大发现进行报道，为您揭开其中的奥秘。

“嫦娥奔月的地方，就在我们新密。”昨天，“河南省非物质文化遗产普查重大新发现”，集中采访活动来到了新密市牛店镇月台村，当地村民一席话，让大家既惊奇又兴奋，这个尽人皆知的神话传说中的主人公，真的是在新密奔的月？

说法　新密有个“望月台”

“嫦娥奔月是远古神话，是我国十大古典爱情故事之一。”昨天下午，新密市牛店镇月台村 80 岁的陈娃说，嫦娥就是在新密奔的月！

嫦娥奔月的传说，在古书上有不同的说法。《淮南子》中说，后羿从西王母处请来不死药，逢蒙听说后前去偷窃，偷窃不成就要加害嫦娥。情急之下，嫦娥吞下不死药飞到月亮上的广寒宫，因思念后羿，她就催促吴刚砍桂树、玉兔捣药，想配成飞升药，早日回到人间。"关于嫦娥奔月的传说，有很多，而在新密，更多、更奇，俺这儿祖祖辈辈都说嫦娥是在这里奔月的。"该村村支书高天保一边说，一边领着记者往前走，要去村北实地看看"望月台"。

实证 奔月的地名有很多

走了 500 多米，在村北一处平坦的小山包上，见一个隆起的土堆，土堆上依然很平坦。"这个就是望月台，南有月沟，北有娥沟，而娥沟就是传说中嫦娥奔月的地方。"高天保指着远方的一条沟壑说，传说北宋初年，赵匡胤在此观月时许下一个心愿，结果他如愿当上了皇帝。因此，这个原名南照村的村庄，就改叫月台村了。

新密市非物质文化遗产保护中心的刘子荣说，除此之外，该市米村镇还有个月寨村，相传为西王母赐仙丹给后羿的地方；该市来集镇还有个东西月沟村，相传为嫦娥在此帮助后羿射日而后得名。

探究 嫦娥究竟在哪儿奔月了？

对于"嫦娥在新密奔月"的说法，记者随后查阅了多种资料，关于嫦娥奔月的地点，均没有明确记载，不过在民间，还有江西省宜春市明月山和山东省日照市天台山两种说法。"其实，我们更注重的是这个故事的传承和它所承载的意义。"昨日，省文化厅非遗处副处长陈高峰说，嫦娥奔月的故事在新密流传了几千年，这个现象很少见；另外，历史上还遗留下这么多村名、地名，寄托了人们朴素的理想和美好的愿望，把它作为非物质文化遗产保护下来，然后再完整地传承给后人，这也是其意义所在。

趣闻 故事的传承者多多

嫦娥奔月，是新密知名度最高的神话故事了。上到白发老者，下到儿童少年，嫦娥奔月的神话故事家喻户晓。

月台村的 80 岁老人陈娃，打小就听奶奶讲着嫦娥奔月的故事。据说，这个神话故事在新密世代流传，已经有千年历史了。新密几个乡镇的生活中都有着"嫦娥"

的影子。在新密，好几处世代沿用的地名都和嫦娥有关。

相传，新密市超化镇娥沟就是嫦娥奔月的地方。嫦娥得以奔月，是因为服用了后羿的仙丹。米村镇月寨村相传就是西王母赐仙丹给后羿的地方。来集镇的东西月沟村，相传是嫦娥帮助后羿射日的地方。陈娃说，当地老百姓都保留着“拜月”的习俗。

月台村里最高处是个叫望月台的土坡。望月台北有娥沟，南有月沟，是当地老百姓拜月的地方。每年正月十五，各家各户都要挂上彩旗和灯笼，附近村庄的老百姓都要来到望月台，仰望天空的圆月，围着望月台绕几圈，念经、祭拜、许愿。

“村里不管是老人，还是小孩儿，都会讲嫦娥奔月的故事，一代一代流传。”新密市牛店镇月台村 80 岁的村民陈娃说，如今，每个月的初一、十五，村民都会来到望月台，正转三圈倒转三圈，许下心愿；每年农历正月十五到二月初二，家家户户挂灯笼、吊挂彩旗，全村敞亮，村民们坚信嫦娥是在这儿奔月了。所以，这样做是为了迎接嫦娥回来。

[巧测验]

· 文化力 ·

文化力是软实力的核心，内容包括文化元素力、文化潜移力、文化吸引力、文化影响力、文化竞争力、文化创造力、文化生产力、文化思维力、文化先导力、文化孵化力、文化和谐力、文化和合力、文化微调力、文化平衡力、文化钝感力、文化形象力、文化破坏力、文化安全力、文化扬弃力、文化凝聚力、文化永恒力。

十一　荆南雄镇牌坊

荆南雄镇石牌坊位于湖北省恩施土家族苗族自治州咸丰县唐崖土司镇唐崖土司城遗址内，是土司城遗址的“镇城之宝”，明朝皇帝御赐授书的“荆南雄镇”石牌坊，牌坊高6.8米、宽6.3米，四柱矗立，前后为高2米多的石鼓护柱，石鼓前有一对石狮。

[游历情]

·“荆南雄镇”牌坊：靠什么“雄镇”荆南·

在保存比较完整的唐崖土司建筑中，“荆南雄镇”牌坊堪称为最。有学者甚至认为它可以作为唐崖土司城址现存唯一完整的地面建筑，并把它作为唐崖土司城的标志，同时肯定它是中国现存土司遗址中等级最高、体量最大的礼制性建筑。

“荆南雄镇”牌坊具有极为严肃的文化意义。

第一，它地处上街、中街和第二下河道的交会处，位于衙署建筑群中轴线的起点上。按照中国古代建筑的中轴对称原理，中轴线沿万兽园、衙署区建筑群、牌坊、第二下河道、河边一线展开。沟通第二下河道的城门应即是唐崖土司城的正东（南）门，于风水学上的神圣空间而言，有如北京城的午门。衙署区是整个城址的核心，牌坊则位于衙署区建筑群轴线的东（南）端，是整个城址最重要的标志性建筑。从现有布局来看，“整个城址是以衙署区和牌坊为中心展开布局的。以上、中、下三街为界，西（北）部地势高亢处为高等级的功能区，土司墓葬区、宗庙区、苑囿区均位于这一线的西（北）部，而这一线的东（南）部地势较低处则可能为一般的行政功能区或普通的居民院落”。由此可见，作为核心区的起点，具有极大的统摄性——敞开着让客人进出，也敞开着让主人进出，这是个人、家庭、社会都必须迈过的坎——门坎。但是，这是礼制性的门坎。四柱三门，各走各门，官走大门，民走小门……礼制社会从此开始。所以，有传说说：在土司时代，牌坊的中门为土司和贵族的通道，左边门为读书人和农民的通道，右边门为樵夫和渔人的通道。显然，从礼制上讲，这种说法肯定经不起推敲。因为在自给自足的自然经济的生产生活环境中，除读书人外（在当时的唐崖土司只能是极少数），农民、樵夫和渔人是很难分立而是融合于一体的，只是劳作的时段有所不同而已。即使是唐崖土司城雇佣了农民、樵夫和渔人，也不会达到专设门坊以供出入的程度。因此，虽然传说有自，但显然是“望图生义”的自我解读。

第二，“荆南雄镇”牌坊的建造，源起于明朝天启四年（1624），实因土司司主覃鼎参与平定“奢安之乱”所立战功，属功德牌坊，且由四川巡抚朱燮元奏请明朝廷敕建，牌坊上实际上是双面题名：“荆南雄镇”、“楚蜀屏翰”，据说是由明熹宗朱由校手书。由东（南）往西（北）望是“荆南雄镇”，说明唐崖土司是国家的捍卫者；由西（北）往东（南）望，是“楚蜀屏翰”，说明唐崖土司也是文化的分界限。因此，牌坊名本身，已指定了唐崖土司的身份、角色、地位及使命，有学者说这是国家认同，有学者说这是文化认同。我倒认为，如果这真是由那个朱皇帝弄的，不如说是一种素质要求，有如现在国家领导人的题字以表示希望一般。换句话说，国家对唐崖土司提出的是综合素质要求。而这与15世纪以来土家族地区土司的文化诉求是一致的。只不过，这里是由皇帝直接提出的。这一点，可以从牌坊往前方看，根据“阳宅打垭口，阴宅望山头”的风水格局，唐崖土司城的前面垭口，实为老百姓心中的笔架山，即修房造屋的初始诉求是文化。或许当时的皇帝想说的是：“你们战功也立了，牌坊也同意你们修了，今后应同心向文、文武齐修了吧！”不过应特别指出的是，首先应强调的是以“屏翰”比喻国家重臣，然后才得借喻地方。于人而言，强调要文武兼备，强调“有文武材，可用为屏翰”；于地而言，强调以“重镇屏翰西南”，但显然不宜理解为“国家所恃为屏翰者，边镇也”之“边镇”。所以，“荆南雄镇”、“楚蜀屏翰”这八个字是兼人与地而提出的综合素质要求与肯定，隐含的最重要的诉求即是文武双元的提高。

第三，“荆南雄镇”牌坊表明了唐崖土司的文化决心，用心与行动来显示一种文化态度。从自然地理方位上讲，牌坊坐西朝东，与整个皇城建设的东向主生意向相合，属发展导向型；从用料来讲，为仿木石结构，木为东方主生，石则喻其长久，有永恒之生的意象；从结构上讲，牌坊为四柱三门三楼式，通高7.15米，面阔8.4米，阳三阴四，位之正也，且阳立于三、阴立于四，阴阳相立相正，亦阴阳相推而获发展之意；从辅助文化符号而论，石柱前后有高2.5米的抱鼓石相撑及石狮一对（现残存一个），鼓为神器、重器，狮为王物、圣物，喻其永固；据学界研究，牌坊的各种构件上大量采用高浮雕和透雕的艺术手法，雕刻有人物故事、瑞兽等文化内容，其中的“土王出巡”等不仅是土司权力的展现，更是地方文化的宣示；“渔樵耕读”、“槐荫送子”，也并不只是认同了某种外来文化，而更是一种文化决心；至于人们所认识的“哪吒闹海”，虽然有不同的解释，如说在“荆南雄镇”牌坊的众多图案上，尤以“哪吒闹海”图案寓意最为深刻。该图案表现形式独特，有人称为“鲤鱼跳龙门”，有人称为“哪吒闹海”。“鲤鱼跳龙门”寓意科举考试的成功，是步入仕途的前提。《后汉书》载“士有被其容纳者，名为登龙门”；《水经注》云“鲤鱼三月上渡龙门，得渡为龙”。所以“鱼跃龙门”成了牌坊建筑常见的吉祥题材。在“荆南雄镇”坊额枋正面的中部，左右雕刻着立柱式样的龙门，中部一条鲤鱼正从水中跃出。因此，可以命名为“鲤鱼跳龙门”，寓意土司作为土皇帝想成为真皇帝的精神追求。然而在这幅图像上，却另刻有一人，此人手持混天绫，脚踩在正欲跳出水面的鲤鱼之上，从形象判断其应为哪吒。因此，这种将两个事故放在一个幅面的现象有些令人费解。另有学者说：罕见的“哪吒闹海”是一幅独特的图案……哪吒闹海取自于明代神魔小说《封神演义》中的神话故事。故事中因妖龙作祟，残害百姓，引出哪吒大闹龙宫水府。但龙在古代又是皇帝的象征，无人敢犯龙颜，土司亦不例外，因此牌坊上巧妙地将龙改为即将跃出水面的鱼，避免了土司对皇帝的不敬……因此，在牌坊上雕出“鱼跃龙门”和“哪吒闹海”的联合图案，亦应有警告唐崖土司不得肆意作乱之意……诸如此类，不一而足。我倒宁愿认为，这是化用佛教一苇渡江、儒家和道家的一拐杖渡海而演绎的一鱼渡江之类，既反映出土家族传统的鱼崇拜情结，又巧妙地结合了儒、释、道的文化精神，还体现了土家族的综合文化取向，隐喻的是土家人谋求发展的适用理性。

第四，牌坊的正面当中高悬浮雕“土王出巡”，目的自然是为了突出王权至上，彰显其政治权威，显然是牌坊要突出的主人，因而成为装饰的核心，这不仅因为土王是统治一方的土皇帝，而且用“出巡”来说明：既然作为土家先民的首领，就应于国有功、于民有德，于是要考察民情；而且因为“荆南雄镇”牌坊的修建本身就是为了表彰其功，自然应开门见山地布置在牌坊正中的最高处。其他的四柱三门、一斗三升、素面雕花、斗拱筒瓦、飞檐翘角等语言，其门、柱、枋、檐上的雕刻由高浮雕、浅浮雕、透雕、线刻等技艺呈现的文化符号，都极具有内在的文化意蕴，如牌坊正门两上角以一对象鼻为雀替，显然杂取佛教文化与汉文化的吉祥语汇以寓意吉祥、象征升平，不过，笔者倒认为是取义于“象耕鸟耘”的农业根基意向，表明唐崖土司的文化取向；牌坊左右的“麒麟奔天”居高浮雕中央，以透雕形式双面雕刻，寓意极为明确；坊脊上的鸱吻俗称“吞脊兽”，牌坊正脊上的鸱吻两首正侧向外，昂首卷尾，张口怒目，头部上翘身尾之上；侧脊两外端则用卷曲翻滚的鸱吻，改变成形似云纹、水纹组成的大刀状鸱尾，以水生木（东方），生生不息；其他石构件如柱石、大小额枋、楼匾、花板、斗拱、抱鼓石，甚至连抱鼓石上的浅浮雕卷云纹，都有其“成仙成道”的意境追求，不过是为了发展而设的。

这就是“荆南雄镇”牌坊！

这就是“楚蜀屏翰”牌坊！

总之，文化才是唐崖土司的屏翰之基。

[小知识]

·牌坊之用·

阙、牌坊等，归属于“门”类，是中国传统建筑中主体建筑以外的构筑物，虽然也是“门”，但主要功能却并非用于“进出”，而是属于礼仪崇尚的独立的标志性建筑。中国古代城邑居民的聚居单位称“里”。“里”是封闭性的，四面建有围墙，里门叫“闾”，北魏后“里”改称“坊”，闾门和坊门是居民日常进出之门。为了宣扬教化，官府借助闾门、坊门表彰其居民的嘉德懿行，即将表彰辞句标于闾门、坊门，此亦称“表闾”或“旌表”。《尚书·周书》说明，旌表的意义是“旌别淑慝，表厥宅里，彰善瘅恶，树之风声”。汉代以后，旌表之风日盛，《后汉书》载：“凡有孝子顺孙，贞女义妇，让财救患，及学士为民法式者，皆扁表其门，以兴善行。”唐代诗人白居易《失婢》诗中“宅院小墙库，坊门贴榜迟”，说的就是张榜坊门的“表闾”方式。宋代以后，里坊制度瓦解，坊门丧失宵禁防范的作用，墙去门在，以象征性的大门存留并逐渐转化为无碍通行，成为仅具标示作用的牌坊。

[大信仰]

·牌坊之美[①]·

牌坊是由棂星门衍变而来的，开始用于祭天、祀孔。棂星原作灵星，灵星即天田星，为祈求丰年，汉高祖规定祭天先祭灵星。宋代则用祭天的礼仪来尊重孔子，后来又改灵星为棂星。牌坊滥觞于汉阙，成熟于唐、宋，至明、清而登峰造极，并从实用衍化为一种纪念碑式的建筑，被极广泛地用于旌表功德、标榜荣耀，不仅置于郊坛、孔庙，以及用于宫殿、庙宇、陵墓、祠堂、衙署与园林前和主要街道的起点、交叉口、桥梁等处，景观性也很强，起到点题、框景、借景等效果。

另外一种说法是，就结构而言，牌坊的原始雏形名为“衡门”，是一种由两根柱子架一根横梁构成的最简单最原始的门。关于“衡门”，我们目前所看到的最早记载是《诗经·陈风·衡门》：“衡门之下，可以栖迟。”《诗经》编成于春秋时代，大抵是周初至春秋中叶的作品，据此推断，“衡门”最迟在春秋中叶就已经出现。这种“衡门”后来被运用到城市中各个居民区之间的“坊门”上。从春秋战国至唐代，中国城市居民区都采用里坊制，“坊”与“坊”之间有墙相隔，坊墙中央设有门，称为坊门。起先，这种坊门就像“衡门”那样，由两根立柱架一根横木构成的，只是柱侧安装了可以开合的门扇。

牌坊是一种纪念性的建筑物，土司王城牌坊雕刻的精美令人叹为观止。从雕刻的形式而言，圆雕、高浮雕、浅浮雕、透雕、线刻相参合，装饰性与实用性相比衬，融建筑、绘画、书法、雕刻等艺术为一体，典雅庄重，古朴雄伟，极富功勋感。牌坊正面的“土王巡游”、“渔、樵、耕、读”、“云吞雨雾”、“哪吒闹海”、“槐荫送子”等历史传说和戏文故事均属高浮雕作品，具有主题鲜明、视野广阔、构图严谨、风格朴实、表现形式多样化等特点。“麒麟奔天”是唯一的两块透雕作品，双面雕刻居于高浮雕作品的中央，还有一些驭龙、腾凤及祭事人物的点缀，使版面生动活泼，富于变化。其余的石构件除撑鼓上部的云卷和下部的包袱纹用浅浮雕表现外，柱石、大小额枋、楼匾、花板、斗拱均保持仿木结构原样。

还有牌坊上的麒麟，边雕大树，主体形象昂首疾行，当地人称为“麒麟奔天”。

---

① 此下参见满益德、凌云：《唐崖土司王城建筑石刻的造“形”与造“势”》，《湖北民族学院学报（哲学社会科学版）》2009 年第 4 期，第 63—69 页。

在牌坊的左右各置一块，镂空，双面雕刻，前后可视。祭拜台左右侧壁，各有对称两块黄色沙石雕版，承托筒瓦屋脊。图案为昂首奔跑的瑞兽麒麟，麋身、牛尾、狼头、圆蹄，身雕鳞片，边饰花草，以浅浮雕的形式，表现在草地上活动的场面，似与主人在野外草地和林间相随，或说是典型的宋元雕刻风格。

马鞍垫两侧的麒麟雕饰别有装饰意味。麒麟四脚跳起，侧头摆尾，缩颈弄腰，犹如小马驹一般的活泼可爱。在艺术处理上，以满布的菱格纹粗垫为底，上有猪腰形鞍垫卷草花卉垂唯掩饰，主体图形剔地浅浮雕，打磨精细，随类赋彩。同一题材因使用功能不同，其造“形”样式各异。

除了前文谈及的石马，还有几件石刻作品无论在题材上或形式上，都充分表达了其象征意义，如牌坊正门上两角的透雕“象鼻勾月”，取其谐音，有“祥”之意，象寿二百余年，在此也寓长寿。象同样也寓好景——太平有象，喜象升平[①]。“麒麟送子”、“麒麟传书”都是祈求众多聪慧、仁厚的子女出世，祝愿子女吉祥、健康成长。牌坊及王坟屋脊上的鸱吻，俗称“吞脊兽”，龙、鳌鱼、鸱吻都属水族，以宋代《营造方式》谓“尾似鸱，激浪即降雨”。亦取其生水灭火之寓意，用以镇宅，保佑家宅平安[②]。石刻上的这一系列的历史传说戏文故事等装饰内容，达到了道德教化的目的，真实地表现了中原文化与土家文化的交融，表现了土家族和汉族人民和睦相处，团结战斗的历史。

[神故事]

·建石牌坊的传说·

传说，明朝天启年间，土司覃鼎奉朝廷调遣征讨有功，朝廷赐建石牌坊一座，光耀千秋。为建好牌坊，覃鼎从远远近近的地方请来了三百多个手艺很高的石木匠，前前后后用了三年零六个月的时间，才把这座石牌坊一块一块地凿磨雕刻完毕。覃鼎选了一个吉祥的日子，叫来几百个土民立石牌坊。哪知人太多，没有个好办法，硬是立不起来。覃鼎只得叫停，另选吉日再立。哪知第二次人又太少，还是没有个

① 周旭：《中国民间美术概要》，人民美术出版社 2006 年版，第 42 页。
② 王平：《中国民间美术通论》，中国科学技术大学出版社 2007 年版，第 123 页。

好办法，又立不起来。覃鼎气上来了，叫来掌墨师，限他第三次一定要立起来，要不，就要重重地处罚他。

到了立牌坊这天，覃鼎叫来几百个土民，大摆筵席。筵席上，大家喝酒吃肉，一醉二饱，狂欢不止。唯独掌墨师吃不下咽不进，心里一块大石头落不了地。他想：怎么办呢？要是今天没有个好办法，石牌坊立不起来，定是凶多吉少的啊！他左思右想，主意都想尽了，还是想不出一个好办法来。眼看午时三刻，良时就要到了，他急得像热锅上的蚂蚁。

正在这时，从上边正街上来了一个叫花子。只见他头戴烂毡帽，脚穿破鞋，衣衫褴褛，周身肮脏，身背一破篮，手杵一拐棍。这人长相也很古怪，额角凸起，瘦脸高鼻，耳朵大，下巴长，一双眼睛却闪亮闪亮。他径直来到土司大院里讨饭吃。土民们见他怪可怜的，就给他打来一簸箕米饭，一大盆菜，又随便抓来一把竹筷送到他面前，叫他吃。只见这个叫花子并不先吃饭，却是把那一把竹筷插在米饭中间，又拿起木瓢，把饭舀起，直往竹筷周围垒呀垒呀，垒好之后，那竹筷就稳稳当当地直立在饭中了。这时，这叫花子站起身来，走出大院，向下河边的大路上走去不见了。

土民们看着，感到很稀奇：叫花子为什么把筷子立在米饭当中呢？为什么讨饭又连颗饭不吃就走了呢？大家议论不止。

这事传到了掌墨师耳里，他急忙走出来，围着这一簸箕米饭和那把立着的竹筷转了几圈，忽地心中一亮，脱口叫了一声："有办法了！"掌墨师脸上舒展了，有了笑容。转身叫徒弟去找回那个叫花子来，要好好谢谢这个恩人和师父。那几个徒弟出门找了一整天，连那叫花子的影子都没找到。

良时一到，掌墨师就吩咐所有的工匠，各执其事。又叫那些土民挑土的挑土，担沙的担沙，边立柱子边垒沙土。立一根，垒一根，立一排，垒一排，一点没费"搬绊"，顺当不过。不到两个日子，石牌坊就落成了，耸立在土司城的正殿面前。那刷金的"荆南雄镇"、"楚蜀屏翰"八个大字在太阳光的照射下，闪亮闪亮，土司城显得格外气派。

第三天，整个土司城三街十八巷，张灯结彩。覃鼎又邀来三亲六戚，集结文武官员，鸣锣开道，鼓角喧天，打马游街。随后，就在石牌坊下大摆酒宴，庆贺三天。据传，唐崖土司自石牌坊建立起来后，就兴旺强大起来了。

[巧测验]

·牌坊的形式划分·

牌楼从形式上分，只有两类：一类叫“冲天式”，也叫“柱出头”式。顾名思义，这类牌楼的间柱是高出明楼楼顶的。另一类叫“不出头”式。这类牌楼的最高峰是明楼的正脊。如果分得再详细些，可以每座牌楼的间楼和楼数多少为依据。无论柱出头或不出头，均有“一间二柱”、“三间四柱”、“五间六柱”等形式。顶上的楼数，则有一楼、三楼、五楼、七楼、九楼等形式。在北京的牌楼中，规模最大的是“五间六柱十一楼”。宫苑之内的牌楼，则大都是不出头式，而街道上的牌楼则大都是冲天式。

十二　衙署区

唐崖土司的衙署区位于唐崖土司城核心区的中部偏西，坐西朝东，中轴对称，前朝后寝式布局。形状大致呈长方形，东西长218米，南北平均宽155米，总面积约24 500平方米。主体建筑利用山势坡地，依次分布在数层平台之上，从东到西分别为仪门、大衙门、官言堂和内宅。

[游历情]

·衙门深深·

对于衙门，曾有过许多形容。最典型的莫过于“衙门八字朝南开，有理无钱莫进来”，这不仅说明了衙门的建筑格局——清代何光廷在《地学指正》中说：“平阳原不畏风，然有阴阳之别，向东向南所受者温风、暖风、谓之阳风，则无妨。向西向北所受者凉风、寒风、谓之阴风，宜有近案遮拦，否则风吹骨寒，主家道败衰丁稀。”也就是说，首先在自然格局上，“衙门”在朝向上要避内向，特别是要避免西北风。也正是因为要避免特定的风向，因而有四象的设定：以五行的木为东、火为南、金为西、水为北、土为中，以八卦的离为南、坎为北、震为东、兑为西，以干支的甲乙为东、丙丁为南、庚辛为西、壬癸为北，以地支的子为北、午为南，以东方为苍龙、西方为白虎、南方为朱雀、北方为玄武即所谓左青龙、右白虎、前朱雀、后玄武，其中又把南视为至尊，而把北象征为失败、臣服。宫殿和庙宇都面朝向正南，帝王的座位都是坐北朝南，当上皇帝称“南面称尊”；打了败仗、臣服他人被称为“败北”、“北面称臣”。正因为正南这个方向如此尊荣，所以过去老百姓盖房子，谁也不敢取子午线的正南方向，都是偏东或偏西一些，以免犯忌讳而获罪。

可是，从自然方向上看，唐崖土司的衙署区却处于地势较为平缓的山岙处。在百度上，一讲到“岙”这个字，都说是“浙江、福建等沿海一带称山间平地，多用于地名”，其实这是一种误解，因为就是在咸丰，这也是一种通用的地名语，仅我们一个村、一个组，就有不少这种地名——称山间的平地为岙，有所指的如岙田（区别于坨田）、岙上（区别于山上）、桐林岙（以桐子树多而为名）、扯风岙（以风大为名）、唐家岙（以居住的姓唐的多为名）……就是在土司城附近也有“兴隆岙”一类地名。因此，应为“岙”的使用主体正名。不过，这不是我们的重点，我们关注的只是唐崖土司衙门的自然方向。唐崖土司的衙门是坐西朝东的，整个地形为东低西高。所以，并不符合坐北朝南的通例。于是，唐崖土司在空间上进行了观念上的调整，把衙门背靠的龙脉来源之山（后山）直接叫为玄武山，把自然上的西山转化为观念上的北山，从而营造了一种观念上的坐北朝南的通例。结合土家族地区有重东向的习惯，如宣恩县城即把位于城南的一山取名为东门关即是，因而唐崖土司取坐西向东的格局。我甚至怀疑，这四山格局都是后来的风水先生有意为之的，是由于此地出现了土司皇帝而加以申说的。不过也有可能是风水学刚传进土司地区时只注重了前后左右的四象格局，这是与依罗盘所定四象有差别的。

衙门是深深的，旧有“衙门深似海”之说，首先也是指自然之深。唐崖土司衙门从东至西，在中轴线上分别布置有石牌坊、门楼、大衙门、覃亭、官言堂、内宅等的建筑群，且该组建筑群规模宏大、气势雄伟，它以石牌坊为起点，各建筑从东至西沿中轴线对称布置，呈院落式布局。目前考古发掘出的衙署区范围由牌坊至内宅，总长约200米，宽约40米。200米，够深的。自然，老百姓心中的“深”另有其意，我们且暂不去理它。

同时，按照唐崖《覃氏族谱》的记载，鼎盛时期的唐崖土司城拥有“三街十八巷三十六院”，衙署、营房、御花园和寺院等各类建筑达数十处，整体格局可分为政治区、宗教区、文教区、军事区、居民生活区和墓葬区等不同的功能空间。唐崖土司衙门即属于衙署区。而衙署区位于唐崖土司城址的中部核心区域，为土司办公和生活的区域，是土司主持政务和饮食起居的主要场所，因其政治功能等而成为唐崖土司城的核心。大致呈规整的长方形，四周均以围墙围合，东西长218米，南北平均宽155米，总面积为24 500平方米。这也是够深的吧。

考古学已经证实，衙署区建筑严格采用“中轴对称”、“前朝后寝式”布局，自东向西依山就势分布着仪门、大衙门、官言堂、内宅四进主体建筑及附属建筑。习惯上还包括“荆南雄镇”牌坊。其中仪门为衙署区大门，通面阔约15.6米，进深7.6米，结合现有遗存推断，衙署仪门面阔为三间、进深为两间。大衙门为土司处理政务的地方，南北长约33.5米，东西现存宽度4.4米，为面阔五间、进深三间的建筑基址。官言堂为土司议事的地方，面阔五间，进深三间，台基平面呈长方形，长38米、宽17米。内宅为当年土司和家眷们生活起居的地方。在衙署遗址内，考古队曾出土过两枚唐崖长官司印信，一枚为明吴三桂颁发，另一枚为清朝的朝廷颁发。

官署是统治者发号施令的地方，在城市建筑体系中处于核心地位，对于控制城市格局关系极大。透过对历史时期衙署建筑格局与布局的分析，也可以折射出当时唐崖土司政治地位的变化和城市发展的趋势。经过“改土归流”和后期的生产生活破坏，唐崖土司衙署建筑早已荡然无存，然而幸运的是，根据“荆南雄镇”牌坊的位置以及相关流传地名，通过考古发掘，衙署的位置以及基本形制得以确认。

目前，考古学成果已为衙署区各建筑做了明确的形制界定，为今后的进一步开发利用提供了前提条件。总的结论是：

1.总体平面布局采用了中国传统的中轴线从东至西沿轴线组织空间序列，建筑等级逐级升高，呈院落式布局。其规模宏大，从东端石坊前台基至后宅后墙，总长120米，南北宽约40米，是唐崖土司城中最大的建筑群遗址。

2.建筑构架有抬梁式、穿斗式或抬梁式与穿斗的结合式，就是民间使用抬梁式构架，两山用穿斗式构架。抬梁式可以增大室内空间，保证土司办理朝政和议事听政的需要。

3.建筑从外观上看有无斗拱，是区分建筑是大式和小式的一个重要标志，大衙门地处在整个衙署区的核心地位，其建筑等级也应是最高的，按理说应有斗拱。但《明史》规定：百官第宅：“三品至五品，厅堂五间七架，屋脊用瓦兽，梁栋、檐桷青碧绘饰，门三间，三架、黑油、锡环；六品至九品，厅堂三间，七架，梁栋饰以土黄，门一间，三架、黑门、铁环。”可知明朝廷规定：三品至九品不允许做带斗拱的房屋，这是其一。其二，从现存恩施地区遗存下来的清代庙宇、道观、宗祠等建筑也都很少使用斗拱。

4.土司时期，普通百姓房屋不能盖瓦，也不准建吊脚楼式的建筑。但仍在遗址发掘区内出土有少量脊饰、筒瓦和滴水等构件，但没有出土琉璃瓦构件，这说明土司时期房屋上覆盖灰筒板瓦，各脊上安有脊饰。

5.整个遗址区中轴线上有几米高的挡土墙和房屋台基，但发掘时未曾发现有石栏杆及榫眼。这种情况只有一种可能，就是挡土墙上根本没有安装石栏杆，但这似乎不合乎常理，只有留待以后的考古发掘中来解决。

6.装修装饰。由于遗址地面建筑已毁，发掘时也未发现装饰装修构件，门、窗花纹样式可参考现今恩施地区民居木门窗花纹式样。[①]

[小知识]

·衙门与官吏类民间谚语·

1. 天大地大，衙门里弊病大。
2. 衙门深似海，弊病大如天。
3. 八字衙门朝南开，有理无钱莫进来。
4. 衙门口，向南开，有理无理拿钱来，没钱有理莫进来。
5. 风能吹开乌云，钱能打开衙门。（维吾尔族谚语）
6. 官断十条路，哪个没钱哪个输。
7. 衙门的钱，下水的船。
8. 天理地理，有钱有理。
9. 不怕天大官司，只要地大银子。
10. 有钱就有理，没钱押监里。
11. 千金之子，不死于市。
12. 千金不死，百金不刑。
13. 有钱杀人不偿命，没钱淘气也坐牢。
14. 有钱填不满衙门。
15. 公堂一点朱，下民千滴血。
16. 歪打官司斜告状。

① 参见湖北省文物局等编《唐崖土司学术研讨会论文集》（科学出版社 2014 年版）中的相关文章。

17. 一件讼事九成奸。

18. 世上没有冤枉事，狱中哪有枉死人。

19. 无谎不成状。

20. 一场官司一场火，任你好汉无处躲。

21. 官清衙门瘦。

22. 纱帽底下无空汉，情人眼里出西施。

23. 朽木为官，禽兽为禄。

24. 财主就能当官，当官就是财主。

25. 官官相护，利害相连。

……

[大信仰]

·土司城建设的基本指导思想[①]·

按照《吕氏春秋·慎势》“古之王者，择天下之中而立国，择国之中而立宫，择宫之中而立庙”的思想，中国古代城市是以君王为中心的，标志君主权力的宫室基本上处于整个城市之中。在唐崖土司城内，严格贯彻了这一思想。象征土司政权的衙署地处整个城市中部，从平面位置分析，唐崖土司城东西跨度约 700 米，南北跨度约 670 米，而衙署中心距东城墙约 210 米，距西城墙约 270 米，基本处在整个城市的“几何”中心。同时，城内主干道的上街和中街、次干道的第二下河道在衙署前汇合。因此，唐崖土司城在规划确认中心时，基本以维护土司的尊崇地位为出发点。

中国古代宫殿建筑采取严格的中轴对称布局。中轴线上的建筑高大华丽，轴线两侧的建筑简单朴素。这种明显的反差，体现了皇权的至高无上；中轴线纵长深远，更显示了帝王宫殿的尊严华贵。元、明、清三代，中轴线更是突出“正”和“中”的中心部位。唐崖土司城由于受到山地限制，整体格局没有遵循中轴对称布局（风水学上的整体中轴对称格局至少是从祖山直至穴山而经案山而至朝山的整体上的中

① 参见湖北省文物局等编《唐崖土司学术研讨会论文集》（科学出版社 2014 年版）中的相关文章。

轴对称），但在土司办公和生活的场所——衙署区则采用了严格的中轴对称布局，从东向西，依山就势分布着大衙门、官言堂、内宅三组核心建筑。整个建筑以中街为起点，前以两级踏步为导引。其中，作为土司战功象征的“荆南雄镇”牌坊地处衙署区的最前端第一级台面，为整个建筑群落的起始点，承担着衙署区主入口的功能。按照当地居民传说，在土司时代，牌坊的中门为土司和贵族的通道，左边门为读书人和农民的通道，右边门为樵夫和渔人的通道（从门理的角度说，这种说法的准确性也值得探讨，因为牌坊建筑虽然是公共建筑，但在唐崖土司这里却更像是通往衙门的特殊建筑），其“中门”与大衙门、官言堂的明间处在一条轴线，是整个衙署的中轴线连节点。同时，由于其前面和左右两侧均无大体量的建筑，而更彰显出其体量的雄伟，成为城市空间识别的重要标志，是唐崖土司城的空间节点标志性建筑，亦是整个城市的规划中心。

根据有关研究成果，唐崖土司城内主要建筑蕴含着空间尺度与比例设计手法，以核心建筑间广及其倍数为模数尺度，进行建筑群总体空间的设计。其衙署存在着14尺为平面基准尺度，相关联的以14尺及其衍生数据作为设计尺度的现象。张王庙石刻所成空间广28尺（即14尺×2），石马高7尺（即14尺/2）；“荆南雄镇”坊通面阔及檐口高度21尺（即14尺×1.5），石匾下皮距地面14尺；土王墓前院空间广28尺（即14尺×2），覃鼎夫人墓前石坊明间广7尺（即14尺/2），墓冢直径为14尺，这些都进一步反映出规划设计的整体性与延续性。这些数字在目前虽得到了考古学上的证明，但是否为实，数意如何，都还值得探讨。

不过，我们（本书编者）倒认为，与其说是以“十四”为标准基准数，倒不如说是以“七”这一“阳之正也”之数为标准的基准数，所以，恩格斯即说“在用七的情况下有特殊的规律”[①]。

[神故事]

·真是老王八·

有个姓曾的官员，在这个衙门为官多年，干了不少坏事。有一年他过生，又恰

① 恩格斯：《自然辩证法》，《马克思恩格斯全集》第20卷，人民出版社1971年版，第602页。

好土王在外征战，管不了自己，就想借机搞堂皇些，而且可以大捞一把，于是他就叫来一秀才给他写寿词。秀才好久就看不惯他的搞法，就为之写了一首寿词：

曾为少年郎方便，
是亦老寿星诉求！
真应是来自天射，
老还壮且是载头，
王侯帽儿已久戴，
八字衙门儿进财。

曾姓官员看了，好不欢喜，赶忙就叫人贴到了客厅。不一会儿，客人们陆陆续续都来贺寿来了。认得字的一见那寿词，就叽叽咕咕地说笑起来。官儿问他们说笑么子。一个客人就回答说："意义深远，你先把每句的第一个字连起来念，或把每名的后五字连起来念，就晓得了。"当他一念"曾是真老王八"，就已气得他脸红脖子粗了，于是一爪就把寿词扯下来撕成了纸渣渣。

萧洪恩搜集整理

[巧测验]

·"七"的特殊定律[①]·

从"数"本身的角度来考察"七"，在甲骨文中，"七"与"甲"字同形。《说文解字》曰："早，从日在甲上。"表明"早"即太阳初生，而"甲"有生长之意。《史记·律书》说：甲者，"孟春之月，天气下降，地气上腾，天地和同，草木萌动。"因此，"七"与"甲"同形，旨在表明万物的萌动。由此可以肯定，"七"既可以表现"太始"状态下气始成的壮态，也可以表示天地彰著以后万物的生化过程。《易》

① 萧洪恩：《易纬文化揭秘》，中国书店出版社 2008 年版。

学的作者运用“七”，也在于要表明这个“絪缊千态万状，变化莫测”[1]的生化过程。所以，从“象”的角度去考察，“七”是发展。

如果从纯粹“数”的角度来考察，“七”又是一个起稳定作用的数，《说文解字》谓“七，阳之正也”。一个“正”字，正好道出了“七”的本性。请看：

1÷7=0.142857；　2÷7=0.285714；

3÷7=0.428571；　4÷7=0.571428；

5÷7=0.714285；　6÷7=0.857142。

毫无疑问，在这以上的六位小数中，总是六个相同数字的循环。这一点，看来《易纬》的作者是理解的。这个循环的调节者是“七”，也就是说，“七”在这里起到了中和的作用，收到了稳定的效果。正因为“七”有这种妙用，所以恩格斯才指出“在用七的情况下有特定的定律”[2]。

·关于“七”的知识·

首先，值得肯定的是“七”在中国古代曾作为一种空间认知模式而存在，人们对“七”的崇拜也很可能就和人们对空间的崇拜有关，这种崇拜植入古人的集体意识中，由此出现了很多使用“七”的情况。例如：

中国古代有很多“七贤”：

竹林七贤：嵇康、阮籍、山涛、向秀、刘伶、王戎、阮咸

建安七子：孔融、陈琳、王粲、徐干、阮瑀、应玚、刘桢

前七子：李梦阳、何景明、徐祯卿、边贡、康海、王九思、王廷相

后七子：李攀龙、王世贞、谢榛、宗臣、梁有誉、徐中行、吴国伦

“七”在汉代开始和文体紧密地联系在一起。明吴讷《文章变体序说》曰：“昭明辑《文选》，其文体有曰‘七’者，盖载枚乘《七发》，继以曹子建《七启》，

① 清河郡本辑佚以为系《易纬·乾凿度》文。

② 恩格斯：《自然辩证法》，《马克思恩格斯全集》第20卷，人民出版社1971年版，第602页。

张景阳《七命》而已。”

明徐师曾《文体明辨·七》曰：“七者，文章之一体也。词虽八首，而问对凡七，故谓之七；则七者，问对之别名，而《楚辞·七谏》之流也。”[①]

还有学者认为七已“成为了宇宙数字、循环极限的数字”，这强调了“七”作为一个极限的概念，故在七方位的观念形成之后，人们会选择“七”这个数字来概括事物，由此形成了很多与“七”相关的词语：

七经：儒家七部经典，具体说法不一。

七志：一部图书目录分类专著。其书分图书为经籍、诸子、文翰、军事、阴阳、术艺、图谱。

七教：古指父子、兄弟、夫妇、君臣、长幼、朋友、宾客之间各自应当遵从的伦理规范。

七纬：日、月、水、火、金、木、土。

七情：喜、怒、忧、思、悲、恐、惊七种情志变化。

七杀：谋杀、劫杀、故杀、斗杀、误杀、戏杀、过失杀。

① 《汉语大字典》编辑委员会:《汉语大字典》，四川辞书出版社、武汉辞书出版社1986年版，第3页。

十三 御花园

唐崖土司城内共有御花园和万兽园两处苑囿。御花园位于城址西南部，与衙署区相连接，形制不详。现存土司时期古树数株，其中一棵水红树，树径约2米，在树干高处分成两枝，主干中空，两竹自腹中穿空而出，风姿挺秀，与树争荣，被喻为“胸有成竹”，是城内著名的自然景观，可惜现今树中竹已枯。

[游历情]

·玄想御花园·

在“花园”前加一个“御”字，自然即成了权力的象征。

“御”字本是一个会意字。从甲骨文的字形来看，左为“行”的省写，中为绳索形，右是“人”形，意为人握辔行于道中，即驾驭车马。可见其本义就是驾驭车马，后来因称官员为“一牧”或“牧一”之类，如“州牧”、“牧正”……把百姓及相应的官员下级都当成了“牧”的对象，于是由驾驶车马之“御”变成了统治人员之“御”，或指封建社会里上级对下级的治理、统治，成为百官御事、御下、御众之权力词；更进一步，则成了对帝王所作所为及所用之物的敬称，如御用、御览、御旨、御赐、御驾亲征……自然也另有抵挡之义如御防、御敌、御寒之类。

唐崖土司的“御”花园，究竟是建造者的初始命名还是使用者的命名，抑或是后人对唐崖土司凭吊时所赠之名，现已不得而知。反正大家都叫它御花园，肯定有其原因。不过是事出有因，查无实据罢了。

从考古材料及传说故事来看，唐崖土司是按天人合一思想在城中设置御花园与万兽园两处苑囿的，其中御花园用于植物种植及审美，万兽园用于动物的养殖及审美（或说“万兽园”是唐崖土司的狩猎区）。人则既“御”动物，也“御”植物，因为人为万物之灵。

一般来说，花园的设定都有其指导思想，如北京的御花园位于北京紫禁城的中轴线上，应是中轴对称原理的体现；且直接设于坤宁宫的后方，看来其功能主要用于后宫人士的休闲，所以明代即专称其为宫后苑，大约是清代扩大了主人范围而称为御花园的。相比而言，唐崖土司的御花园应是土司皇帝所主导的多功能花园。从其位于城址的西南部而与衙署区相连接来看，大约是在这边远山区的小城政事无多，经常于从政之余而多事休闲，出衙即可赏花观景，放松情绪，放飞心灵，甚至还时不时地来上两句“啊，多美呀！”“唐崖，我的心灵之所”之类的诗，或者也来上一首情歌——“郎在高山把歌唱，妹在河中好心慌。爹妈问她荒么子，我要回去晒衣裳。”“月亮出来亮堂堂，照到河里打鱼郎。打渔不到早收网，恋娇不到早回乡……”这些都是从政之余的心灵远游……

从建筑风格来看，一个地方的花园建筑是其建筑的精华，像北京的御花园始建于明朝永乐十八年（1420），以后虽曾有增修，但都保留了初建时的基本格局。其全园南北长约 80 米，东西宽约 140 米，占地面积约 12 000 平方米；其园内主体建筑钦安殿为重檐盝顶式，坐落于紫禁城的南北中轴线上，以其为中心，向前方及两侧铺展亭台楼阁；园内青翠的松、柏、竹间点缀着山石，形成四季长青的园林景观，体现天人合一的汉族传统文化。可惜的是，唐崖土司的御花园却已形制不详，其范围大小、主体建筑、初始风格、景观设置、门户命名、主题思想、道路修筑……总的、大的格局都已无法知晓，更不用说御花园里的风景、花卉、建筑、飞禽、走兽及至具体建筑的柱、框、梁、枋等的实际情形，那更是无从得知，只能靠玄想当年了。

御花园的现有景观，其实已不是很多，主体是竹，较有特色的是那几棵土司时期的古树，其中一棵是水红树，树径约 2 米，更加值得关注。从树形上看，该树在树干高处分成两枝，主干已中空，两竹自腹中穿空而出，风姿挺秀，与树争荣，被游人喻为“胸有成竹”，是城内著名的自然景观，可惜树中竹早已干枯。

该树是否是人为的种植，其实已不得而知。不过，土家族对水红树的崇拜却是实情。我的家乡原有一棵数百年（或说上千年）的水红树，可惜毁于“文化大革命”中。那是一次极为清晰的记忆：当年冬天，不知从哪里来了一个规定，原来属于自家私人的所有古树，在当年腊月三十日之前若不砍伐，即收归集体所有。于是，这些古树，甚至是“神树”都被砍伐了。我家祖坟山上的十多棵古柏树未砍，即由集体砍了，这是“要斗私批修”的产物。至今，我家的岩水缸上还刻有“要斗私批修”、“自己动手，丰衣足食”之类的口号。

从植物学的角度，水红木（Viburnum cylindricum）是五福花科荚蒾属的植物，分布在尼泊尔、缅甸、泰国、中印半岛、印度以及中国大陆的广西、贵州、云南、西藏、湖南、广东、湖北、四川、甘肃等地，生长于海拔500—3 300米的地区，多生长于阳坡疏林以及灌木丛中，目前尚未由人工引种栽培。可见唐崖土司御花园的这棵水红树应是自然生存的。约莫是喜尚红色，该树成了崇拜对象。或因为其本身的多功能用途而受人崇拜，这从各地分别对其有多种命名即可看出，如：狗肋巴、斑鸠石、斑鸠柘、炒面叶、扯白叶、抽刀红、吊柏叶、翻白叶、粉果、粉果叶、粉栗、粉条果、粉桐叶、粉叶果、粉叶荚蒾、黑果、黑果果、黑油果、黑籽、红经果、灰斗子、灰果叶、灰泡木、灰色树、灰条果、灰叶子果、灰叶子树、荚蒾、六角筋、捏白樟、撇撇三、揉白叶、揉揉白、山女贞、山女桢、水冬瓜、水红木叶、水红树、睡眠果、四季青、小黑籽、小灰果、羊脆骨、羊骨脆、洋咸树、猪脚杆树……

约略是后来的时代已无前时的辉煌，御花园逐渐荒芜了，以至于成了墓地，其中在此御花园内现存的即有覃梓椿夫妇墓和数座无名墓，土司后裔称覃宗禹墓亦在此处。覃梓椿是唐崖土司的最后一任司主，其夫人田氏为忠峒田土司之女。该墓为异穴并葬，按“男左女右”格局，坐西朝东，分南北向排列，相距约5米，均修建于清朝雍正十三年（1735）。形制相同，均为竖穴土坑式，由封土和墓碑组成。封土底径约3米，残高约0.5米。由于墓葬受后期居民生产活动的破坏严重，原型已朽，墓碑现存放于咸丰县民族博物馆内，为圆首石碑（俗称令牌碑），高约1米，宽约0.46米。碑文阴刻楷书“皇清世授忠勇将军唐岩宣抚使司覃公讳梓椿号寿庵大人之墓”，两侧题记墓主生卒年月及安葬、立碑时间。

也正是为了这个墓，御花园中的另一去处即值得深思，那就是其中的“印塘”，或本为“堰塘”，因唐崖当地读音而成了“印塘”了。可以设想的是，原来并不是叫“印塘”，而应叫“明堂”或“朱雀”，因为这是为墓葬专设的。与此相应，唐崖土司城内的另一土司墓地——城内西北的官坟山，存有覃值什用墓、覃鼎墓、覃鼎夫人田氏墓、覃光烈墓和数座无名墓，也有一相应的“印塘”，被后人称为“大堰塘”，相比而言，此处即为“小堰塘”了。按照郭璞《葬经》“气乘风则散，界水则止，古人聚之使不散，行之使有止，故谓之‘风水’”的说法，界水之地称为明堂。明堂也就是阴阳宅前方的空间，也是体现阴阳宅的藏风聚气而多为有水的地方，一般设半圆形或圆形的水池，俗称风水池。湖北钟祥明显陵就设有内外两个明堂（亦称明塘），以达到藏风聚气的作用。因此，大、小堰塘在唐崖土司城内实为土司墓地的风水池。两口堰塘平面形制基本相同，均为半月形，采用毛石砌筑驳岸。大堰塘直径约 30 米，水深约 1 米；小堰塘直径约 20 米，现已基本淤塞干涸。不过，目前的大堰塘已经得到了修复改造。

通观唐崖土司的文化元素，太阳、月亮自然是其崇拜的对象之一。一是唐崖四象本来就源于天之四象，有天体崇拜的根基。二是唐崖土司兴盛于明代，日月为明，有隐喻崇明的意义。三是碑刻中留有日、月符码，可以作为见证。四是上述的大、小堰塘均为半圆之月形，既符合风水学上的弧形标准，又符合信仰上的日月崇拜……要之，日、月崇拜在唐崖土司的信仰中占有重要地位。同样的情形，我们在容美土司遗址中也有发现，如平山万全洞前有两座炮台，分别命名为“抱月轩”与“爱日亭”即可见其精神。

……

总之，御花园的风光虽已不在，但御花园的情思却依然悠长……

[小知识]

·北京御花园·

北京御花园为明代永乐十八年（1420）始建，当年建成，名为“宫后苑”，清雍正朝（1722—1735）起才称为“御花园”。该园位于紫禁城中轴线的北端，正南有坤宁门同后三宫相连，左右分设琼苑东门、琼苑西门，可通东西六宫；北面是集福门、延和门、承光门围合的牌楼坊门和顺贞门，正对着紫禁城最北界的神武门。园墙内东西宽 135 米，南北深 89 米，占地 12 015 平方米。园内建筑采取了中轴对称的布局。中路是一个以重檐盝顶、上安镏金宝瓶的钦安殿为主体建筑的院落。东西两路建筑基本对称，东路建筑有堆秀山御景亭、璃藻堂、浮碧亭、万春亭、绛雪轩；西路建筑有延辉阁、位育斋、澄瑞亭、千秋亭、养性斋，还有四神祠、井亭、鹿台等。这些建筑绝大多数为游憩观赏或敬神拜佛之用，唯有璃藻堂从乾隆时起，排贮《四库全书荟要》，供皇帝查阅。建筑多倚围墙，只以少数精美造型的亭台立于园中，空间舒广。园内遍植古柏老槐，罗列奇石玉座、金麟铜像、盆花桩景，增添了园内景象的变化，丰富了园景的层次。御花园地面用各色卵石镶拼成福、禄、寿等象征性图案，丰富多彩。著名的堆秀山是宫中重阳节登高的地方，叠石独特，磴道盘曲，下有石雕蟠龙喷水，上筑御景亭，可眺望四周景色。

[大信仰]

·天体崇拜·

天体崇拜的主要对象是日月，其中又以日神为甚。在中国古代曾有这样的认识：日为众神之主。所以在原始的神话中，就有很多以太阳为中心内容的故事。如羲和生日、浴日、驭日，羿射九日，夸父逐日等等，都直接反映了当时人们对太阳崇拜的心理。

月神崇拜在中国古代也是一种常见的自然崇拜。在原始神话中，有把日神羲和当作月神的传说。由于嫦娥奔月神话的广泛流传，嫦娥便成了月神。《山海经·大荒西经》记载：“有女子方浴月。帝俊妻常羲，生月十有二，此始浴之。”中国民间曾有“天狗吃月”的传说，并流传有鸣锣救月的宗教仪式，如今仍流行着中秋赏月的习俗。从这些现象中，又可使我们了解人类对月神崇拜的心理。

在考古资料中，也证实了我们的祖先曾经有对日月神的崇拜现象。1960 年，在山东莒县出土的大汶口文化的陶尊上，刻有日月崇拜的图像。随后在山东诸城前寨也出土了一件相同的图案，并且还涂有朱红的颜色，这是中国目前发现的最原始的天文图案。之后，不少的专家学者对此进行了热烈的讨论，有的认为可能是反映日出的意符字，并有“炅”及其繁体和“旦”及其繁体的见解。画面的图像很明显，下边像一座山，中间像一个月亮，上边像一个太阳。像这样的陶纹图案，不仅山东大汶口文化有，而且在安徽北部的大汶口文化中也出现过完全相同的图案，由此反映出这类文化现象的普遍性。

不管这个图案作“炅”字或“旦”字讲，还是作其他什么解释？从图形来看，都是把日、月、山这些常见的自然现象突出地表现出来，因为史前时期的人类生活在生产力低下的时代，天上的日、月、星三光总是伴随着他们，因而天象和气象的变化构成了古人生活的自然条件。《献酒经》云：不祭日、月、星辰之时，“荣日不显光，明月多晦暗，星宿也无光，黑暗暗，昏沉沉似然”。当祭祀之后，便是“荣日耀月明，星宿多辉煌，俯察与地里，四时不反光”。所以，就产生了对天体、天象和气象神化的崇拜现象。所以有人认为，在大汶口文化晚期出现的天象文字，可能与祭天、祈年的活动有关。

天体中最引人注意和最能影响人们生活的就是太阳。太阳升起以后，光芒四射，既能给寒冷中的人们带来温暖，又会给人以酷暑的折磨；既会使禾稼茁壮成长，又会使禾稼枯焦。基于太阳对人类生活的巨大影响，原始人把天体（特别是太阳、月亮）作为自然神加以崇拜，也是情理之中的事。

在原始文化中，留在彩陶纹饰上的天文图案也有比较突出的例证。属于仰韶文化晚期的河南郑州大何村遗址，曾出土过大量的彩陶片，其中绘有日、月、星辰、星座及太阳光芒纹的陶片就有相当大的比例，而最多的就是太阳纹的图案。这是否可以说明生活在距今5 000年以前的大何村人，就是一个崇拜日、月、星辰的部族呢？

此外，中国民间流传着不少关于多日（六日、十日、十二日……）的传说，不管这些传说是把太阳当作恶神还是当作善神，其祈求保佑的意义都是毋庸置疑存在的。

对日、月、星辰的崇拜，在中国少数民族中也占有非常突出的地位。许多民族志的材料中记载着彝族、鄂伦春族、赫哲族、纳西族等对日、月、星辰的祭祀活动。

赫哲族人最尊敬的神是天神，常供奉神树，凡是发现树木有奇异的特征，都认为有神灵附在树上，于是便在这种树上雕刻一个人面形，作为天神的象征。

在高山族的宗教信仰中，其中信仰的神灵有创造宇宙的主神，把日、月、星辰等自然现象都视为具有伟大的力量，可主宰人类祸福安危的神灵。实际上，这也是万物有灵的具体体现。

彝族在中华人民共和国成立前，每年都举行太阳会和太阴会，每逢农历冬月二十九日，村里人都到山神庙去祭祀“太阳菩萨”；在农历三月十三日举行太阴会，由老年妇女到山神庙去祭祀“太阴菩萨”，并且都各有供品，还要分别念《太阳经》和《太阴经》。同时还规定在供品上雕刻象征太阳的莲花图案，祭祀者都要烧香磕头，以求得到太阳神的保佑。在拜月活动中，各家各户必须在月光下摆设供品，大人、小孩都要对月亮三跪九叩，祈求月亮神的保佑。彝族人还曾相信太阳和月亮都是神灵的象征，相信这些神灵能掌握自己的命运，崇拜它，会给家人带来吉祥平安。

永宁纳西族人认为，太阳、月亮、星星，都是吉祥的象征，习惯用白石灰在房子上画日、月、星图案。普米族的日月神，与大汶口文化中的图案非常接近，说明对日月神的崇拜由来已久。

中国北方的鄂伦春人，在他们供奉的图画上，较多的画有太阳的图像，凡事都要向太阳神祷告，以求消灾降福。每年的旧历正月初一，人们都朝拜太阳，有什么苦难也都要向太阳诉说祷告，诉求太阳带来温暖。鄂伦春人把太阳神叫作“得格钦”；同时，在每年的正月十五和二十五，为朝拜月亮日，八月十五是供奉月亮日，当他们打不到猎物时，就向月亮叩头，祈求帮助他们打到野兽，具有浓厚的宗教意识。

崇拜太阳的现象在世界其他地方也都曾流行过，英国有立石柱祭太阳的习俗；墨西哥的原始部落有杀人祭日的仪式；古代埃及祭司在祭拜爱忽斯神时，围着一个被当成祭坛的太阳跳舞。美国达科塔州的印第安人，在举行还愿仪式后，在太阳柱旁，部落成员在跳舞时，持续不断地看着太阳。美国亚利桑那州的霍比人，当生活中出现危难时，每天早晨都要举行一次特殊的仪式，向太阳神塔瓦祈祷并贡献玉米粉。

由此看来，崇拜太阳也是世界性的宗教现象，即使把自然崇拜看成是最原始的崇拜，那么自然对象也要加上人的心理状态以后，才能成为其崇拜的对象。据《史记·封禅书》记载，雍州有神庙百座，不少是供奉北斗、太白、岁星和荧惑等星辰的，祭星神时，将供物分散焚烧烟化，升天后让星神享用，说明华夏先人是崇拜星辰的。

关于对日、月、星辰的崇拜，《礼记·祭义》记载：“郊之祭，大报天而主日，配以月。”《祭义》注说：“天无形体，县象著明。”这表明，在古代的自然崇拜中，比较注重有形体的物象，而又把太阳放在崇拜的首位。《山海经》中有不少关于太阳的神话传说，《淮南子》中就出现了太阳神和记载关于崇拜太阳的一些内容，但已经历过相当多的人化过程，并带有很多拟人的成分。那些拟人的成分，从古人的思维能力和观察方法来看，也是有一定的道理的。有的说太阳是由羲和生出来的，太阳的上升和下降，就像人的活动一样，并在拟人的成分中又加了一些神秘的色彩。这就是人的思维已把自然现象中的物体看成了栩栩如生的活物，因而人们便与那些神秘化的事物和现象发生关系，成为神灵崇拜的前提。

如果太阳永远在天空，那么太阳可能就不会成为宗教崇拜的对象。只有太阳从人的视野中消失，使人陷入于黑夜的恐惧中，而后又出现在天空中的时候，人们才怀着喜悦的心情跪在它的面前，看它突然地回来。

史书中记载着原始先民曾与太阳、月亮进行顽强斗争的故事，只因感到日、月的不可抗拒，才出现了对日、月膜拜的形式。这反映了原始人在想象力方面的局限性。

在中国各地的岩画资料中，有着非常丰富的对日月崇拜的图像，其中有拜日、祭天、祈求丰年的活动场面。在江苏连云港的将军崖发现的岩石刻画中，刻画着一幅祭天的场面。内蒙古的阴山岩刻，在格尔敖包沟的岩崖上，凿刻着一个牧民顶礼膜拜太阳的图像，其人身体立直，双臂上举，高过头顶，双手合十，双腿叉开，两足相连，表示站在大地上。在广西左江岩画中，共发现三处祭日的遗迹，第一处的图像是在一个光芒四射的太阳下边，有三个顶礼祈祷的人像；第二处是在一个巨大的人像身旁又画着一个太阳图像；第三处是上方为太阳图像，下方是一群举手歌舞的膜拜者，场面非常生动。

人类的祭日与崇拜太阳有关，中国岩画中出现的祭日形式，多是围着太阳跳舞，与印第安人在祭祀太阳时跳太阳舞近似。《礼记·祭义》记载："祭日于坛，祭月于坎，以别幽明，以制上下。"说明中国古代有着广泛而悠久的祭日月习俗。

尽管不同地域的人们处在千差万别的自然环境里，但自然崇拜所产生的过程具有一定的规律性，并有大致相同的信仰仪式和性质。

如前所述，靠天生存是原始社会的自然条件所决定的，所以自然现象对人们的生存非常重要。原始人们把与自身生存有密切关系的日、月、星辰等自然现象当作崇拜的对象，这是出于人类对大自然的依赖和畏惧，对自然界异己力量完全处于屈服状态所产生的一种宗教信仰。同时也从另一个方面揭示出人们总想通过超自然的力量去支配自然，以达到多方收获的愿望。①

[神故事]

·太阳和月亮·

古时候，太阳和月亮是两兄妹，太阳是哥哥，月亮是妹妹。

他们还是娃娃的时候，人间发生了一次从来没有过的大水灾，世上的人全都遭了难，只剩下太阳和月亮两姊妹过日子。

① http://baike.baidu.com/link?url=JcI6s4F1ewdvd0cB1V19PFstVS_84UatRCSyPXpdqsNhWHskXW1UAsG_renNxVJOnmL5RyADHhdNbrTJrFpEfK。

太阳和月亮都到了成亲的年纪，可找遍了天下每一个角落，硬是没有人烟。哥哥只得向妹妹求婚。哥哥说："妹妹呀，世上人烟都绝哒，我们两个成亲吧？"妹妹说："自古兄妹是不能成亲的，如今实在是没办法哒，要找到媒证才能成亲，免得日后脸上不好看！"哥哥叹了一口气，说："哪来的媒证呢？"妹妹说："找两块石磨沙！"

兄妹俩分手，一个人登上一座高山，都在山上烧一堆大火。只见两座山上的烟子挨拢，在两座山中间搭成一座烟桥；两个人都抱一块石磨，从山上往下滚。滚呀滚，两扇石磨滚下山沟，在山脚下紧紧合在一起了；两个人又同时从一棵竹子的两头同时开始划开，结果是两条缝重合了；两个人又同时向相反的方向跑，最后又会面了……所有这些都说明兄妹结婚已成为天意，故哥哥和妹妹都说："天地火烟为媒，两块石头为证；划竹开口合了心，方向不同也不分。我们就此成亲吧！"

兄妹二人成了亲，生下了好多好多的子孙，从此世上有了人烟。

后来，兄妹二人都得道成仙，成了太阳和月亮，轮流地照看着子孙。哥哥胆子大，夜晚出来，成为了月亮；妹妹胆子小，白天出来，成为了太阳。但是妹妹怕丑，就拿起一把针，谁看她就射谁的眼睛。所以，现在人们一般都不敢直面地看太阳，否则就要被妹妹射眼睛。

[巧测验]

·水红树的药用价值·

水红树的叶、树皮、花和根等均可用以入药。树皮和果实可提制栲胶；种子含油 35%，可制肥皂；云南民间还用以点灯。

医药价值：

[彝药] 树儿爬：皮、叶治疮疡红肿疼痛，止咳止痢，消炎。——《滇药录》

[佤药] 皮、叶治皮肤瘙痒，皮肤干痒。——《中佤药》

[拉祜药] 嫩尖治胃肠炎，腹泻，痢疾，水火烫伤，眼睛红肿。——《拉祜医药》

[傈僳药] 阿达休子：根、叶、花治痢疾，急性肠炎，尿路感染，皮肤瘙痒，跌打损伤，风湿筋骨痛，肺燥咳嗽。——《怒江药》

[景颇药] 石诺：根皮用于治疗神经衰弱。——《滇省志》、《德宏药录》

[基诺药] 拉突怕炸：根治肝炎，咳嗽，支气管炎，慢性腹泻；鲜叶治口腔炎，外敷治烧伤，烫伤，跌打肿痛。——《基诺药》

[傣药] 买国干杀，方铃：叶治痢疾，急性胃肠炎，口腔炎，尿路感染，外治烧烫伤，疮疡肿毒，皮肤瘙痒；根治跌打损伤，风湿关节痛；花止咳。[1]

拉国怕炸：根，茎治慢性腹泻，食积胃痛，支气管炎，小儿肺炎；叶外治跌扑损伤。

根（揉白叶根）：苦、凉，祛风活络，用于跌打损伤，风湿筋骨痛。

叶（揉白叶）：苦、凉，清热解毒，用于泄泻，口腔破溃，淋证；外用于烧、烫伤，疮疡肿毒，皮肤瘙痒。

花（揉白叶花）：苦、凉，润肺止咳，用于风热咳喘。[2]

① 以上见贾敏如、李星炜编：《中国民族药志要》，中国医药科技出版社 2005 年版。

② 以上见中国药材公司编：《中国中药资源志要》，科学出版社 1994 年版。

十四　唐崖土司城的“井”

唐崖土司的水利设施仅确认一处，依托打过龙沟修筑，桥上桥两侧各开凿有一条渠道，体量基本相同，通过在打过龙沟河道上游基岩上开凿渠道的方式无坝引水。渠道0.1米见方，长约20米，通过下街部分采用暗沟设置。虽然体量不大，但设计科学：洪水期由于渠道进水量有限，不会造成农作物被大水冲毁；枯水期由于渠首低于河道面，可以首先保障灌溉用水。同时，在渠道中部设有简易闸口与河道相连，闸口深度低于渠道，可在不需要灌溉时轻易将水导入河道。因此，该水利设施被誉为唐崖土司城的“小都江堰”。这种引水工程在土家族的旱作农业区是常见的水利设施，传统的沟渠系统多有特色，值得挖掘。另外，水井作为城市和聚落的最重要生活设施之一，是人们改造自然、从地下取水、扩大生存空间和广度的体现。唐崖土司城的“井”即属此例。不过，旱作农业区的“井”也特色鲜明。

[游历情]

·唐崖土司城应有多少“井”？·

中国传统社会是一个以水为生、以农立国的农耕文明社会，“井”即成了一种最重要的生产与生活方式。作为一种用于从地表下取水的装置，在一些地方甚至是古代劳动人民家家户户都具备的东西。

在中国文化中，“井”与社会的关系十分重要，可以看成是人类生活的中心，以至于刑罚也与“井”相关。“井”的重要性使其成为许多文化现象的直接描述对象，如早在先秦时期，《世本》即把“井”的发明权归结到黄帝时代，称黄帝时“伯益作井”，说明当时人们已不仅依靠江河湖泊取水，而是改造自然，从地下取水，扩大了生存空间和广度，而发明“井”的人则成了文化英雄；形成了一系列与“井”相关的语词，借以反映人们生活的方方面面，如用井灶借指家园、故居，用井疆表示井邑的疆界，用井庐指井田和房舍，用井树借指饮食休息之所，用井闾表示市井、里巷、村落，用井养指谓井水供养于人、源源不尽或比喻受到别人的好处、恩惠，用井肆表示井市，用井遂或井隧以代称田地，用井然表示整齐、有条理貌……其他复有井落、井闬、井渠、井捽、井径、井乘、井屏、井屋、井泉、井陌、井牧、井甸、井邑、井里……可以说，“井”已成为中国人的一种“文化模式”，一种关于人的生活态度，一种井喻人生。

在《周易》中专门有一“井”卦，并强调“改邑不改井”。因此，在《易经》的六十四卦中，井卦可以说即是表示以“井”来比喻人生的“井喻人生”之卦。其卦辞即讲了四层意思：首先即强调可以迁移邑落但不能移动水井，按照现在的话说，建设村落等是可以选择地方的，具有建构性，邑可以改变、可以搬迁，但是“井”就不一样，它更受自然条件的限制，因而井搬不了，改的难度更大，这就是为什么会强调“改邑不改井”的原因。第二，水井的特点是因为有源头活水，因而会始终保持平衡，既不因有人打水而枯竭，也不因无人打水而外溢，这就是“无丧无得”。第三，人们至水井是有秩序的，我们现今还说“井然有序”，其实说的是打水的人来来往往而井然有序。第四，但尽管如上，如果汲水时，真发现水井干涸、衰竭或堵塞，而又不进行掏井工作，甚至到了碰坏吸水工具的程度，那就一定会有凶祸。从卦象上说，井卦是下巽而上坎，亦即“水风井”，《象传》说木上出现水就是井卦。君子由此得到的启示是，要慰劳百姓，鼓励助人。即是说，君子通过考察水井的作用，所获得的启示是“劳民”而不倦，并劝导百姓助人。在井卦的六爻中，根据具体的社会情势设定了不同的“井”的场景或要求，初六爻讲的是满是淤泥的井水不能食用，旧的水井没有禽兽来，说明井里有了淤泥而至井水不能饮用，好井变成了废井，连鸟也不来饮水了，实在是难以为继了；九二爻说井底生了小鱼，而且小鱼还在水里互相追逐，打水的瓮也漏了而不能盛水了；九三爻说的是井掏干净了而不去食用，使我内心感到悲伤，说明人们已失去了信任。如果君王英明，就应该把水打上来，同百姓一起共享其福，通过同甘共苦来重新树立信任；六四爻更进一层，说的是整修水井之内壁以防止坍塌，自然没有过错，因为井的内壁砌好了就没有什么灾难；到了九五爻即有了效果：井中有甘洁清凉的泉水，可以食用了；更至上六爻则说明井口收拢而不要加盖，有诚信而最为吉祥……要之，井卦以井喻人，以小喻大，寓意很深，发人深思……

“井”的这些状况，直到20世纪80年代，都还是土家族聚落最重要的文化现象之一，唐崖土司时代自然也不例外。如按照民间传说，一说唐崖土司城当年共筑有48口井，或说共筑有72口井，目前已调查确认的即有十余口，且大多还可继续使用；另据调查，至少已发现有50多处适宜作“井”之地。

经调查确认的“井”一般位于道路的尽头或道路内侧的陡坎处，平面形状基本为方形，底部铺砌石板，四壁均用规整的石块砌成，“井”沿外一般有一个石砌平台。其中以位于小衙门西北角的水井体量最大，最为完好。该“井”为长方形竖穴井，井口平面略呈方形，边长约1米，深0.7米。沿井口设有台阶便于打水。为保障水源的卫生，外围有一圈石墙，边长约2.8米，高约0.5米，根据形制判断，原应设有井亭。为保持水位，避免丰水期井水四溢，井口底部有一个长方形排水孔与外部暗沟相连。

不过，从民俗信仰的角度说，即使在现有唐崖土司城的整个区域，不可能有48口井或72口井，而是根据需要和自然地理因素形成10余口井。（1）根据唐崖土司城周边的历史习惯考察，水井都只是生活设施，而不是灌溉设施，不需要那么多的水井，这可以说是历来的生活常识，且一直延续到20世纪80年代，有的地方现在还如此；（2）唐崖土司城的地理位置及土壤结构决定其不可能具有取水的随意性，因而不可能按照某种既定的规划掘井而饮，这是基本的自然常识；（3）根据土家族地区的传统生活品质，唐崖土司城周围的水源也极为丰富，从生活需要的角度不需要有那么多的水井，造成不必要的浪费；而且还应看到，唐崖土司城也不同于干旱地区有水源即掘为水井的自然地理条件，不需要即水而井；（4）土家族地区对于水井有众多的信仰、禁忌，水井太多即不具有生活的随意性。加上唐崖土司城的居民应基本为覃氏，井神祭祀也应有统一的场所，以利于神权的统一。要之，根据我们对唐崖土司城自然地理与文化信仰的考察，唐崖土司城的水井只是适应生活的自然常数，不具备形成信仰意义的文化参数之条件。

[小知识]

·关于"井"的释义·

1. 水井。《易·井》曰："改邑不改井。"孔颖达疏："古者穿地取水，以瓶引汲，谓之为井。"前蜀毛文锡《赞成功》曰："昨夜微雨，飘洒庭中，忽闻声滴井边桐。"明文震亨《长物志·凿井》曰："凿井须于竹树之下，深见泉脉，上置辘轳引汲，不则盖一小亭覆之。"孙犁《白洋淀纪事·纪念》曰："我也看见了园子中间那一眼小甜水井，辘轳架就在那里放着，辘轳绳还在井口上摇摆。"

2. 形似水井的东西。如：天井、矿井、盐井、枯井、藻井等。

3. 指污水池，一说通"阱"。

4. 指古代作战时，为防穴攻而凿的地穴。《通典·兵五》曰："地听：于城内八方穿井，各深二丈，以新罂用薄皮裹口如鼓，使聪耳者于井中，托罂而听，则去城五百步内，悉知之。"

5. 指泉水。《吕氏春秋·本味》曰："水之美者，三危之露，昆仑之井。"高诱注："井，泉。"

6. 指古代王侯的墓穴。唐杜甫《苏端薛复筵简薛华醉歌》曰："忽忆雨时秋井塌，古人白骨生青苔，如何不饮令人哀。"仇兆鳌注引张綖曰："井是贵者之墓，犹今言金井也，楚人皆谓楚王坟为井上。"唐韩愈《记宜城驿》曰："驿东北有井，传是昭王（楚昭王）井。"

7. 井田。《周礼·考工记·匠人》曰："九夫为井，井间广四尺。"郑玄注："此畿内采地之制。九夫为井，井者，方一里，九夫所治之田也。"《孟子·滕文公上》曰："方里而井，井九百亩，其中为公田。"赵岐注："方一里者，九百亩之地也，为一井；八家各私得百亩，同养其公田之苗稼。"汉荀悦《汉纪·文帝纪下》曰："古者建步立亩，六尺为步，步百为亩，亩百为夫，夫三为屋，屋三为井，井方一里，是为九夫，八家共之。"

8. 设置或划分井田。《左传·襄公二十五年》曰："牧隰皋，井衍沃，量入修赋。"宋人王安石《明州慈溪县学记》曰："古者，井天下之田。"明人王廷相《慎言·保傅》曰："田不可井者三……必言可井者，迂儒之慕古也。"参见"井牧"。

9. 相传古制八家为井，引申为人口聚居地、乡里、家宅。唐陈子昂《谢赐冬衣表》

曰：“三军叶庆，万井相欢。”宋杜旟《摸鱼儿·湖上》词：“中都内，罗绮千衢万井。”

10. 比喻法度、条理。《广雅·释诂》曰：“井，灋也。”王念孙疏证：“《越绝书·记地传》云：‘井者，法也。’井训为法，故作事有法谓之耕。《荀子·儒效篇》曰：‘井井兮其有理’，是也。”《初学记》卷七引汉应劭《风俗通》曰：“井者，法也，节也，言法制居人，令节其饮食，无穷竭也。”

11.“阱”的古字。《易·井》曰：“旧井无禽。”王引之《经义述闻·周易上》曰：“井当读为阱。”高亨注：“‘旧井’之井，谓捕兽之陷阱，陷阱它书多作陷阱，古无阱字，只作井。”

12. 量词。宋范成大《吴船录》卷上曰：“有温泉二十余井。”

13. 象声词，如言“井井”。

14.《易》卦名。六十四卦之一，巽下坎上。《易·井》曰：“象曰：木上有水，井。”孔颖达疏：“井之为义，汲养而不穷。”宋人王安石《九卦论》曰：“君子之学，至乎井、巽而大备。”

15. 井宿。《史记·天官书》曰：“德成衡，观成潢，伤成钺，祸成井，诛成质。”张守节正义引晋灼曰：“东井主水事，火入一星居其旁，天子且以火败，故曰祸也。”

16. 经穴名。五腧穴（井、荥、俞、经、合）之一，是十二经脉起源之处。全身十二经各有一个井穴，即少商（肺）、商阳（大肠）、厉兑（胃）、隐白（脾）、少冲（心）、少泽（小肠）、至阴（膀胱）、涌泉（肾）、中冲（心包）、关冲（三焦）、窍阴（胆）、大敦（肝），临床常用于急救。《灵枢经·九针十二原》曰：“经脉十二，络脉十五，凡二十七气，以上下，所出为井，所溜为荥，所注为腧，所行为经，所入为合，二十七气所行，皆在五腧也。”

17. 古国名。通邢，即为古邢国，在今河北省邢台市。郭沫若《中国古代社会研究》第四篇曰：“所谓‘井家’‘井长’‘井人’之井乃国名，卜辞有井方，殷彝《乙亥父丁鼎》有‘隹王正井方’，入周则有《井人钟》……是可知井乃殷代以来之古国，入后为周人所灭。”

18. 姓，汉代有井丹，见《后汉书》。

19. 可以倾吐秘密的朋友。开心的和不开心的，都可以安心地告诉井哦。

20. 横竖都二，用来形容某一个人很二。

[大信仰]

·关于“井”的禁忌·

中国古人忌讳在井口磨刀，古人认为井里有水神、龙王。而刀是杀机的代表，在井口磨刀是大不敬。

在井上种桃花也是禁忌，古人认为桃花是避邪驱鬼的。如果桃花瓣落入井中，岂不是意指水神、龙王为邪魔。

从井上跨过也是禁忌。《抱朴子·微旨》中说，如果有人从井上跨过会被减去寿数。

古人还认为井通黄泉，人死后，在招魂仪式中就有“窥井”这一项。也因此，如果梦见水井，就要小心。由于井通黄泉，因此人的贴身日常物品如果落入井中也是很不吉利的事，如发钗入井，如同人入黄泉一样。《异苑》中记述“山上有井，鸟巢其中，金喙黑色而团翅，此鸟见则大水。井又不可窥，窥者不盈一岁，辄死”。

取水的器物被打破了，或者掉进了井里，都是很不吉利的预兆。

井是神明常居的地方，在井旁行房事自然也是禁忌。同理，在灶旁、神龛下、祖堂内这些地方都是不允许的。

在农村如果要打井，孕妇甚至女人靠近也是禁忌。因为这样会冲撞神明，打的井不会出水，就算出水也是苦水。

[神故事]

·马踏井[①]·

马踏井是利川团堡的一个小地名，至今还流传着它的一段龙门阵。

从前，黄泥溪有个土民叫黄老二，喂了一头又高又大的枣红马。土司听说后，就带着几个打手到他家，说：“老二，你那匹枣红马卖给我吧。”黄老二回答说：“马是我的命，不能卖的。老爷你到别家买去吧！”土司出世以来就没听到有人敢这样

① 参见鄂西土家族苗族自治州文化局等编：《鄂西民间故事集》，中国民间文化出版社 1989 年版，第 167 页。

冲撞他，飞起一脚就把黄老二蹬倒在地，又朝他胸口跺了一脚。黄老二当时鼻子口里流血，活朗朗被打死哒。枣红马在圈里看到主人被打死，乱跳乱叫，还流眼泪水。几个打手过来，打开圈门要牵它走。枣红马一飞步跳出去，跑到黄老二的尸体跟前，向主人点了三下头。接着一掉头，把郑土司撞倒在地，再四蹄飞起，用力踩下去，郑土司身上就起了四个洞洞，当时全魂气落。

打手们围了上来，拿起刀刀枪枪要杀死枣红马。枣红马一飞步跳出了人圈子，朝山上跑去。打手们跟在屁股后面追，枣红马跑到山顶，前面是悬岩，再不能跑哒。后面的打手紧紧撵了上来，枣红马大叫一声，向岩下的天坑跳了下去，不久，那天坑里就冒出一股清水来，人们就叫它“马踏井”了。

讲述者：盛光华　男　35岁　汉族　高中　原利川市团堡镇干部

搜集整理者：盛光华

流传地区：利川市团堡镇一带

搜集时间：1986年11月

·两口锅的来历①

两口锅，是唐崖土司皇城的名胜之一，它在皇城的右侧，贾家沟井的一个小漂坎下。

传说在好几百年前，这里有一对恋鸟——水鸭子。春冬四季，它们都喜欢在这小漂坎下井心里的岩板上栖息。经常相距尺余，相对而立。每日早出晚归，从不分离。这里的乡亲不分男女老少，有空就来逗弄，有甩岩头吓的，有大声吼的。时间久了水鸭子也不计较，自顾飞去又飞来。枪打它不到，箭射它不着。

这事不知什么时候传到了土王的耳里。他心想，这一定是对神鸟，如能吃到这种神鸟的肉，当然也会跟神鸟一样，枪打不着，箭射不到。想到此，土王一阵欢喜，立即命令士兵，二十人带鸟枪，三十人带土炮，四十人带弓箭，亲自带领，分上下左右四路，轻轻摸入贾家井内捕捉神鸟。

当士兵进入贾家井时，机警的水鸭子听到脚步声早已展翅腾飞了，土王扑了个空。

① 杨适之等主编：《咸丰民间故事集》，湖北人民出版社2007年版，第359页。

正在他捉摸不定的时候，“啪”的一响，水鸭子又回到原地来了。土王喜出望外，即以手势命令士兵：“弓搭箭，枪灌子，炮上药，伏身行进。”水鸭子一见士兵冒头，立即展翅腾空。士兵一阵乱枪、乱炮、乱箭齐发，没有碰到水鸭子一根毫毛。土王眉头一皱，主意又生，忙找来两个亲信，附耳低声说：“你俩去拿两副渔网来，暗藏在漂坎上的密林边，待水鸭子飞回时，从上撒下，网住水鸭子，那时就可捉住了。”

两个亲信得令去了。土王又与另外一个亲信调换了衣物，令其带兵回城，自己却抽身钻进漂坎上面的密林里躲藏起来。不多时，两个亲信拿来了网，蹑手蹑脚，挨到土王身边躲着。三人圆睁大眼，注目顶空，静静地等候着水鸭子的到来。

水鸭子翱翔在唐崖河上空，见土王和大队人马已去，就又展翅飞回，停在漂坎下的井心的岩板上，洗澡，梳毛，走走，跳跳，悠然自得。土王早已看在眼里，喜在心头，他手一挥，两副渔网早已撒下，两只水鸭子被渔网罩住了。土王见此情景，纵声大笑。水鸭子闻声，机智地展开神翅拼命地拍打着身下的岩板。只见水花四射，岩浆迸飞，瞬间井中迷雾腾起，吓昏了的土王滚下了井里。两亲信眼也不敢睁，抱头爬到井壁下。过了许久，风和日丽，土王苏醒，眼看渔网已烂，剩点网边。漂坎下出现了一对相距尺余、有灶锅大的两口岩坑。两只水鸭子分别站在两个坑口上。

土王一动，两只水鸭子就钻进坑里去了。

至今，不管哪一年天干，唐崖河水干涸了，贾家井水干断了，这两个坑却总是清水满盈。听说那对水鸭子还是安稳地住在里面的。由于坑口坦斜如锅，故唐崖土司人多年来都称之为“两口锅”。

口述：佚名

整理：朱忠海

[巧测验]

·井姓·

姓氏：井

祖宗：井伯

姓氏起源：姜子牙建立了齐国，而姜子牙的后代中，又有人到虞国去当了大官，后又被虞国的国君封为井邑的首领，又被封为伯爵，于是被人们称为井伯。井伯的子孙有的姓井；井伯又有个后代叫井奚，后来到秦国去当了大官，被秦穆公封为百里邑的首领，人称百里奚。百里奚的后代也以封地为姓，世代姓百里，所以井姓和百里姓的老祖宗是一个。

十五　七十二步朝天马

神圣的数字在唐崖土司的文化符号中有极为重要的意义。这是因为数字的象征意味极浓，而对数字的崇拜即成为神秘文化中的一个重要现象。在世界各地的原始文化和宗教信仰中，常常可以发现这样一个现象：由特定数字构成的一些概念或事物成为部分人崇拜的对象，如基督教中的“7”与萨满教文化中的“3”，土家族文化中的“8”，其中特别是“36”、“72”等。这种类型的数字，往往在宗教仪式、神话传说、历史和文化的诠释及至建筑、艺术作品中作为结构要素反复出现。而人们通常把这类具有神秘性或神圣含义的数字称为神秘语言、魔法数字或模式数字。唐崖土司城的“七十二步朝天马”即可算一例。

[游历情]

·永恒和谐的七十二·

在唐崖土司城址的东南部，有一条沟通城内外的重要通道。这条通道要通过贾家沟，沟上有一桥——贾家沟桥，是唐崖土司城市建设的重要设施。除了此桥而外，还有一个重要的极具信仰意义的入城设施——“七十二步朝天马”。该设施依托沟坡南北向呈自然布局，共设有踏步72级，故俗有此称。“七十二步朝天马”的初建年代不得而知，现存遗址是光绪年间（1875—1908）重建的，采用的是不规则条石与自然块石砌筑，全长约30米，宽度随地形而起伏，平均宽度约1.5米。

结合唐崖土司的整个城市建设，一些基本的数据不得不引起重视：“九道拐”、

“万兽园”、“三衔十八巷三十六院”、“七十二步朝天马”等，更有学者强调：根据有关研究成果，唐崖土司城内主要建筑蕴含着空间尺度与比例设计手法，以核心建筑间广及其倍数为模数尺度，进行建筑群总体空间的设计。其衙署存在着14尺为平面基准尺度，相关联的以14尺及其衍生数据作为设计尺度的现象。张王庙石刻所成空间广28尺（即14尺×2），石马高7尺（即14尺/2）；“荆南雄镇”牌坊通面阔及檐口高度21尺（即14尺×1.5），石匾下皮距地面14尺；土王墓前院空间广28尺（即14尺×2），覃鼎夫人墓前石坊明间广7尺（即14尺/2）、墓冢直径14尺，这些都进一步反映出规划设计的整体性与延续性。诸如此类，肯定可以说明唐崖土司的数字崇拜。

我们知道，“三十六”、“七十二”、“一〇八”三个数是有内在关系的三个数字。而对于唐崖土司来说，这恰好可以看成是自身的文化元素。因为可以说明的是，滇、黔、渝及武陵山区的少数民族，特别是土家族，古代使用的是十月太阳历，其中一个月为三十六天，一年十个月即为三百六十天，另外的几天时间不计入内而为过年或休息时间。这种历法以“十二兽”轮回纪日，三个轮回三十六天为一个月；三十个轮回即三百六十天为一年；“十二兽”轮回一次为一个节令，一年三十个节令，又用雌雄（阴阳）区分五行，将一年分为五季，一季分雌雄两个月，每季两个月正好是七十二天。这样，我们可以设想的是，唐崖土司的三衔，如果也用“十二兽”排序各院的话，则各为“十二兽”院，总和正好是“三十六院”。至于“十八巷”，既是阳九的倍数，又是阴六的乘数，正像三十六既是阴六的倍数，又是阳九的乘数一样，并且更为重要的是：六的乘数是三，九的乘数是四，一阴一阳正好相反，而“阳三阴四，位之正也”，因为诸数都是阴阳协和、居正而立，从而体现出“佳城永固”之类的希望。至于“七十二”，不仅在历法上是一季之时间数，而且也是阳九之变与阴八之静的乘数，用于道路之设，正是动静相协的吉数、极数，因而本身也就成了神数，故各地多有以“七十二”名景点者，如黄山有七十二峰，济南有七十二泉，天津有七十二沽，邺中有七十二坟，天坛祈年殿旁建有七十二间长廊，东岳庙两庑设有七十二司，杭州灵隐寺曾有建七十二殿，连古人写字结构也有七十二法……《封神演义》写姜尚七十二岁遇周文王，《三国演义》称曹操死后设七十二疑坟以防后人掘墓，《水浒传》中梁山英雄有三十六天罡和七十二地煞，《西游记》中猪八戒有三十六变而孙悟空则有七十二变，神话中的圣君尧，传说身高七十二寸，统治了七十二年。

……

“七十二”是永恒的，“七十二”是和谐的；“七十二”是阴阳统一的，“七十二”是动静结合的……

[小知识]

·神圣的七十二·

作为“三十六”的整一倍，“七十二”及其十、百、千、万倍在古籍中亦不胜枚举，并常跟“三十六”对举连用，仅举数例如下：

《庄子·天运》曰：“孔子谓老聃曰：丘治《诗》、《书》、《礼》、《乐》、《易》、《春秋》六经……以奸（干）者七十二君。”

《庄子·外物》曰：“乃剖龟以卜，七十二钻而无遗筴。”

《神农本草经》曰：“神农尝百草，日遇七十二毒，得荼而解之。”

《后汉书·祭祀志》引《庄子》佚文曰：“易姓而王，封于泰山，禅于梁父者，七十二代。”

《管子·封禅》亦谓古来泰山封禅之人君“七十二人”。

此外，在古代的诗词、小说、人文景观等方面还可举出大量被历代文人遣入笔端的“七十二”来。如：“七十二桥灯火乱”（王叔承），“七十二湾月明夜”（倪瓒），“七十二坟秋草遍”（陈恭尹），“七十二沽秋色满”（黄遵宪）。《封神演义》写姜尚七十二岁遇周文王，《三国演义》称曹操死后设七十二疑坟以防后人掘墓，《水浒传》中梁山英雄有三十六天罡和七十二地煞（在一些元杂剧里也说到“三十六小伙，七十二大伙”及“三十六座宴楼台，七十二道深河港”）……

[大信仰]

·七十二的风行·

据闻一多先生在其《七十二》一文中的考证认为：“在‘七十二’尚红时，许多非‘七十二’变成了‘七十二’，同时‘七十二’太多了，人们对它的热心渐渐冷淡下来，便也就有些真‘七十二’被人有意无意地改成‘七十余’与‘七十’了。”

“七十二”能如此风行，究竟代表、象征什么，闻一多认为“这问题意义重大”。据《周易》所载，在所有数字中，“三”为天数，“四”为地数，而“九”是天数的极数，“八”是地数的极数，“九”和“八”之积数“七十二”正好体现了“天地交泰”、“阴阳合德”，因而作为天地极数相积的“七十二”自然成为一个表示极多、极大的概数，并被抹上了一层神秘色彩。再做进一步考释，《古微书》引《易坤灵图》曰：“五帝：东方木，色苍，七十二日；南方火，色赤，七十二日；中央土，色黄，七十二日；西方金，色白，七十二日；北方水，色黑，七十二日。”《孔子家语·五帝篇》则曰：“天有五行，水火金木土，分时化育，以成万物。”王肃注曰：“一岁三百六十日，五行各主七十二日也。”据此，闻一多在《七十二》中的结论是：“原来‘七十二’是一年三百六十日的五等分数，而这个数字乃是由五行思想演化出来的一种术语。”“七十二”这数字流行的年历，便是五行思想发展的年历。这个数字值得注意，正因它是一种思想——一种文化运动形态的表征。但这还不能算最终找到了这一神秘数字的源头，“七十二”是“三十六”的倍数，“三十六”才是“七十二”的基础，只有寻找到“三十六”的起源，才能彻底解开这两个紧密相关的神秘数字之谜。对此，前述闻一多先生早在半个多世纪前已解开了半个谜底。在古代，天文历法是人们社会生活中必备的主要知识之一，对人们的数量观念有极大的影响，乃至跟宇宙观密切相关。因而不少古籍在记述“三十六”与“七十二”时，曾指出它们与天文历法有关，它们是历法中两个基本计算数字，是“天曲日术”。然而，汉族始于夏代的以一年为十二个月、一月有三十天的阴历，仍然无法根本解开“三十六”与“七十二”的来历和奥秘。

今天，随着学术界发现中国文明的源头可能就在滇、黔、川及武陵山区的少数民族社会里，我们即可从十月太阳历中寻觅“三十六”和“七十二”的源头踪迹。科学家已论证，全世界的天文历法中，季节性最准确、每月日数整齐而最便于记忆的是一个月三十六天、一年十个月的彝族十月太阳历。该历以“十二兽”轮回纪日，三个轮回三十六天为一个月；三十个轮回即三百六十天为一年；“十二兽”轮回一次为一个节令，一年三十个节令，又用雌雄（阴阳）区分五行，将一年分为五季，一季分为雌雄两个月，每季两个月正好是七十二天。这样，不仅使遍及中国朝野文化的阴阳五行学说与十月太阳历密切相连，更为那两个渗透中国经史子集各个领域的神秘成数“三十六”和“七十二”找到了本源。倘回溯秦始皇分天下为“三十六郡”，道教“十部妙经合三十六卷”及“十大洞天、三十六小洞天、七十二福地”等，皆跟十月太阳历相合。这也跟汉文典籍所云“文起羲、炎”，即把中国文化（包括“三十六”、“七十二”等术数文化）的开创者归之于远古先民伏羲、炎帝相一致。此部分内容亦可参见萧洪恩的《土家族天文历法研究》一文。

[神故事]

·神话七十二洞·

七十二洞是千万年前一次猛烈造山运动留下的痕迹，许多巨大石块交叉垒叠，自然形成了一大批洞穴。照海亭一带有关《西游记》的景点比较集中，较为有名的有海天洞、二仙洞、法龙洞、万佛洞、朝阳洞等，过去大多塑有佛像，供信徒朝拜；还有一些是依民间传说命名的，如无底洞、狐妖洞、马猴元帅洞等，统称为七十二洞。海天洞是七十二洞中最大的一个，因为由高僧悟五营造，故又称悟五洞。当年他剔除石缝间的淤土，凿通相关连的洞穴，使海天洞与上下四旁的小洞连成一体，或升或降，或明或暗，洞中有洞，天外有天。并在洞顶建亭一座，名曰照海亭。登亭俯瞰，但见四面群峰遥峙，翠绿扑面，花香阵阵，几疑身入仙境。

·熬白·

在土家族的薅草锣鼓中有一段唱词，题目叫《熬白》，也就是吹牛、讲笑话的意思，其中唱道：

我说：锣上几敲敲，鼓上几苛苛，众位歌郎都不说，等我来说。

众说：好！

我说：我说枪杆斗枪杆，我来说个直杆杆；斧把斗斧把，我来说句老实话。

我说呀：这里东边有笼麻，倒了一枝丫，三百人都弄不动，四百人都不得它！

众合：哟！你那个才大啊！

我说呀：我这个也不算大，还没得我那牛头灶锅大，它上煮七十二条牛、下煮七十二头马，两头煮得吼啦夸，中间还正当在相打！

众合：依！你那锅确实大！

我说呀：你说大，这也不算大，还没得我家的花脚母猪大，它头在西梅山吃草，尾在峨眉洞洗澡，洗了七十二天又七十二夜，还没洗完脚爪爪。

众合：是啊，嗬！！！

[巧测验]

·二十四节气七十二候·

立春：东风解冻，又五日蛰虫始振，又五日鱼上冰（鱼陟负冰）。

雨水：獭祭鱼，又五日鸿雁来（候雁北），又五日草木萌动。

惊蛰：桃始华，又五日仓庚鸣，又五日鹰化为鸠。

春分：玄鸟至，又五日雷乃发声，又五日始电。

清明：桐始华，又五日田鼠化为鴽，又五日虹始见。

谷雨：萍始生，又五日鸣鸠拂奇羽，又五日戴胜降于桑。

立夏：蝼蝈鸣，又五日蚯蚓出，又五日王瓜生。

小满：苦菜秀，又五日靡草死，又五日小暑至（麦秋生）。

芒种：螳螂生，又五日鵙始鸣，又五日反舌无声。

夏至：鹿角解，又五日蜩始鸣，又五日半夏生。

小暑：温风至，又五日蟋蟀居辟，又五日鹰乃学习（鹰始挚）。

大暑：腐草为蠲，又五日土润溽暑，又五日大雨时行。

立秋：凉风至，又五日白露降，又五日寒蝉鸣。

处暑：鹰乃祭鸟，又五日天地始肃，又五日禾乃登。

白露：鸿雁来，又五日玄鸟归，又五日群鸟养羞。

秋分：雷始收声，又五日蛰虫培户，又五日水始涸。

寒露：鸿雁来宾，又五日雀入大水为蛤，又五日菊有黄华。

霜降：豺乃祭兽，又五日草木黄落，又五日蛰虫咸俯。

立冬：水始冰，又五日地始冻，又五日雉入大水为蜃。

小雪：虹藏不见，又五日天气上腾地气下降，又五日闭塞而成冬。

大雪：鹖旦不鸣，又五日虎始交，又五日荔挺生。

冬至：蚯蚓结，又五日麋角解，又五日水泉动。

小寒：雁北乡，又五日鹊始巢，又五日雉始雊。

大寒：鸡使乳，又五日鸷鸟厉疾，又五日水泽腹坚。

十六　九道拐

唐崖土司城的九道拐位于城址南部的贾家沟内，是唐崖土司城南门外穿越贾家沟的主要通道。依托沟坡南北向自然布局，垂直高度近 80 米，全长约 118 米，共设踏步 220 多级，采用石板和毛石混合铺筑，局部直接利用基岩开凿，宽 0.4—0.6 米，台阶高 0.1—0.2 米，或说是唐崖土司城紧急疏散时的应急通道，实际是却可能是出行的便捷通道，或者是特殊的取水通道。

[游历情]

·“九道拐”是几个“但是”·

走在唐崖土司城的九道拐，如果你原来是农村人，你可能最先想到的是“羊肠小道”，那个弯、那个细、那个曲折、那个因负重而行的累……因而你会想：“我过去为什么没有品味道路？”如果你是城里人，你肯定也会从课本上读到过“前途是光明的，道路是曲折的”，你可能会想：毛泽东如果不是在山上闹革命，是“山沟里的马克思主义”，他会不会用这样的话来说明革命的过程与结果，就像刘禹锡用“沉舟侧畔千帆过，病树前头万木春”来表明这种情形一样；还有，如果你是当代人，听过一首名为《山路十八弯》的歌，那种高亢、那种响亮、那种豪情，你是否会问“真有十八弯吗？”“为什么是十八弯？”不过，另有一些走习惯了的人则可能说：“鬼扯，哪只十八弯！”……

其实，这与“九道拐”一样，是一种数的妙用，是一种虚实相兼的地名命名艺术。

你走在全国各地，都会发现，不仅用数命名、用九命名，甚至也直接用“九道拐”命名的都不在少数，不过是因为你并没有关注罢了。

这里所说的九道拐即是位于唐崖土司城址南部贾家沟内的“九道拐”，是唐崖土司城南（西）门外穿越贾家沟的主要通道。七弯八拐的，习惯性地称为“九道拐”，概言其多矣。

九道拐依托沟坡呈南北向自然布局，垂直高度近 80 米，全长约 118 米，共设踏步 220 多级，采用石板和毛石混合铺筑，局部直接利用基岩开凿，宽 0.4—0.6 米，台阶阶高 0.1—0.2 米。由于坡度较大，为了便于通行，路面采用回环式螺旋布局，平面呈“之”字形。临近沟底处设有卡门，现仅存石砌台基，宽约 2 米，高近 3 米。

“九道拐”的道路设置的确较为隐蔽，加之离南（西）城门较近，便于从衙署直接出城，且隐匿于大山之中。因此，有学者推测该道路应为土司时期的一处供上层出行的隐秘通道或战时逃生通道。不过，我倒认为，这就是一处出行的捷径。我的这种说法是基于唐崖土司的文化自信、安全自信。因为据史料，还没有唐崖土司被外来攻破的记载。事实上，一座与桥相连接的通道，是不会有保密功能的，原因很简单，在唐崖土司所处的那个年代及那种生活状态下，几乎人迹所至的所有溪沟都是山民的渔猎场所，何况还在唐崖土司城的周边呢？

“九道拐”道上还有一座石桥，叫“九道拐桥”，是唐崖土司现存的三座桥梁遗址之一。根据唐崖土司城的整个建筑风格，这座桥也应是廊式建筑，还可供行路者闲歇，为积累力量上下九道拐做准备，按照现代学术语言讲，那一定是一座人文化、人性化的建筑。

“拐”是有大小、长短的，经常用大小、长短来加以评价；走“拐”是要有精力的，经常用轻松、艰苦、快慢来评价。这两个因素结合，对于不同的人来说，“拐”的数量就具有了伸缩性，或许并不只是“九道拐”，而是约数“七弯八拐”，或只说“七八个”了。

自上而下，“九道拐”上有一口略呈封盖过的水井，应是在特别干旱时的应急取水之地或紧急状况下的取水之地；下有“明锅二口”，据说其中的水也是常年不会干涸的。根据山区饮用自然山泉水的习惯，可以明显地指认的是，从实用功能的角度说，“九道拐”即是一条应急取水通道，自然也会相应地有其他功能，如南（西）出贾家沟的便捷通路。

最为有趣的是，近水识鱼情，近山识鸟音。山区老师教学生，也把这弯路用进了教学。我即听说过一个《七八个“但是”》的故事：

据说，从前有一个学生比较笨，先生给他教“但是”这个词时，学生老是不懂。先生说：“这是写文章或说话的转折。”学生还是不懂。先生又说：“就是像走路转的弯子或转拐一样，一个‘但是’就是一个‘弯子’、‘一个拐’。”有一次这个学生放学后在路上玩，回去晚了，父亲就问他怎么这时候才到屋，学生说：“这么远的路，你不知道吗？路又不是直的，从学堂到我们家里有它七八‘但是’、七八个‘拐’。”

听了这个故事，你再看一下，这“九道拐”是几个“但是”？

[小知识]

·九文化·

“九”，自然是一个计数单位，居个位数之末，为最大的个位数，算数中有“九九”乘法口诀、“九归”除法口诀等，以至于中国古代最早的一部数学典籍即取名为《九章算术》。作为实数，“九”在世界各民族文字、文化中的意义和功能是差不多的。然而，数字一旦被虚化，就会超越数的概念。在人类古文明的长河中，许多数字在不同的民族语言中，被注入了各民族文化的独特个性，形成了异彩缤纷的人类数文化。在世界传统文化中，中国数文化特别发达、丰富，其中尤以“九文化”特别重要和神秘。

“九”在中国数文化中是一个极数、圣数、吉数。何以为证？《黄帝内经·素问·三部九候论》曰：“天地之至数，始于一，终于九焉。”《说文解字》释：“九，阳之变也。”即《周易》以“九”表乾坤天地万物，“九”是最大的阳数，乃阳之极、物之广、数之终也。清汪中《述学·释三九》云：“凡一二之所不能尽者，则约之以三，以见其多；三之所不能尽者，则约之以九，以见其极多，此言语之虚数也。”成语“九五之尊”是帝王人君的象征。《易经》还有“初九，和兑吉”；“九二利贞”；“九四之喜，有庆也”；“九五之福”等说法。可见，“九”在中国传统文化中被视作极数、圣数、吉数，且源远流长，并已深入到了各个领域。

[大信仰]

·九崇拜·

在唐崖土司城，“九”一身三任：

不妨先从字形说起。“九”在汉字笔画中有一笔弯曲最多的笔形，为横折弯钩转了三道弯，其他数字皆无此笔形。对此，丁山《数名古谊》释道：“九，本肘字，象臂节形……臂节可屈可伸，故有纠屈意。”此说认为“九”源于“肘”而借为数词的。由字形得义，“九”素有表多弯曲之义。如《诗经·小雅·鹤鸣》两章首句皆为“鹤鸣于九皋”，“九皋”者极言沼泽多曲折。此类说法如黄河九曲、九曲回肠、回肠九转；建筑中，上海豫园有九曲桥、武夷山有九曲等景点，似凡形容“曲”之多必用“九”。

为什么这里要用“九道拐”？“九”仅区区两笔，何以成极数？从甲骨文、金文以来，“九”的字形变化不大，在甲、金文中“九”与“龙”两字颇近似，其曲笔形所不同者，“九”比“龙”头上少了“角”。古云“有角曰龙，无角曰虬”，可见古时“九”实乃图腾化文字，指一种叫“龙”的动物，已具神圣意味。对此，当代语言学家姜亮夫先生通过对“禹”字构形及其跟“龙”、“九”关系的研究进而指出：“九”者象龙属之纠绕，故禹一生之绩，莫不与龙与九有关：定九州、崇九山、障九泽、殖九谷、越九原、亲九族、铸九鼎……

唐崖土司建筑以土家族文化与汉族文化结合见长，而“九”则兼具了龙、虎、君三任。《文选·袁宏》曰：“虬虎虽惊，风云未和。”吕向注：“虬，龙也。云从龙，风从虎。言未和者，君臣未相应合也。”所以，一个“九”即兼具了龙虎二神信仰，而土家人崇虎、汉族崇龙，有机结合。

在中国传统文化中，有两件事物或曰两个词可作为帝王的象征或代称，即一种假想的动物“龙”及一个数字“九”。太平天国龙凤殿有副对联：虎贲三千，直扫幽燕之地；龙飞九五，重开尧舜之天。

下联中之“九五”就是指帝位，即古时称帝王为“九五之尊”或“九五之位”的缩略。语本《周易·乾卦》“九五，飞龙在天，利见大人”。从“初九”的“潜龙”腾升至“九五”的“飞龙”，已达顶峰，故孔颖达疏：“言九五阳气盛于天，故云飞龙在天，此自然之象，犹若圣人有龙德，飞腾而居天位。”据《易》学原理，奇数九、五属阳数，其相乘之积四十五为洛书之数，适为八卦把阴阳两两相配后其爻数相加之和[①]，故四十五为一神秘数字。又据甄鸾注汉代徐岳《数术记遗》云："九宫算者，即二四为肩，六八为足，左三右七，戴九履一，五居中央。""九宫"以九、五为基础，九是最大的阳数，五为贯通其他八个数的中央核心，独具神秘功能，因而九五这两个至大至奇的阳数之结合被视为至高无上的天数，自然非帝皇莫属了。帝王是天子，九五是天数，九五即帝王，实乃合乎逻辑的演绎。传说玉帝的天诞日为正月初九，这位宇宙最高主宰的生日就占据了阳数之首（正月）及阳数之极（九日），足见"九"之至大至圣也。不过，在"九、五"两数中，主要是"九"跟帝王及其统治关系最密切，并用于成为有关帝王及其统治的一切象征和代指。

[神故事]

·九道拐的故事·

据传，在修建土司皇城的过程中，土司王爷睡觉时因手压在了胸口上，成了一个"九"字型（"九，本肘字，象臂节形……臂节可屈可伸，故有纠屈意"），于是做了一个噩梦，梦见龙、虎追着自己跑呀！跑呀！跑又跑不掉，喊又没人应，真是叫天天不应，叫地地不灵。这时，他的侍从官听见喊声跑了进来，看见土王把手放在胸口上，还在不断地吼，知道是在做噩梦，就把土王给喊醒了。

土王醒后对侍从官说：我做了个如此这般的梦，必须尽快把圆梦先生找来释梦，看所为何事？

圆梦先生来后，听了土王所说的梦境，说：看来梦境不妙呀！你看，你是人中王、虎是山中王、龙是水中王，三王相逐，是人、水、山不相协呀，需要找一个能同时代表这三王的地方来把三者统一起来。你在梦中，手自然地形成了一个"九"字，看来这个地方一定是带"九"字的。

后来，人们找了好长时间，就找到了这个"九"道拐，而"九"既是人王之数，又是龙、虎象征。

萧洪恩搜集整理

---

① 即：乾（3×9）+坤（3×6）=45；震（2×6＋9）+巽（2×9＋6）=45；坎（2×6＋9）+离（2×9＋6）=45；艮（2×6＋9）+兑（2×9＋6）=45。参见范克春《神秘的文化符号"九"》，《汉语学习》1996年第4期。

[巧测验]

·列举出带九的词语·

九里、九经、九纬、九轨、九龙、九门、九华门、九尺、九丈、九排、九五之数、九华、九官、九佐、九功、九室、九卿、九嫔、九子、九职、九御、九命、九寺……

·各地的九道拐例举·

在全国，叫“九道拐”的地方很多，据百度，成都市有8个，重庆市有51个，巴中市有17个，汉中市有11个，南充市有10个，绵阳市有9个……各有其故事，如：

九寨沟的九道拐

九道拐还有个别称叫作情人拐，这是在旅游开发了后才有的名字。它是怎么得来的呢？据说曾经有个散客团队的旅游车经过这里的时候，车的最后一排坐了一对年轻人，一男一女，散客就是相互不认识的客人组织到一个车上的，这两人因为车的转动不经意地你碰一下我我碰一下你，两人心里就嘀咕了，女的想这个男的我不小心撞了他一下怎么他老来撞我啊，男的也想这个女的撞我是什么意思啊，就这样，他们开始注意对方，当他们游完九寨沟再经过九道拐的时候已经成为相互依偎着的情人了，所以后来就把这里叫作了情人拐了。

咸丰也还另有九道拐

九道拐，位于湖北省咸丰县境内梨树坝村九组，与重庆黔江边境相交。离重庆黔江区仅仅几元钱车费，交通已经家家通。在中华民国以前，这里只有一条崎岖的羊肠小道通往山上，大的拐就有9个，加上小的拐一共12个拐。而这条小路又是赶集、种地的必经之道，因此很不方便。于是在中华民国初年开始，村民们集资用青石板重修了这条路。从此人们赶集、种地就方便多了。于是该村就开始叫九道拐了。

·鬼、情人：屈原《九歌》与侗族《九歌》·

侗族有一种民歌叫《嘎九》，翻译成汉语叫《结双歌》，直接说就是情歌。侗族、土家族、苗族、瑶族等都可以说是大武陵地区远古遗传下来的古老民族的后代，这些古老民族的文化中保存了大量的古代民俗，其中屈原的《九歌》所反映的民俗至今还在这些民族中流传，甚至连《楚辞》中那种以“兮”字作语助词的楚歌，也原封不动地被保存下来了。每当我们听到姑娘们唱起我们民族古老的《嘎九》：“九兮，九呀，九呀九！……今天与九兮，多恩爱嘛，可惜明天兮，要分开。九呀，九兮！荪荪哩！”心里总不禁一惊！这不就是《九歌·少司命》中的“悲莫悲兮生离别，乐莫乐兮新相知”的翻版吗？“九”，在我们民族的语言中，是“最大的鬼”的意思，也是“神灵”的意思，在歌中又是“情人”的意思。而我们这一古老的民歌品种《嘎九》，如果译成汉语，就是《九歌》。

问题的关键在于，屈原的《九歌》共有11篇，标题却叫作《九歌》，篇数与篇名不符，这是什么缘故呢？这个问题很早就引起了学者们的注意，并有很多学者做了各种考证，试图把这个问题解释得透彻一些。然而，使人失望的是至今仍然没有人能把它解释得清楚明白、合情合理。

历来学者考据的焦点，都集中在“九”字上。论点大致有两种。一种论点认为：《九歌》的含义就是九篇歌谣，至于篇数为什么有11篇？学者们的解释又有几种：日本著名学者青木正儿认为：《湘君》与《湘夫人》、《大司命》与《少司命》，乃春秋二祀分而用之。闻一多认为：《东皇太一》与《礼魂》分别为序曲与终曲，应不在9篇之列。林云铭认为《国殇》与《礼魂》为多作。还有一些学者也以同样的研究方法，认为《九歌》应按照他的意见，去掉某些篇章，或把某些篇章合起来，以凑9篇之数。总之，这些学者都把“九”当作一个数目字，思考方法总围绕着“九”字打转转。另外一种论点认为“九”字可能不是一个单纯的数目字。持这种论点的，又有两种思考方法。一种认为“九”乃泛指多数，不是实数，按照他们的看法，《九歌》就是很多歌的意思。另一种认为“九”可能还有记数之外的含义，如郭沫若则疑“九”字是“纠”字，取其缠绵婉转之意。他认为《九歌》就是缠绵婉转之歌。有些学者则认为：《九歌》之名，并不是屈原的首创，他不过是沿用“夏乐”的旧名罢了。但是，“夏乐”为什么要叫《九歌》，却没有人能够回答。归纳上述种种，发现历来学者们运用的研究方法仍然是考据训诂之学。不管怎样推论来推论去，总跳不出推论的圈子。学者们就是没有多想想：《九歌》既然是南方民族的歌，为什么不向南方的老百姓请教请教呢？

其实，《九歌》的命名方法是一种民歌体命名方法。大凡一个乐曲的命名，都有一套命名的规律。如“进行曲”以其节奏鲜明能够在集体行进中演唱得名，“小夜曲”以其适宜夜晚轻声在少女的窗前演唱得名，而“战歌”以其激励战士们的斗志得名。那么《九歌》以什么得名呢？且看看大武陵民族地区对歌曲的命名有些什么规律可寻吧！

与《九歌》有密切关系的土家族《竹枝词》得名的由来，是因为其和声（众相随和之声）为“竹枝”。其他如《采莲曲》、《采菱曲》……也是如此。今日大武陵民族地区各民族中，城步县苗族有名的仪式歌《哩啦哩歌》得名于其和声“哩啦哩”。湘西土家族有名的《嗬耶嗬》、《嗬嗬耶》（均为土家族《梯玛神歌》），得名于它的和声“嗬耶嗬”与“嗬嗬耶”；双捕瑶族的《乌哇歌》得名于其和声“乌哇”。侗族有名的祭萨歌《哆耶》得名于其和声“耶，耶，耶嗬耶”。在沅湘间的民歌中，这种以语助词或有特色的和声充当歌名的例子极多。如常德、怀化地区的《辉辉歌》、《顶顶歌》、《扯扯歌》、《溜溜歌》、《车车歌》、《离傩歌》；湘西土家族、苗族自治州一带的《咚咚喹》、《翁翁歌》、《巴列冬》、《傩帕克》、《呆都里》、《乃哟乃》、《梭梭歌》、《列黑歌》、《哎赫哎》、《耶耶板》、《幺幺板》；郴州、零陵地区的《苏溜歌》、《傩花歌》、《灵傩歌》、《傩离歌》、《咚咚歌》、《悠悠歌》、《列拉列》、《灵傩傩离》……不胜枚举。

由此可见，大武陵民族地区仍在唱《九歌》。其中最值得注意的是侗族民歌中有一种《结双歌》，“结双”是汉语意译。唱这种歌时，姑娘们从不单唱，总是二人结伴同唱，因此，汉族便给这种歌取了个名字，叫《结双歌》或《双歌》。“结双歌”在侗语中叫“ga jiu”，“ga”是歌的意思，“jiu”就是“九”，侗语语法与汉语语法不同，喜欢把动词或形容词等放在名词之前，如“脚痛”，侗族要说“痛脚”，头痛要说“痛头”之类。因此，“ga jiu”翻译成汉语，便是《九歌》。侗族的《九歌》是情歌，一般都用于男女谈情说爱时的相互唱和。

为什么要把情歌叫作《九歌》呢？原来，侗歌中的“九”是对情人的尊称和爱称，又可称“九相”，即相好的情人。为了加强读者的感性认识，先介绍几首侗族的《九歌》：

九呀九哩

（卯啊呀，宾哇哩，太宾呀，宾哩！）

山上粟米兮，杆好艳嘛，

（九呀，九哩，丁呀，九呀，九哩！

丁伴侣喂呀啊，伴侣喂！）

糯谷哩，田里兮，叶成抱哩。

（玲叮哆，你父咧，九！玲叮啰，
你伴侣，杭郎利利，妹九父，
利利伴，伴利利，利利伴，伴利利！）
伴有兰香兮，配鱼香嘛，
（伴侣喂，呀呃，伴侣喂！）
我没兰香兮，哪有灵鸡配我鸡哩？
（伴侣，伴呀！伴利利，利利伴，
伴利利，利利伴，呀呃，宾喂，
太宾喂，情人哩，星星哩！）

九九呀九九

自拿花瓢兮，舀白水嘛，
（九兮，你郎九喂！啊，啊，啊！九呀！）
自拿白碗兮，舀河水嘛。
（呀，呀，舀河水嘛！九九呀，九九！）
九妹呀，九九，秦郎呲！
你村女子兮，我想不到，
未得即时说郎好，
（啊，啊，啊，九呀，啊，啊，灵姑啊！）
得郎做夫兮，父九扭鼻母扭眼嘛。
（嗄，嗄，嗄！母扭眼嘛！九九九呀九九！）
你村女子我想不得，
父九扭鼻兮，还好看嘛，
母九扭眼看不成！
（宾喂哎，太宾啊，秦宾哩！）

上面这些例子已足够了。从以上的侗族《九歌》中，我们可以得知：侗族互称情人为“九”，称情人的父母曰“父九”、“母九”。在侗族《九歌》的随和之声中，“九”也是不离口的。例如：“九呀，九嘛”、“九九呀，九九”、“九嘛，雁兮”、“九呀九，天人啊”、“九呀九，天伴啊”、“九九，秦郎啊”等等。可见在演唱侗族《九歌》

时，几乎充满了一片“九呀九呀”之声。根据大武陵民族地区各族民歌命名的规律，侗族的《九歌》同样是因为歌中有大量“九”的和声而得名的。

唱“九九！秦郎啊”，“秦”为侗族自称，“秦郎”即“侗家的郎”，也是爱称，“九九”加“秦郎啊”，是爱称之上再加爱称。其他如把“天人”、“天伴”等与“九”联在一起唱，都是极亲爱的称呼。

《九歌》就是《大鬼歌》。侗族《九歌》中的“九”字的含义，大致如此。那么，这“九”字在侗语中的本义又是什么呢？“九”（jiu）在侗语中的本义，就是“大鬼”的意思。其实，把情人称为鬼，并不只侗族有这习惯，大武陵民族地区的汉族姑娘，也喜欢称情人曰：“你这鬼吔！”湘东的醴陵县有首民歌，叫作《鬼歌》，歌中口口声声称：“我那满哥哥鬼吔！”

其实，“鬼”也是“九”，且并不只有侗族是这样称呼。从古籍中可以找到一些例证，证明其他民族也曾有过称鬼为“九”的情况。《礼记·明堂位》之《正义》曰：“鬼侯，殷本纪作九侯。九与鬼声相近，故互通也！”《辞通》按：“鬼，古读如九，故通九。例如车轨之轨，奸宄之宄，字并从九，而音则读为鬼。”由此可证：“九”和“鬼”这两个字，在汉文中也是可以通假的。说明在古代，汉族也曾有过把“鬼”字写成“九”字的情况。

十七 刑场遗址

残酷的刑罚，是土司对土民实行野蛮残酷统治的重要手段。土司在其辖区内是名副其实的“土皇帝”，土司的意志就是法律，操有杀伐之权，且刑法种类繁多，“土司杀人不请旨，亲死不丁忧。”民间对唐崖土司的残酷刑法多有传说。唐崖土司城设的刑场是杀人台。

[游历情]

·刑场留下了……·

刑场或法场，自然是指行刑的场所，而且一般是指执行死刑的场所。因此，刑场或法场总是与悲情、恐怖、壮烈、悲壮等情绪联系在一起的。

按照国家学说的一般理论，刑场或法场都是体现国家强制力的，并与暴力相联系，因而也被称为暴力工具或暴力机器。自然，唐崖土司城也不泛这样的机构。目前已可以确认的是，唐崖土司城的刑场设在杀人台。

杀人台遗址位于城址西部，与“九道拐”有小道相连，现存有一自然岩石。相传，是土司惩罚处决一般罪犯之处，为不规则四方体自然岩石，体积较大，且南高北低。该岩石正处黄土坡上部，现大部分被耕土覆盖，仅露一角。

前面提到，或传“天灯堡”是唐崖土司的刑场遗址，但从风水学的八卦方位说，无论是自然方位上的东方，还是想象空间方位上的南方，这里都不应是杀人的地方。因此，把那里命名为“天灯堡”并做处决犯人的解释，是不适宜的，最恰当的解释是:

这里确实是放天灯的地方，但不是杀人那样的点天灯，而是用着上下河道的照明天灯，有如现在的远射灯一般。与此相应，前面同时也强调，与“天灯堡”相邻的所谓“地牢”，也不是关押死囚犯的地方，而是据风水学上的南位（想象空间）或东方（自然空间）之位，主财富增长与富集，因此“水牢”之“牢”应作牺牲来解释，即说此地乃存放牺牲（猪、牛、羊等大型祭品）之地方，真名应是“牲牢”，这样即得到了合理解释。

根据历史记载及民间传说，各土司都制定有残酷的刑法，是土司对土民实行野蛮残酷统治的重要手段。土司在其辖区内是名副其实的“土皇帝”，操有杀伐之权，其刑法有断首、宫刑、断指、割耳、挖眼、杖责等。而且，“土司杀人不请旨，亲死不丁忧。”土司的意志就是法律，且刑法种类繁多，顾彩在《容美纪游》中称“其刑法，重者径斩，当斩者，列五旗于公座后，君先告天，反背以手掣之，掣得他色者皆可保救，惟黑色则无救；次宫刑；次断一指；次割耳。盖奸者宫，盗者斩，慢客及失期会者割耳，窃物者断指，皆亲决，余罪则发管事人棍责，亦有死杖下者，是以境内懔懔，无敢犯法”。至于其司法程序，或认为土人有罪，小则由知州长官治之，大则由土司自行处理。

对于刑场这一处决罪犯的地方。鲁迅《华盖集续编·〈阿Q正传〉的成因》说：“犯人被反绑双手，押赴刑场，还未到刑场，刑吏就从后脑一枪，结果了性命。”巴金《忆个旧》也描述道：“在蒙自，他和另外三位同志一起受审，一路绑赴刑场。”……可以说不少的文学作品都有阐明。电影《刑场上的婚礼》给人以极大的启示。而《聚仙》中的刑场是蚩尤和刑天的大本营，利用这里的怨气和长久来累积的尸体，组建了一只军队。由于过于大意以及对自己手中的军队信心太足，导致后羿被玩家救走，使得蚩尤和刑天大怒。正在他们将军队进一步精锐化并准备大举反扑时，阻止他们的玩家到了。……

刑场，还有多少值得深思？在这里，我们想到了“笑”！那些即将被处决的犯人是否有鲁迅、沈从文等作家笔下的那些被处决者的“笑”？那是一种什么样的人生态度？

[小知识]

·土司刑罚·

残酷的刑罚，是土司对土民实行野蛮残酷统治的重要手段。土司在其辖区内是名副其实的“土皇帝”，操有杀伐之权，“土司杀人不请旨，亲死不丁忧”。土司的意志就是法律，且刑法种类繁多，顾彩在《容美纪游》中称“其刑法，重者径斩，当斩者，列五旗于公座后，君先告天，反背以手掣之，掣得他色者皆可保救，惟黑色则无救；次宫刑；次断一指；次割耳。盖奸者宫，盗者斩，慢客及失期会者割耳，窃物者断指，皆亲决，余罪则发管事人棍责，亦有死杖下者，是以境内懔懔，无敢犯法”。民间对唐崖土司的残酷刑法多有传说。唐崖土司城设有杀人台等处刑场。

[大信仰]

·神判制度①·

神判是一种世界性的文化现象，世界各国的审判无不经历了从神判到人判的过程。神判功能主要是在穷尽其他证明方法无法证明案件事实、法官对事实存在与否不能达到确信状态时，作为最后的救济手段。

中国古代同样经历过这一阶段，且存在较长时期。早在中国国家产生以前，五帝时代就有皋陶制狱、神兽断案的“触角神判”的传说，夏朝有夏启臣子孟涂行巫断狱的“血迹神判”的记载，商代卜辞中存在“占卜神判”治狱的卜文，西周有盟诅神判的记载，春秋时期齐庄公时代仍可隐约窥见其遗迹。

“神判”制度在中国传统社会的发展历程，主要有三个阶段。

第一阶段为神判的盛行时期，时间主要为初民社会及夏、商时期，但史料记载却甚少。我们只能略窥一二。这一时期的神判主要有两种方式，这也是中国古代神判的主要方式。一是神兽裁判，即传说中尧舜时期的“獬豸”。獬豸的形状或像牛，或像羊，或像鹿，存在多种说法，不过不变的是其头上长着一只独角。在史书中记

① http://bjgy.chinacourt.org/article/detail/2014/10/id/1471868.shtml。

载的独角兽往往与皋陶相联系，皋陶被认为是中国最早的法官。獬豸“性知曲直，识有罪，能去不直，皋陶跪而事之”。“皋陶冶狱，其罪疑者，令羊触之。有罪则触，无罪则不触。”瞿同祖认为：“神兽的产生正是古代第一法官产生的时代，其巧合不是无因的。”“当初以羊为判时，即利用神的心理，使人易于信服，后来獬豸的绝迹与其说是神兽的绝迹，毋宁说是神判法的绝迹。”第二是占卜裁判，即通过观测龟纹或人的手掌上的纹理来预测吉凶、察明案情的方法。《说文解字》曰：“卜，灼剥龟也，象炙龟之形。”即用火烧龟壳，察看龟裂横纹理以测吉凶。《礼记·曲礼上》曰：“龟为卜、筴为巫。卜巫者，先圣王之所以使民信时曰，敬鬼神，谓法令也，所以使民决嫌疑，定犹与也。”可见占卜是用巫术的手段预测未来、问询吉凶、决定行止，解决疑狱的一种方法。甲骨卜辞中就有不少是关于诉讼审判的，如“贞，王闻惟辟”，“贞，王闻不惟辟”等，都是祈示神灵、求问是否用刑的记录。

第二阶段为神判的衰落时期。进入文明时代之后，原始社会中出现的“审判”制度已基本废弃不用，不过并非“完全湮灭无闻，还是通过某种不同的方式得以辗转保留下来”。春秋战国时期仍有一些有关神判的记载，如《墨子·明鬼》就生动地记述了春秋时期齐国的神兽审判案件：“昔者齐庄君之臣，有所谓王里国、中里徼者。此二子者，讼三年而狱不断。齐君由谦杀之，恐不辜；犹谦释之，恐失有罪。乃使之人共一羊，盟齐之神社。二子许诺，于是泏洫，摇羊而洒其血。读王里国之辞，既已终矣；读中里徼之辞，未半也，羊起而触之，折其脚，祧神之社而槀之，殪之盟所。”

第三阶段为神判遗留痕迹时期，即鬼神裁判。可以说，“神判”在以后社会的司法审判活动中仍存在的影响，基本体现在官员审理案件时运用鬼神手段。它不会起主导作用，仅是审判的一种辅助手段，也仅为一种刑讯断案之法。如具有代表性的人物——包公，作为“日判阳间夜审阴”的青天大老爷，其“断案如神”，判案手段就具有某些神秘怪异的色彩，当然这不是每位官员都能够把握的。这种方式也主要是利用人们信奉鬼神的心理，而另外一种方式则是官吏本人求案情而不得不寄托于神明，求梦于神，即“梦判”。

[神故事]

·杀人凹的来历[①]

梅子坪下边有一个地方叫杀人凹。这里地势险峻，怪石嶙峋，只能容一人通过。这个地名还有一个来历。

很早以前，唐崖土司土王覃启处送派人到处打听，要找一个技艺高超的石匠打三样东西，完成他的夙愿。好不容易在很远的一个地方找来一个石匠，与他订立合同，三年完成花坟、石牌楼、石人石马这三项工程。这个石匠技艺高超，功夫过硬，一年完成一项工程，一项比一项精美。工程完工后，土司皇帝一项一项地仔细检查，每项都使他感到满意，就大设宴席，酬谢石匠。石匠心想，很快就要回到离别三年的家与家人团聚了。由于高兴，石匠在宴席间多喝了点，于是对土王说："你这三项工程对我来说还不算稀奇，我还准备修建一座善心寺呢。"土王暗暗不乐。席散后，开了工钱打发石匠出门了。石匠走后，土司就密派几名兵卒，抄近路赶到梅子坪下边的山凹里埋伏起来，等石匠走进山凹，突然钻出来，杀死了石匠，抢走了他的工钱，将尸体抛进了唐崖河里。后来人们就把这个山凹取名为"杀人凹"。

口述：佚名

搜集整理：谭贤斌

·嫁姑娘要人接、送[②]·

土家人嫁姑娘，男方要接，女方要送。这是哪门回事呢？

很久以前，一家姓覃的姑娘出嫁，新郎一个人去接。新郎性急在前面走得快些，新姑娘跟不上，掉了好大一截路。一群猴子看到哒，跑来把新姑娘连拖带抬，弄到一个悬岩上的洞里。

新郎回了家，等到天黑还不见新姑娘，就转回去找，一直找到丈人老家也不见

① 杨适之等主编：《咸丰民间故事集》，湖北人民出版社 2007 年版，第 382 页。

② 鄂西土家族苗族自治州文化局等编：《鄂西民间故事集》，中国民间文艺出版社 1989 年版，第 303 页。

人影。丈人老怀疑女儿是被女婿害死哒，一状就告到县衙门。县官不问青红皂白，就判那男娃坐了牢。

过了两年，那姑娘摸熟了猴子上下洞口的路道。有一天，她趁那些猴子出洞后，就梭下岩来到丈夫家。婆婆见了她，又欢喜又难过，把儿子坐牢的事对媳妇讲哒。媳妇坐都没坐，赶忙跑到县衙门，对县官一五一十讲了自己被猴子抢走的经过。县官就把她的丈夫放了出来，夫妻相见，抱头狠狠地哭了一场。

这事一传开，以后哪家嫁姑娘都怕发生这样的事，男方就要派人接，女方也要有人送。一直到现在都是这样的。

讲述者：李友远　69 岁　土家族　文盲　利川市 梅子乡农民
搜集整理者：李言美　王邦淑　黄翮—
流传地区：利川市柏杨、汪营等区
搜集时间：1986 年 1 月

[巧测验]

·法的繁体字“灋”·

“法”字在中国古代写作“灋”。其中的“廌”是传说中远古时代的一种独角神兽，它生性正直，有着明辨是非、判断曲直的神性，在人们相互间发生纠纷时，就由其裁决。廌用其独角“触不直者”，被触者即为“败诉”。古人把这种生性正直、专触不直者的神明裁判者——廌纳入法的范畴，显然赋予了法的正直而无偏颇的价值内涵。“直”字的造字初义是举目正视。凡此“直”字古训有正、中等意思，皆由其举目正视之本义所引申。《说文解字》解释说：“直，正见也。”

十八　双凤朝阳墓

双凤朝阳墓位于南（西）城墙外，墓主不详。根据形制和所雕的纹饰判断，或以为该墓为明代土司家族的女性合葬墓，形制与覃值什用墓基本相同。占地面积约30平方米，高约2米。建于缓坡地，属半地穴式封土墓，石构、双室，平面八字形，墓前设有拜台。正面石构件上雕刻马、驴等动物及花卉、仿木构件等图案，上楣雕刻有双凤朝阳图。根据残存颜料分析，所有装饰图案皆饰有彩绘。

[游历情]

·双凤朝阳：为谁辛苦为谁鸣？·

唐崖土司有一座墓主不详而因其上楣雕刻有双凤朝阳图，故据此而定名为双凤朝阳墓的“无主”墓。该墓位于南（西）城墙外，地处杀人台后侧约30米处，建于缓坡地段，是半地穴式封土墓，占地面积约30平方米，高约2米，属规模较大且墓主级别较高的墓；墓为石构双室，墓门前呈八字形、平面，墓前设有拜台，根据形制和所雕的纹饰判断，该墓为明代土司家族的合葬墓，形制与覃值什用墓基本相同；正面石构件上雕刻有马、驴等动物及花卉、仿木构件等图案，上楣雕刻有双凤朝阳图，根据残存颜料分析，所有装饰图案皆饰有彩绘……这些元素都说明墓主身份的高贵。

因该墓的墓主不明，往往被学界定名为明代土司家族的女性合葬墓，自然有这种可能。但是这种认知有一个习惯性思维，这就是凤凰被女性化。但事实上，凤凰在众多情况下是中性的，比如历代帝王都把“凤鸣朝阳”、“百鸟朝凤”当成盛世太平的象征，像南齐谢兆之《永明乐十首》即言："彩凤鸣朝阳，元鹤舞清商；瑞此永明曲，千载为全皇。"其因即有传说凤能知天下治乱兴衰，是中国历史上王道仁政的最好体现，是世道兴衰的晴雨表，故也成为神学政治的"形象大使"，古人曾分出五个等级，以凤凰的五种行止标志政治上的清明程度；而墓葬上的凤，据学界研究，汉画像石墓中，墓门铺首之上所刻对称鸟兽，其鸟具冠展翼，若凤凰者，即取意于重明鸟，以其能驱退鬼蜮魑魅，故用以装饰拱卫墓门，与龙纹功能一样。所以，以有双凤朝阳图而定其为女性墓，似有些武断！

双凤朝阳墓的八字墙中心的浮雕，雕刻精美，内涵丰富。图案为阳雕，画面底部雕刻着海水图案，上部以海水为基础雕刻有一株神树，树身两侧相向雕刻着一对神鸟。一般认为这是出于中国古代流传的扶桑树和十个太阳更迭的神话。在中国古籍中，这一主题的记载特别丰富，如《山海经·海外东经》记载："汤谷上有扶桑，十日所浴。"《淮南子·地形训》记载："若木建木西，末有十日。"高秀注："若木端有十日，状若莲华。"郭璞《玄中记》记载："蓬莱之东，岱舆之山，上有扶桑之树，树高万丈。树颠有天鸡，为巢于上。每夜至子时则天鸡鸣，而日中阳鸟应之；阳鸟鸣则天下之鸡皆鸣。"东方朔《神异经·东荒经》亦记载："巨洋海中，升载海日，盖扶桑山上有玉鸡，玉鸡鸣则金鸡鸣，金鸡鸣则石鸡鸣，石鸡鸣则天下鸡皆鸣。"所以，一般都认为该图案中的神树应为"扶桑树"，该图案中的神鸟应为"天鸡"，二者组合成为一种"天鸡报晓"的意境，认为这表现了墓主对生死超脱的乐观精神。

不过，从历史上看，凤凰作为历史上确实曾被人见过的稀见物，甲骨文、金文都表明直到商周之际还存在，《尚书·虞书·益稷》第五所记"萧韶九成，凤皇来仪"，说明在商周时期，凤凰已被神化，并与"天命"观念结合，凤凰头着花冠状、翅膀丰满、尾羽修长、力爪宽大，是一种勇武健硕的神态。相比于甲骨文，商周青铜器上的凤，冠亦丰富为三：多齿冠、长冠、花冠三种；喙已定型为勾喙，且绝大部分呈闭合的弯钩形；……一系列变化，显示出文明初起时代的中国凤之雄浑、肃穆、稳健，并与森严的等级、凝重的风气相一致。战国秦汉以后，凤凰已完全被神化成一种灵异之鸟，并展现了新的风貌：或婉曲秀丽、妩媚多姿、姿态柔美，或长腿昂首、引吭高歌、高大轩昂、傲视苍穹而鸣呼安详；或高傲阔步、气宇轩昂、挺胸展翅，显示出一种流动、健壮、生机勃勃的刚健气质与生活气息。到了汉代，凤凰已是体型奇大可到一丈以上，地位已成麟、凤、龟、龙"四灵"之一，一般都形体大方，挺胸展翅，高视阔步，气宇轩昂，成为"五彩大鸟"，虽然雄伟而不强悍，虽然神化却有个性，凤凰已成为身具“引魂升天之使者”、“有德君子之指代”、“辟邪压胜之灵物”、“权力威仪之象征”、“灵与美之化身”等众多文化内涵及现实主义、宗教主义功能的灵物。到了魏晋南北朝时期，凤凰似已找到了自己的生活空间，置身于花卉缠枝环境中了，在清新的花卉图案之中展翅飞翔，的确显得格外的潇洒自如、轻盈妙曼。到了唐代，凤凰的世俗权力得到了彰显，大唐皇宫大明宫的正南门即名为丹凤门；凤凰的情致得到了扩充，在唐前不轻易以凤喻人（偶尔喻凤凰为君王、圣贤或是超群拔俗之人）的凤凰被自由随意地喻人，特别是以凤喻示婚姻情爱，在《全唐诗》中平均约每十首唐诗就有一个“凤”字或“凰”字或“鸾”字。更为有趣的是，唐代的凤纹同样与世俗人物一样华美丰满、气韵生动、姿态多变，凤鸟的瑞祥观念已日见淡薄，或清健，或壮美，或淡雅，或华丽的新凤形式自然显现，且在唐代“鸟体”化、生活化。到了宋代，“凤戏牡丹”、“百年好和”、“喜相逢”的图案大量出现，且与中国文化在宋代精细化一致，清秀、细腻、柔和、怡然，如意形的冠、短粗的嘴、细长的眼、修长的腿、散条的长尾……绝对没有明清时代的那种规范化，什么“凤有三长：眼长、腿长、尾长”呀，什么要“首如锦鸡，头如藤云，翅如仙鹤”呀……

可以确定的是，双凤朝阳墓上的凤凰形象，的确不像元代有些凤凰形象那样随手画来，而如明清时期造形于朱雀、鸾凤基础上的变异鸟原：长足、蛇颈、鹰嘴，锐利的目光、雄鸡的花冠、孔雀翎巨尾……但这只是一种变化了的形态，只是一种美好的愿望，是否在显示生命力，却已难以确知了。

[小知识]

·凤凰的形象习性[①]·

据《尔雅·释鸟》的郭璞注所言，凤凰具有如下外形特征：“鸡头、燕颔、蛇颈、龟背、鱼尾、五彩色，高六尺许。”《说文解字》则记载：“凤之象也，麟前鹿后，蛇头鱼尾，龙文龟背，燕颔鸡喙，五色备举。出于东方君子之国，翱翔四海之外，过昆仑、饮砥柱，濯羽弱水，暮宿风穴，见则天下大安宁。”

① 以下相应知识俱见 http://baike.baidu.com/link?url=6r7Wb-zNy4Aarrsr5Re_6tebTVJEHRCMqYv9miw2oNk3N9sQac GgaaQRy-PFBJysaPNWEDHw2FsWOuqqYCZ29ah7vekRXM6WYQBTsaaCS6O。

《庄子·秋水》中有“惠子相梁”一则，其中说到凤凰性格高洁：“非梧桐不止，非练实不食，非醴泉不饮。”如结合《山海经·图赞》的阐明，是因为凤凰身负五种像字纹：“首文曰德，翼文曰顺，背文曰义，腹文曰信，膺文曰仁。”《抱朴子》对此更解释为：“夫木行为仁，为青，凤头上青，故曰戴仁也；金行为义，为白，凤颈白，故曰缨义也；火行为礼，为赤，凤嘴赤，故曰负礼也；水行为智，为黑，凤胸黑，故曰尚智也；土行为信，为黄，凤足下黄，故曰蹈信也。”

不过，南宋地理学家周去非在其所编纂的地理名著《岭外代答》中，对凤凰所做的记述非常详细，似反映出某种对凤凰看法的两面性：凤凰生于南方的丹穴，在邕州（今广西南宁）人迹不至的高崖之上才会筑巢。凤凰身披五彩羽毛，大如孔雀，百鸟遇之必然围绕站立。头顶上的羽冠常盛水，雌雄轮流进食，从不接近人间。还有记录，凤凰在两江地区的深林筑巢，产卵以后，雄凤用木枝混合桃胶，将雌凰封闭在巢穴里，只留下一个很小的气孔。然后雄凤寻找食物饲养雌凰，如果得到食物就拆除封盖，得不到食物就会封堵孔洞将雌凰窒息而死。

·凤凰文化的价值意义·

据学界的研究、归纳、介绍，人们之所以崇拜凤凰，是因为其有相当的价值：

一、凤凰是“华贵、伟岸、进取、太平”的象征

凤凰是人们心目中的瑞鸟、天下太平的象征。古人认为时逢太平盛世，便有凤凰飞来。“风”的甲骨文字和“凤”的甲骨文字相同，即代表具有“风”的无所不在和灵性力量的意思；“凰”即皇字，为至高至上之意。

二、凤凰是爱情的象征

凤能给人们带来幸福和吉祥，自然也包含了爱情的幸福。于是，凤有了象征爱情的含义。后来就被人们用来祝贺婚姻美满，比喻夫妻和谐。在唐代，铜镜有《美凤衔同心结图》，即凤嘴上衔同心结象征幸福的爱情，以示夫妻同心相爱。由此可见，隋唐时期已较普遍地将同心结象征夫妻恩爱。到北宋，还流行以赠送凤钗来定情，而凤钗是妇女的一种首饰。男女订婚，女方多以凤钗赠予男方，以表示自己对婚姻的坚定。到了明代，男女结婚时，女方穿的礼服也配有凤冠，凤冠上点缀着凤凰，并挂有珠宝等。到了现代，人们仍把凤作为爱情的象征，结婚点凤龙花烛、剪贴凤形图案等。

三、凤凰有“和”的象征意义

在中国文化中，凤凰形象不仅表示自然物之“和”，也表示人类社会之“和”。首先，“凤凰“五色”后来就被看成是古代社会和谐安定的“德、义、礼、仁、信”五条伦理的象征。其次，凤凰在民间自古就代表着和美、和谐，爱情的忠贞。此外，凤凰作为一种和谐观念的精神与物质载体。从发展上来看，它又是一个多元化的产物，是建立在巫术与鸟图腾的结合之上，融合了各个时代与不同部落所崇拜的图腾。再次，它是一个“二合一”的对立统一体，同时可以说，凤凰文化的和谐理念涵盖了生活的社会与物质生活的方方面面。对“和”的这种凤凰形象特性的运用，在有关凤凰的成语中也被经常运用。

四、凤凰是“权力”的象征

在先秦时期，凤凰的图案出现在权力的象征玉器和青铜器上，后世又逐步成为皇家独占御用的纹饰，出现在各种皇宫建筑使用器物之上，并以礼制和法律的形式予以维护。在这个层面，双凤朝阳墓上的双凤图亦应作如是观。

五、凤凰是华夏民族的精神图腾

和龙一样，凤凰也是源远流长的中国传统文化的一个组成部分。随着社会的进步，凤凰的象征意义也发生了相应的变化，人们不再把凤当作专制皇权的象征，而是把它当作民族文化的象征。在距今约六七千年前的中国原始彩陶文化中，就有凤凰形象的雏形。在距今三千五百多年前的商代青铜器上也出现了凤纹。以至在以后中国历代的装饰艺术中，都创造出了许多以凤为题材的艺术珍品。这些以凤纹为题材的艺术作品是传统艺术的代表，反映了中华民族的审美趣味。从龙凤艺术的角度来看，凤的艺术形象给人们以巨大的精神力量，它与龙一样，是中华民族的象征。因而即可以说，华夏民族也是凤的传人。

[大信仰]

·凤凰崇拜·

凤凰，亦作“凤皇”，是古代传说中的百鸟之王。雄的叫“凤”，雌的叫“凰”，总称为凤凰，亦称为丹鸟、火鸟、鹍鸡、威凤等。常用来象征祥瑞，凤凰齐飞是吉祥和谐的象征，自古以来就是中国文化的重要元素。

凤凰和龙的形象一样，愈往后愈复杂，最后有了鸿头、麟臀、蛇颈、鱼尾、龙纹、龟躯、燕子的下巴、鸡的嘴，身如鸳鸯，翅似大鹏，腿如仙鹤，是多种鸟禽集合而成的一种神物。

凤凰和龙一样，在现实世界中并不存在，是古人幻想的一种神鸟，与龙同为汉民族的图腾，类似的传说也见于其他东亚国家的历史中。自秦汉以来，龙逐渐成为帝王的象征，帝后妃嫔们开始称凤比凤，凤凰的形象逐渐雌雄不分，整体被“雌”化。

“凤”和“凰”在神话中原指两种不同的神鸟，凤是凤鸟，凰则是皇鸟，后来世人通常将凤和凰解释为雌雄不同的同一种鸟。凤和凰不是任何现实中存在的鸟类的别称或化身，是因为有了“凤凰”这个概念以后，人们才试图从现实中找到一些鸟的形象，去附和、实体化这种现在已并不存在于现实之中的凤凰。

凤凰的种类繁多，因种类的不同，其象征也不同。传说中共有五类，即五凤，太史令蔡衡曰：凡像凤者有五色，多赤者凤，多青者鸾，多黄者鵷雏，多紫者鸑鷟，多白者鸿鹄。《小学绀珠》卷十亦曰：“凤象者五，五色而赤者凤，黄者鵷雏，青者鸾，紫者鸑鷟，白者鸿鹄。”

除了凤、凰、鸾三种以外，比较有名的还有鸑鷟、鹓鶵、鵔鸃、鹔鹴、翳鸟、鵕、鹑、鹄、焉、鸥、鹍鸡等别称或种类，还有说法是将大鹏、帝江（帝鸿）、重明鸟也归到凤凰之类。各种名称或种类之间关系密切，说法众多。

[神故事]

·凤凰图腾的来历·

据说老祖宗黄帝当政时候，广泛施惠于天下百姓，可以说是得天时、地利、人和的条件，加上黄帝自身的道德修养、仁政于民，严律于己，国家一派和平、安宁景象。可是，还是没有凤凰飞来。黄帝总是盼望着凤凰的到来，甚至改变了工作与睡眠的时间（日睡夜作），也未得见，于是请大臣天老来问：“凤凰的形象如何？”天老回答说：“要说凤凰的形象吗？它的前面像鸿，它的后面像鳞，它的颈项像蛇，它的尾像鱼，它长着龙的纹样、龟的身段，它的颔像燕子，它的喙像鸡，顶戴着德象、背负着仁意、怀抱着忠诚、扶挟着义理，声音小时像金声，声音大时像钟鼓。它伸长脖子、飞去羽翼，可展现出五色光彩；它的鸣叫声可鼓动八方之风，使天气应时下雨；它吃食讲究品质，渴饮讲究节仪；它离开，即说明要强调开始注重文教；它来到，即说明社会治理得非常有成就。所以，可以说只有凤凰能通晓天穹的秘密、感应大地的灵气，合音乐的五音之律、具备贤人所有的九种优良品格[①]。”天老接着说：“根据天下有道的程度，凤凰来的情形是不一样的，天下有道，得凤象之一则凤过之，得凤象之二则凤翔之，得凤象之三则凤集之，得凤象之四则凤春秋下之，得凤象之五则凤没身居之。”于是黄帝说：“哎呀，是这样吗？我怎么敢奢求呢？”于是，黄帝乃穿上黄衣服、戴上黄官冕，吃斋于宫，凤乃蔽日而至。黄帝降于东阶、西面，再拜，稽首曰：“皇天降祉，不敢不承命。”凤凰乃停在黄帝的东园，集帝之梧桐上，食帝之竹实，没身不去。

或又有相传，轩辕黄帝统一了三大部落，七十二个小部落，建立起世界上第一个有共主的国家。黄帝打算制定一个统一的图腾。在原来各大小部落使用过的图腾的基础上，创造了一个新的图腾——龙。那么凤凰又是怎么来的呢？龙的图腾组成后，还剩下一些部落图腾没有用上，这又如何是好呢？黄帝的第一妻室嫘祖是一位绝顶聪明的女人，嫘祖受到黄帝制定的新图腾的启示后，她把剩余下来的各部落的图腾，经过精心挑选，也仿照黄帝制定龙的图腾的方法：孔雀头，天鹅身，金鸡翅，金山

---

① 九德指贤人所具备的九种优良品格。古代九德之说有三种：

九德之一：《书·皋陶谟》中，皋陶曰：“都，亦行有九德，亦言其人有德，乃言曰载采采。禹曰：何？皋陶曰：宽而栗、柔而立、愿而恭、乱而敬、扰而毅、直而温、简而廉、刚而塞、强而义、彰厥有常，吉哉！”对于九德的具体解释是：“简而廉”：平易近人，又坚持原则。“刚而塞”：做事主动坚决，又有节制。“强而义”：能力强，又能协调好关系。“乱而敬”：处事公平而持重。“扰而毅”：耐心随顺，又极其果敢。“直而温”：严以律己，宽以待人。“宽而栗”：行事谨慎，如履薄冰。“柔而立”：办事方式柔和，立场坚定。“愿而恭”：与人为善，从人心愿，又严肃负责。

九德之二：《左传·昭公二十八年》中，“心能制义曰度，德正应和曰莫，照临四方曰明，勤施无私曰类，教诲不倦曰长，赏庆刑威曰君，慈和徧服曰顺，择善而从之曰比，经纬天地曰文。九德不愆，作事无悔，故袭天禄，子孙赖之！”

九德之三：《逸周书·常训》中，九德为：“忠、信、敬、刚、柔、和、固、贞、顺。”

古琴九德：最早出自明代冷谦《琴书大全．琴制》，指“奇、古、透、润、静、匀、圆、清、芳”。一曰“奇”。谓轻、松、脆、滑者乃可称“奇”。盖轻者，其材轻；松者，扣而其声透，久年之材也；脆者，质紧而木声清长，裂纹断断，老桐之材也；滑者，质泽声润，近水之材也。二曰“古”。谓淳淡中有金石韵，盖缘桐之所产得地而然也。有淳淡声而无金石韵，则近乎浊；有金石韵而无淳淡声，则止乎清。二者备，乃谓之“古”。三曰“透”。谓岁月绵远，胶膝干匮，发越响亮而不哽塞。四曰“静”。谓之无杀飒以乱正声。五曰“润”。谓发声不躁，韵长不绝，清远可爱。六曰“圆”。谓声韵浑然而不破散。七曰“清”。谓发声犹风中之铎。八曰“匀”。谓七弦俱清圆，而无三实四虚之病。九曰“芳”。谓愈谈而声愈出，而无弹久声乏之病。（清）和素《琴谱合璧》“蓄琴者，欲其九德具备，无收庸材。九德者：奇、古、透、润、静、匀、圆、清、芬也。”以此而命名的九德古琴社，于2016年在南京开设，专注于古琴艺术的交流推广。

鸡羽毛，金丝雀颜色……组成了一对漂亮华丽的大鸟。造字的仓颉替这两只大鸟取名叫“凤”和“凰”。凤代表雄，凰代表雌，连起来就叫“凤凰”。这就是“凤凰”的来历。

·百鸟朝凤·

据传，黄帝即位，自觉天下太平，想亲眼看看传说中的凤凰。为此，他请教天老。天老回答：凤凰显形，乃是祥瑞的预兆，只有在太平盛世时才出现。见到它一掠而过已是很不容易，如果能看到它在百鸟群里飞舞那就是千载难逢的祥瑞了。黄帝听后很不高兴，他说：我即位以来，天下太平，为什么连凤凰的影子都没有看见？天老说：东有蚩尤、西有少昊、南有炎帝、北有颛顼，四方强敌虎视眈眈，何来太平？黄帝听罢便率兵讨伐，于是天下一统。他看见一只带有五彩翎毛的大鸟在天空翱翔，而数不清的奇珍异鸟围着它翩翩起舞。黄帝知道，这只大鸟就是凤凰，也是他想要看到的瑞象——百鸟朝凤。

·吹箫引凤·

相传春秋时，秦穆公有一个女儿，名叫弄玉，姿容绝世，聪明无比，喜好音律，善于吹笙。她吹起玉笙来，声如凤凰啼鸣。秦穆公在宫内筑凤楼让她居住，楼前筑有高台，名叫凤台。秦穆公想为女儿择婿，弄玉发誓说：“必须选择一个善于吹笙的人。”穆公派人四处寻访善于吹笙的人，都不能如愿。一天，弄玉梦见一个美男子说：“我是太华山（即华山）的主人，上帝命我与你缔结姻缘。”并以玉笙为之吹奏《华山吟》第一弄。弄玉遂将梦中情景告诉穆公，穆公遂派大臣孟明到华山寻访。

孟明在华山找到一位擅长吹箫的人，名叫萧史，同载而归。孟明引萧史拜见穆公，穆公让他吹奏。萧史奏第一曲，清风习习而来；奏第二曲，彩云四合；奏第三曲，见白鹤成对翔舞于空中，孔雀数双栖集于林际，一时百鸟和鸣，经时方散。穆公遂将女儿弄玉嫁给他，夫妻和睦，恩爱甚笃。

萧史教弄玉吹箫，学会《来凤之曲》。有天晚上，夫妇在月下吹箫，竟有紫凤飞来聚于凤台之左，赤龙飞来盘踞凤台之右。萧史说：“我本是天上神仙，上帝看人间史籍散乱，命我下凡整理……周人以我有功于史，就称我为萧史，到今天，我已经经历了一百多年的沧海桑田。上帝命我为华山之主，与你有夙缘，故以箫声作合，成就了这段姻缘。然而我不能久住人间，今龙凤来迎，可就此离去。”于是，萧史乘赤龙，弄玉乘紫凤，自凤台翔云而去。就在这天夜晚，有人于太华山听到了凤鸣的声音。这则美丽的神话传说，把琴瑟和谐、鸾凤和鸣诗化了。

华山东峰下的引凤亭，就是取《吹箫引凤》之意而建的。

·凤求凰·

据传，汉代文学家司马相如少年家贫，有一次被一个叫卓王孙的富商邀去饮酒，无意中发现卓王孙有一寡居在家的年轻女儿，叫卓文君。相如一见钟情，就弹起凤凰琴，唱起“凤兮凤兮归故乡，遨游四海求其凰”以表示爱慕之情。卓文君听了十分感动，于是连夜随司马相如私奔，后结成夫妇。

[巧测验]

·凤凰类的鸟·

一般使用“凤凰”这一称谓时，仅指凤和凰，其他归为凤凰之类的鸟不能用凤凰这一称呼，而应当用其本名。

凤　《论语谶》曰：“凤有六象、九苞、五鸣。”六象者，头象天、目象日、背象月、翼象风、足象地、尾象纬；九苞者，口包命、心合度、耳聪达、舌诎伸、色光彩、冠矩朱、距锐钩、音激扬、腹文户。五鸣者，行鸣曰归嬉、止鸣曰提扶、夜鸣曰善哉、晨鸣曰贺世、飞鸣曰郎都，食惟梧桐竹实，故子欲居九夷，从凤嬉。物飞而生子。

鸾　瑞鸟也。张华注曰：鸾者，凤凰之亚，始生类凤，久则五彩变易，其音如铃。周之文物大备，法车之上缀以大铃，和鸾声也，故改为鸾驾。

鹓鶵　《山海经·南山经》曰：“（南禺之山）佐水出焉，而东南流注于海，有凤皇、鹓鶵。”郭璞注：“亦凤属。”《庄子·秋水》云：“南方有鸟，其名鹓雏，非梧桐不止，非练实不食，非醴泉不饮。”

鸿鹄　《说文解字》曰：“鸿，鸿鹄也。”又：“鹄，鸿鹄也。”王氏《说文句读》云：“鸿鹄二字为名，与黄鹄别。此鸟色白，异于黄鹄之苍黄也。”《博物志》云：“鸿鹄千岁者，皆胎产。”按：《尔雅翼》云：“鹄即是鹤音之转，后人以鹄名鹤着，谓鹤之外别有所谓鹄，故《埤雅》既有‘鹤’，又有‘鹄’。盖古之言鹄不日浴而白，白即鹤也。鹄鸣唁唁，唁唁鹤也。以龟、龙、鸿、鹄为寿，寿亦鹤也。故汉昭时黄鹄下建章宫太液池而歌，则名黄鹤。《神异经》鹤国有海鹄。其余诸书文或为‘鹤’，或为‘鹄’者甚多。以此知鹤之外无别有所谓鹄也。”

鸑鷟　此鸟为凤凰之佐。《国语·周语上》记载：“周之兴也，鸑鷟鸣于岐山。”韦昭注：“三君云：鸑鷟，凤之别名也。《诗》云：‘凤皇鸣矣，于彼高冈。’其在岐山之脊乎？”

·关于凤凰的成语典故·

凤栖于梧　梧桐为树中之王，相传是灵树，能知时知令。《闻见录》记载：“梧桐百鸟不敢栖，止避凤凰也。”作为百鸟之王的凤凰身怀宇宙，非梧桐不栖。《魏书·王勰传》也有言“凤凰非梧桐不栖”，凤凰择木而栖，后比喻贤才择主而侍。

得凤之象　相传凤能知天下治乱兴衰，是中国历史上王道仁政的最好体现，是乱世兴衰的晴雨表，成为神学政治的“形象大使”，古人曾分出五个等级，以凤凰的五种行止标志政治上的清明程度，于是历代帝王都把“凤鸣朝阳”、“百鸟朝凤”当成盛世太平的象征。南齐谢兆《永明乐十首》：“彩凤鸣朝阳，元鹤舞清商；瑞此永明曲，千载为全皇。”

凤育九雏　神话传说中有“龙生九子，凤育九雏”之说。“九雏”出自《晋书·帝纪第八·穆帝哀帝废帝海西公纪》：“（升平四年）二月，凤凰将九雏见于丰城。”后以“凤引九雏”为天下太平、社会繁荣的吉兆。“九雏”的具体类别名称以及形象并未提及。之后随着各种宗教信仰与民间传说不断演绎融合，九雏的说法不断丰富，未有定论。

凤凰来仪　凤凰飞来起舞，仪态优美。古代用以比喻吉祥的征兆和祥瑞的感应。《尚书·益稷》曰：“《萧韶》九成，凤凰来仪。”《汉书·王莽传上》曰：“甘露从天下，醴泉自地出，凤凰来仪，神爵降集。”

凤鸣岐山　《国语·周语上》就有周朝兴起之时，有凤凰一类的鸟在陕西宝鸡岐山上鸣叫的记载。而西周晚期的《诗经·大雅·卷阿》也有句曰：“凤凰于飞，亦傅于天……凤凰鸣矣，于彼高岗。”也是讲凤鸣岐山之事，因此西周之时将凤鸟视为神奇的吉祥生物，器物之上颇重凤鸟纹。

凤毛麟角　“凤毛麟角”，常用作比喻难得的杰出人才或其他稀世珍宝。南朝宋人刘义庆《世说新语·容止》：东晋将军桓温也以“凤毛”一语称赞丞相王导的第五子王敬伦：“敬伦风姿似父。桓公望之曰：‘大奴固有凤毛。’”麟，麒麟，传说中的神兽。“麟角”，和凤毛一样，也形容少而珍贵。《北史·文苑传序》谓：“学者如牛毛，成者如麟角。”现常用来比喻难得的杰出人才或其他稀世珍宝。

凤凰涅槃　凤凰有个传说：浴火重生。相传在五百年前，有一种神鸟，集香木自焚，然后从死灰中复活，美艳非常不再死，是以，称为不死鸟，也就是凤凰。关于凤凰还有一说，说凤凰是死神的使者，负责勾走人的魂魄，好人升天，坏人入地。部分地区还流传着“凤凰勾魂”的传说。

郭沫若在诗集《女神》中用以指一个新中国的诞生，第一个把凤凰与不死鸟联系了起来。也就是说诗中的凤凰其实是不死鸟，所以凤凰浴火重生是郭沫若自己联想的，并非是中国古神话的内容。

十九　万兽园

唐崖土司的万兽园是其搜集饲养各种动物供人观赏或传授动物知识的场所，约略同于现在的动物园。在现代，动物园有两个基本特点：一是饲养管理着野生动物（非家禽、家畜、宠物等家养动物）；二是向公众开放。符合这两个基本特点的场所即是广义上的动物园，包括水族馆、专类动物园等类型；狭义上的动物园指城市动物园和野生动物园。唐崖土司的万兽园又当如何呢？或者真如人们传说所评价的那样是土司王的狩猎区？

[游历情]

·神思万兽园·

在传统的民间分类系统中，把能飞的叫禽、能走的叫兽、能爬的叫虫。这里叫万兽园，自然是指能走的动物了。不过，当人们说“走兽”时，却未必真正指的这些能走的动物，据百度百科，我们至少可发现有以下三种意义：

1.泛指兽类。《孟子·公孙丑上》即说：“麒麟之于走兽，凤凰之于飞鸟，泰山之于丘垤，河海之于行潦，类也。”三国时代魏国阮籍有《咏怀》之诗，其中的第十六即有言：“走兽交横驰，飞鸟相随翔。”唐代的温庭筠于《洞户二十二韵》中也说：“画图惊走兽，书帖得来禽。”

2.詈词。犹言衣冠禽兽，带有骂人的意义，如老舍在《骆驼祥子》15 中即有说：“这个走兽，穿着红袄，已经捉到他，还预备着细细的收拾他。”

3.屋饰。走兽又称小兽，古代汉族宫殿建筑屋顶檐角所用装饰物。根据建筑物的体量大小定其使用数量，一般采用单数，太和殿用10个，属于特例。其排列顺序为龙、凤、狮子、天马、海马、押鱼、狻猊、獬豸、斗牛、行什，多为有象征意义的传说中的异兽。走兽所处的位置，在垂脊、戗脊的下端，正是几坡瓦陇上端的汇合点，为封护盖住交会线的连砖的上口，必须在连砖上覆盖脊瓦；因其斜下，若无措施不免有下滑之虞，故在交梁上需用多数铁钉加固，为掩饰铁钉的痕迹，于是在钉帽上加饰了一系列的小兽形象，起到美化建筑的作用。后来建筑技术不断发展，屋檐部位不需要加铁钉，而走兽的形象却保留下来，成为建筑等级的标志和建筑装饰构件。

……

可见，万兽园之“兽”，也可是多指的，未必只有一义。而如何看唐崖土司万兽园的“兽”义，就只能根据大家自己的判断了。

唐崖土司的万兽园位于唐崖土司城址的西南部，与南城墙相连。目前为林木分布，惜具体遗存状况已不详明了。诸多介绍唐崖土司的文献，于唐崖土司的万兽园也都只是一笔带过，难考其真了。

通常，人们是走兽与飞禽连用的，有说“走兽飞禽”的，也有说“飞禽走兽”的。其中的飞禽是能够在天空中飞翔的，它们中间有擅长远距离按季节迁移的候鸟，也有在小范围定居的留鸟，这是动物界的一大类。唐崖土司万兽园中是否兼具飞禽与走兽，已不得而知，至少从名称上无法做出认定。不过可以肯定的是，在这样的一个环境优美、生态适宜的园林场所，即使主人只养殖走兽，飞禽也是少不了的，只不过它们是自投“罗网”而已。因为养殖走兽时，不少食物都宜于飞禽。

《东周列国志》第一回即说到“众军士各将所获走兽飞禽之类，束缚齐备，奏凯而回”，我们不知道唐崖土司万兽园中的走兽飞禽是否也属其战利品而养殖于此的。不过可以肯定的是，既然已称为“园”，那些“走兽”是不会自动走入的。即使不是战争所获，也一定是狩猎所得。因为在历史上，土家族就是一个善于狩猎的民族，并有其特殊的名称，如因其狩猎的地域或基本形式而称为“赶山”或“撵山”，因其艰难和激烈程度而叫“赶仗”或“撵仗”，还有的直接就其基本目的而叫“赶肉”，主题都是狩猎，即围山打猎。多种多样的称呼，反映了人们对于这种活动的多种多样的认识。

还有一点似可以肯定的是，在唐崖土司的万兽园中，“万兽”并非实指，而是虚指。

我们从《尚书》中已多次见“百兽”之用而无“万兽”，可见这“万兽”是后起的，反映出我们对动物知识的增多。

更为有意思的是，唐崖土司万兽园的“万兽”却误打误闯，得到了“万”的本意。据考证，“万”的繁体字型为“萬”，《说文解字》释“萬，虫也，从厹，象形”。清代训诂学家段玉裁注说：“谓虫名也，假借为十千数名，而十千无正字，遂久假不归，学者昧其本意矣。唐人十千作万，故《广韵》‘万’与‘萬’别。”另一位清代学者翟灏在其《通俗编》中引《翁牖闲评》云“萬者蝎也，万者十千也”，也认为“萬”与“万”两字之义“全别”。那么，何为“从厹，象形”？还得从最古老的甲骨文中探寻字源。甲骨文中的“萬”字完全是个蝎子形状。甲骨文是1899年才被发现的，因而前人不可能利用甲骨文来考释古汉语，自然也无从求证“萬”与“厹”的关系。许氏从字形肯定“萬”是某种四足虫的象形假借字，大体上没错，然而这个甲骨文的蝎子并非《说文解字》所云之“厹”。再者，更重要的是《说文解字》压根儿没说“萬”已被假借为数字，只认“萬”是一种“虫”而已；而甲骨文中则已有“一萬”与“三萬”的合文数字字形。这就难怪宋代大学问家朱熹把“萬”认作是一种舞名，因《诗经·邶风·简兮》及《诗经·鲁颂·閟宫》中都提到了“萬舞”，并由此推论“萬人”便是“舞人”，“大萬”为其头目，而跟“萬”表数不沾边。但据陈炜湛《汉字古今谈》考察，“萬”在甲骨文卜辞中常作地名，如称“往萬”、“在萬”，在上古氏族社会，以动物马、牛、羊、猪、犬乃至小虫（如蝎子）作图腾崇拜并成为地名借以求吉避凶，是十分平常的。

唐崖土司的万兽园取义于“萬”，是否有图腾崇拜的想法呢？不得而知。不过，“萬”被借为一个表大数的数目字，更见于金文中的各种祝颂套语，如：万人、万年、万寿无疆、万年无期、万年永用、万年子子孙孙永宝用等。《金文编》就收录了有代表性的多种形体的“萬”字170多个，且钟鼎文中的“萬”字的基本形体跟甲骨文可谓一脉相承，亦为蝎子形状。但从石鼓文、小篆、隶书以后，“萬”字离蝎形开始渐远，甚至变得难以“见形知义”了。到了汉代，人们差不多忘了“萬”字的本义，也懒得去追本溯源。由是，数目字“萬”经历了本无其字、依形托事、久借不还、舍本存末、常用并引申的演变过程，后来更成了一种愿望长存的祈语，如“万岁”、“千秋万岁”等，属贺颂语辞一类，常用于祝人健康长寿，如《韩非子·显学》曰：“千秋万岁之声聒耳，而一日之寿无征于人。”再如唐代李峤《汾阳行》诗云：“欢娱宴洽赐群后，家家复除户牛酒。声明动天乐无有，千秋万岁南山寿。”由此看出，唐崖土司的万兽园言“万兽”，实也有某种“永固佳城”之类的希望在其中了。

[小知识]

·被《中国大百科全书（外国历史卷）》弄错的“卐”·

“万”有一个同音近义字“卐”，常跟德国纳粹党旗上的图案“卐”相混而被误用，竟见诸于一些重要的出版物中，如《中国大百科全书（外国历史卷）》在介绍纳粹党旗的图案时，错将“卐”字写成“卐”。殊不知，这两个形似符号有着天壤之别。卐，在古代本为象征太阳或火的符咒、护符或宗教标志，在梵文中作Srivatsa（室利靺磋），意为“吉祥之所集”，佛教认为它是释迦牟尼胸部所现的“瑞相”，当作“万德吉祥”之标志。在佛经中，“卐”也写作“卍”，但唐代慧琳《一切经音义》（卷21）等认为应以“卐”为准。作为汉字，是在武则天长寿二年（693），“卐”才被制定为汉字并读“万”音。《红楼梦》第19回中就有：“他说他母亲养他的时节，做了一个梦，梦得了一匹锦，上面是五色富贵不断头的‘卍’字花样，所以他的名字就叫作万儿。”可见“卐”绝对是一个褒义字。而纳粹党旗上的“卐”，则是由该党所鼓吹的所谓“社会主义”（德文sozialistische）的首写字母“S”作两个交叉组合而成，其形状是歪斜的，“卐”不是文字，仅是一种符号或图案。德国人和其他外国人都说“卐形旗”，而中国人多说“卐字旗”，盖因汉语中有诸如“米字旗”之类的说法（英国国旗图案中的“米”跟汉字的“米”字形颇形似）。在语言文字应用中，借代不应有歧义。鉴于“卐”与“卐”两者截然不同的含义及并不完全一致的形状位置，“卐字旗”的说法必须予以更正，而应说成“卐形旗”。

[大信仰]

·土家族狩猎之英雄主义的个人定位[①]·

对于“英雄”的理解是多种多样的，通常理解为杰出人物，《三国志·蜀志·先主传》

① 萧洪恩：《土家族仪典文化哲学研究》，中央民族大学出版社2002年版。

说："是时曹公从容谓先主曰：'今天下英雄，惟使君与操尔，本初之徒，不足数也'。"杜甫《投赠哥舒开付翰》曰："君王自神武，驾驭必英雄。"亦自同意。

土家人的理解显然不复杂，他们不可能有英雄史观的理论阐释，也不可能有群众史观的对照。他们所理解的英雄就是能为自己的民族获取利益的特殊人物。这样的英雄，一是有能力，是能力的象征。《世本》及《后汉书·西南蛮夷列传》记载的巴务相，是因为在那场旷日持久的权位争夺战争中，"未有君长，俱事鬼神，乃共掷剑于石穴，约能中者，奉以为君。巴氏之子务相乃独中之，众皆叹。又令各乘土船，约能浮者，奉以为君，余姓悉沉，惟务相独浮。因共立之，是为廪君"。很显然，廪君之立，因其能力。二是有功于民。巴务相之立为君，是因巴氏率领大家，"乃乘土船，从夷水至盐阳。盐水有女神，谓君曰：'此地广大，鱼盐所出，愿留共居。'廪君不许。盐神暮则来取宿，旦即化为虫，与诸虫群飞，掩蔽阳光，天地晦冥。积十余日，廪君伺其便，因射杀之，天乃开明。廪君于是君乎夷城"。可以看出，廪君是因其有功于民而受尊重的。后人有唱"向王天子吹牛角，一吹吹出清江河"，更是唱的英雄所作。所以，《长阳县志·遗闻》（咸丰版）说："先祖所立向王庙，向王者，古之廪君务相氏，有功夷水，故土人祀之。"同上书《庙》还说："按廪君世为巴人主者，有功于民，故今施南、巴、归、长阳等地尸而祝之。"

土家人对英雄的理解，突出地体现在"赶仗"（狩猎）的整个活动中，因而我们强调了其英雄主义意向。具体表现在：

一、把能力超群的人推荐为首领

各村各寨都有能力出众之人，但是，要能当猎主，则必须是能力在本村本寨最出众的，所谓才能服众即是。在这里，作为首领的既不是靠军事特权，也不是靠行政特权，而在于他的丰富的狩猎经验，在于他的胆识和意志，在于他能提供猎具等等。一句话，他有能力。

二、把善于狩猎的英雄之士当成英雄而不论男女

如土家人所敬奉的猎神，是土家族最崇拜的神灵之一，土家族围山打猎、跳摆手舞、跳茅谷斯等都要祭祀媒山神，也称媒嫦、梅嫦、梅婵等，就因为她原是土家族的一个打猎姑娘。她英勇无比，率领好多男子上山打猎，每次狩猎必定满载而归，大家都很敬佩她。一次，一只老虎出山危害人群，媒山前往与虎搏斗相拼，在山里滚岩坎，翻陡崖，爬坡尖，经过几天几夜的殊死搏斗，那只老虎被打死了，但她自己也因流血过多，牺牲在老虎身旁，人们因感谢她而尊为猎神。

三、猎物分配重英雄

猎物分配时，对立头功的多分，一般是主枪手得兽头、兽皮和血口肉，有的则有不同的分法，但主枪手多得是肯定的。在此基础上，其他则按“隔山撵肉，见者有份”的平均主义原则分配。

凡此等等，并可证这种英雄主义意向。

从深层次的理论说，英雄主义体现的是人们的一种追求，一种责任，这就是要力求提高自己的能力，力求为本民族、本群类做出更多的贡献。所以，土家族人民在其历史发展中英雄辈出，对土家族的发展，并进而对整个中华民族的发展都贡献卓著。

[神故事]

·动物偷太阳①·

从前，大地没有光明，动物界常在寻找食物时互相残杀，为此它们很伤脑筋。有一天，百兽之王狮子召集会议，它说：“弟兄们，阴雨打雷时，由于雷公用力过猛，打裂了一个地方，那地方是泥巴补的，只要有雷雨，那雨便从那裂口漏下来，你们发现吗？裂口上面有一个光明的世界，你们愿去偷吗？”

“我愿去。”老鼠说。

“我们愿和你一起去。”蜘蛛和苍蝇异口同声地说。

怎么上天呢？鸟负责衔着蜘蛛慢慢地向天上飞去，蜘蛛边上边织着网，一直织到天顶上，老鼠便顺着网向天上爬，到了天底的那个裂口处，老鼠又是挖又是咬的，不一会就把泥土挖了下来，那裂口出现了。狮子只派苍蝇上去，那鸟已完成任务而重返大地。这样，上天去偷光明的只有老鼠、蜘蛛和苍蝇。

哎呀，光明的地方呀，老鼠它们欣喜若狂。它们来到的地方是一片宽阔的草原，老鼠它们钻在草地里，听到几个向这边走的人在议论道：“我发现我家后院的那个裂口又破了，兴许是雷公大怒了，其实，要找光明很难，比上天还难呀！”老鼠听后跳到他们面前问：“那么，要怎样才能偷到光明呢？”“那要去见我们的大王。”

① 农冠品编注：《壮族神话集成》，广西民族出版社2007年版，第363页，原名《公鸡叫太阳》。

于是，他们带着老鼠它们去见大王。

老鼠说："大王啊！给我们一些光明吧。"

大王说："我是想给你们的，但要跟大伙商量才能决定。"老鼠见大王这吞吞吐吐的样子，是个自私鬼，心想大王是不会把光明让自己带给大地的，为自己不能完成兽王的任务而难过。大王把老鼠打发走了以后，就召集部下来开会，他们的会开得很秘密，说话的声音就是有人在外偷听也听不到，老鼠急得团团转，这时候，苍蝇飞进会场里，刚好听到大王说的最后一句话："我一定要想办法把这几个杀掉。"

会议刚结束，大王就召见老鼠它们说："我准备运一批货到北方去，命你们在明天早晨以前把所有的货都运到北方去。另外，你们必须在太阳出来之前回到我这里。"

大王走后，苍蝇对老鼠说："我们最好不要去押货，大王是想在半路把我们杀掉。"老鼠说不要怕。它们顺着风回到大地，吹一声长哨，所有的老鼠都来到它面前，老鼠们一听能上天，高兴得互相咬着尾巴就爬上天去了。老鼠们上天以后，连夜把货运到北方，它们只用了一个半夜就运完了，大老鼠又吹一声长哨，命令小老鼠们速归大地。

第二天早晨，大王见老鼠它们已把活儿干完了，于是装着高兴的样子说："好啊，我回去再开个会议商量商量。"

第二会议后，大王又召见老鼠它们说："我要烤一头牛，命你们在今夜之内吃光，否则你们就滚回大地。"

可是，大王哪里知道，第二次会议的每一句话都被苍蝇听到了。

当天夜晚，老鼠又把蚂蚁叫上天，一起把那头烤牛丢进通天的洞口，然后蚂蚁又回到大地，和动物界的朋友们共享佳肴。

第二天早晨，大王连牛肉牛骨也没找到一点，相信老鼠它们已经吃完，但他又耍了一个花样。他又召开第三次会议，他说："我决不会轻而易举地让它们得到光明，我这里有红黑两个笛子，黑的装着光明，红的装着黑暗。"苍蝇又把这次会议的内容偷听去了。

大王开完会召见老鼠它们说"我这里有两个笛子，一个装着光明，一个装着黑暗，你们选要一个吧！"

苍蝇把偷听来的话都告诉了老鼠，于是老鼠故意装着在两个笛子边犹疑不决的样子，然后即突然抓起黑笛子就溜回了大地。大王大惊失色，想说什么已来不及了。

回到大地后，动物界摸黑欢聚一堂，他们把老鼠、蜘蛛和苍蝇团团围住，要它们讲讲事情的经过。苍蝇给它们讲了，大伙又嚷着要看笛子，老鼠把笛子摸半天也没见到光明，因为大家都不知道笛子可以吹奏乐曲。狮子很生气，老虎也暴跳如雷，于是大家都嘲笑老鼠它们无能。老鼠在这次行动中最卖力，没想到却受到大伙的讽刺，于是它羞得无地自容，便挖一个洞钻了进去，老鼠就是从那个时候开始在地洞里生活的。

站在一旁的狮子也摸过来拿着笛子玩，过了一会就吹，突然从笛子里吹出一点星光闪闪的东西来。这星光一落地就变成一只美丽的公鸡。这只公鸡拍着翅膀对着东方叫了起来——喔—喔—喔！

立即，金色的太阳从东方升了起来。

·黄牛和水牛[①]·

相传古时候，水牛和黄牛是好朋友，它们穿的衣服颜色与现在是不同的。

水牛穿的衣服是黄色的，看上去很漂亮，蝴蝶爱飞在它的身边，鸟儿爱骑在它的背上。黄牛穿的衣服却是黑色的，看上去很丑，蝴蝶和鸟儿都不愿飞到它的身边。黄牛就嫉妒起水牛来。心想："哼，要是我穿起这样的衣服，蝴蝶也会飞到我的身边，鸟儿也会骑在我身上的。"于是，它想出一条妙计。

一天，黄牛去找水牛："大哥哥，天太热了，我们去洗个澡吧！"

"不，我不去。"水牛不会游泳，说什么也不愿去。

"去吧，大哥，小河里凉凉爽爽的，好玩极了。你不会游泳，可以慢慢学，我教你，况且河里也有浅处，你可以在浅水里洗澡呀。"水牛经不住黄牛的花言巧语，终于去了。

水牛和黄牛来到河边，把衣服脱下来放在草地上，就跳进河里洗澡。黄牛在深水里游来游去，水牛在浅水处打着滚儿。黄牛游了两下，推说自己已经游累了，便早早上了岸，穿上水牛的衣服跑了。等水牛洗完澡上来，才发觉上了黄牛的当。它只好穿着黄牛的黑衣服，上山去找黄牛，可连个影子也没见着。

再说黄牛穿上水牛的衣服，十分高兴。它来到一口清泉边照看自己，喜得在山坡上跳来跳去，满以为这回蝴蝶一定会飞到它的身边，鸟儿一定会骑在它的背上。谁料，蝴蝶和鸟儿一看那身衣服，就知道黄牛是偷水牛大哥的，对黄牛的自私和虚

① 农冠品编注：《壮族神话集成》，广西民族出版社2007年版，第364页。

荣心极为不满，谁也不愿多看它一眼。而对忠厚老实的水牛，蝴蝶和鸟儿还是一往情深，整天飞在它的身边，骑在它的背上，陪伴着它。

蝴蝶和鸟儿的这种偏爱，一直延续到现在，不信你就留心观察，每当水牛慢悠悠地在河边啃草时，蝴蝶就会飞在它的身边，八哥就会骑在它的背上。而在山坡上吃草的黄牛，连蝴蝶和鸟儿的影子都见不到。

至于它们的名字，是人们后来才叫的。水牛穿黑衣服，又紧又窄，热天热得要命，每天都要大量的水来解渴，洗几次澡解闷，与水有不解之缘，于是人们便叫它作“水牛”。而黄牛穿了水牛的黄衣服，一身黄色，所以，人们才叫它“黄牛”。

·牛为么子没有门牙[①]·

相传很早很早的时候，玉皇大帝差牛魔王到人间去，看看凡人做么事，吃么事。牛魔王下到凡间，看到凡人肩挑背驮，耕田耙地用人拉，很是遭孽，一天吃两餐饭，饿得黄皮寡瘦。牛魔王就叫凡人一天吃三餐饭。回到天上给玉皇大帝一禀报，玉皇大帝见牛魔王违旨，就发了脾气，说：“好哇，叫他们只吃两餐，你要他们吃三餐，哪里来这么多东西吃，只有你去帮忙做去！”玉皇大帝一巴掌，把牛魔王打下了南天门。牛魔王一栽下来，跌落了门牙，气哼哼地说：“我就吃草，帮凡人耕田耙地！”从此，牛儿没有门牙，吃草，嚼不动，只好一天嚼到黑。

讲述者：覃子恒

搜集整理者：陈晓阳　陆显大

流传地区：咸丰尖山一带

搜集时间：1987 年 3 月

·猪要挨两刀[②]·

传说猪是阎王的小鬼变的。

有一次，阎王问那些小鬼：“你们哪个愿意到人间去变猪，整天光吃不做，住

① 参见杨适之等主编：《咸丰民间故事集》，湖北人民出版社 2007 年版，第 43—49 页。

② 参见鄂西土家族苗族自治州文化局等编：《鄂西民间故事集》，中国民间文艺出版社 1989 年版，第 199 页。

的楼板屋，三顿食物都有人送，就是死的时候要挨一刀。”有个小鬼听哒，就说：“只要光吃不做，莫说挨一刀，挨两刀我也愿意。”那个小鬼到人间变了猪后，真的到死要挨两刀。公猪割睾丸时一刀，杀的时候一刀；母猪劁的时候一刀，杀的时候一刀。

讲述者：肖昌秀 女 40 岁 汉族 初中 恩施市小渡船农民

搜集整理者：耿永坤

流传地区：恩施市小渡船一带

搜集时间：1987 年 5 月

[巧测验]

·律令——跑得最快的神[①]·

在土家族狩猎过程中，祭山神时会说：

“日出东方，黑海洋洋，老君差我下天堂。年年月月开山门，日日时时开大门，三官引路，四值风轮，前有南星，后有北斗，叫开便开，若还不开，弟子用起五百蛮雷打开，吾奉太上老君，急急如律令。”

你们知道这“急急如律令”是什么意思吗？

在中国神系中，“雷部至捷之鬼曰律令，雷部推车之女曰阿香。云师系是丰隆，雪神乃是腾六。”具体用现代汉语说即是：雷部跑得最快的鬼叫“律令”，雷部推车的女鬼叫“阿香”。掌管云的法师叫“丰隆”，掌管雪的神明叫“腾六”。

希腊神话和罗马神话中跑得最快的神是阿喀琉斯，但他却永远都追不上乌龟。

你知道这是什么道理吗？

阿喀琉斯与乌龟赛跑，等乌龟先跑出一段后阿喀琉斯再起跑追赶，而当他到达被追者的出发点，乌龟又向前了一段，又有新的出发点在等着它，有无限个这样的出发点……

① http://baike.baidu.com/link?url=-kt7fmvdllagTnfuRUsNm1o8nzxmV2BX8P6CsIia9gBaTRKfLI 6PTsUnrCtbCqw6。

·五看——土家人选猎犬[①]·

土家人选择猎犬时就特别投入，如果发现了一只好的猎犬，即使是用重金购买，也在所不惜。而且选择猎犬时很讲究，有很多套路，通常有五看：

一看脑门纹，翻顶爱煞人。这就是看狗的脑门的纹路，即从鼻子到脑门中间的那条纹路分界限，标准是是否翻过了顶。翻过了顶，嗅觉就灵敏，骚路好得很，闻了风带的野兽的骚气，就能知是何种野兽，藏于何处，就可以展开追寻。

二看狗嘴巴，是否张得大。这主要是考察狗嘴的长短，越长越张得开，越能咬得到大的野兽。具体标准是看狗嘴里天腭起的纹路，条数越多越好，至少要有九条以上，十二条是最好的了，说这种狗咬野兽一咬就“下牙”，即凶猛敢咬，一咬就不放，直至咬死才放口。

三看狗下唇，胡须有几根。民间有“一龙二虎三兔”之说，即说只有一根胡须是龙狗，有二根胡须是虎狗，这两种狗都好，撵起野兽来生龙活虎，是上上之选。三根胡须是兔狗，胆小无用。

四看耳尾脚，听跑是如何？如果耳竖如狼，听觉超常；尾如标杆，走如射箭；脚像腊梅，快如风雷。可以看出，狗耳、狗尾、狗脚的意义有多大。

五看狗尾状，是否硬又亮。人们认为，实践也证明，狗尾如油针硬又亮，就好。狗毛如狮子倒转卷，就不好，因其钻草丛荆棘，会被牵挂跑不动。

除了上述的“五看”而外，还要对狗进行锻炼，要从小就教其滚、捕、扑、卧、咬，还要用各种野兽肉让他闻，以识别臊味之不同；另外还要带狗去实习，在“赶仗”的实践中锻炼。“赶仗”时，还要把狗弄到媒山神前去祭拜，因为“梅山神前拜三拜，就把老虎背回来”。

① 参见萧洪恩：《土家族仪典文化哲学研究》，中央民族大学出版2002年版。

二十　夫妻杉

树木是由“枝”和“杆”还有“叶”呈现的一种植物，可存活几十年以上，或长至数千年。不过，一般将乔木称为树，有明显直立的主干，植株一般高大，分枝距离地面较高，可以形成树冠。树有很多种，俗语中也有将比较大的灌木称为“树”的，如石榴树、茶树等。因此，树木也成为木本植物的总称，有乔木、灌木和木质藤本之分，树木主要是种子植物，蕨类植物中只有树蕨为树木，中国约有 8 000 种树木。不过，在唐崖土司城的众多树木中，“夫妻杉”却特别突出。

[游历情]

·这对夫妻不简单·

在中国，甚至在世界，对“树”的认识从来就没有停止过。同样，对树的信仰、对树的崇拜，及至对树的神化也从来没有停止过。

经过那么多年的“造化”、那么多次的“运动”，唐崖土司的“夫妻杉”仍然巍然挺立，不知是出于认识还是出于信仰？是出于哲学还是出于崇拜？

唐崖土司的“夫妻杉”位于湖北省恩施土家族苗族自治州咸丰县唐崖土司镇（原尖山乡）以东 4 千米土司城城址西面玄武山顶部、玉皇庙旁的崖壁之上，属唐崖土司风水林的一部分。“夫妻杉”自然是两株，大小基本相同，像一对苍翠挺拔的夫妻，相传系覃鼎宣慰使的夫人田氏于明天启年间（1621—1627）亲手所栽，意愿夫妻“同谐百年”而闻名；民间以其为一雌一雄、一刚一柔，一叶如针、一叶细软而称为“姊妹杉”；还因其始终存长在玄武山顶部，故又名“玄武杉”……至今，树龄已超过400年，棵围约5米，树高约44米，高大魁伟，枝叶繁茂，冠幅达225平方米，两树枝干连理，并峙而立，有如夫妻携手，恩恩爱爱，是其夫妻爱情的象征，历来得到土司后裔的保护和管理。目前已成为唐崖土司城址自然景观的象征和标志。

中国的民间建筑，或认为有三条核心思想：经济上以血缘家族的地主小农经济为主体、工商业经济始终处于附庸地位的农本思想；政治上的君主集权、依靠封建礼制与官僚机构相结合的国家机器、有效地控制着全国广大地域的礼制思想；儒家倡导的以礼乐为中心的封建秩序、尊王攘夷的大一统思想始终占据着意识形态的主导地位。这三个思想同样在唐崖土司的建设中起着支柱和互相制约的作用，好像一鼎的三足支撑着土司的稳定状态。一旦三个思想之间的制约关系失去平衡，则社会必然动乱不安。一旦出现这种情况，经过自我调整而趋于再平衡，社会又恢复稳定。如此一治一乱的更迭，维系着这个社会的存在和发展。

明天启年间（1621—1627）正是唐崖土司的鼎盛期，前辈将继位司主取名为“覃鼎”，是否有这个愿望？已无法从姓名学上获得历史资料的支撑，但从其先辈由土家语名转而向汉语名，唐崖土司又经过了上十代经营，无论是在治理思想，还是在经济实力上都具备了鼎盛的基础，加上从覃鼎宣慰使的夫人田氏及其作为来看，似乎也可获得证明，你看：树植于玄武山顶部，墓修于始祖墓上部（墓园顶部），不正好是谐音“鼎”吗？

事实上，对任何风水“四象”来说，玄武山都具有永生的意义。“玄者，自然之始祖而万殊之大宗也。”[①] 尽管田氏信仰佛教，但佛教以众生平等的思想反对当时婆罗门教的“种姓制度”，教导信徒们遵照经、律、论三藏，修持戒、定、慧三学，以期生前斩除一切烦恼、死后解脱轮回之苦，宣扬一种重来生的“彼岸世界”、不重现世的“此岸世界”，在一定程度上属消极出世的人生观，与田氏的入世愿望并不相符。因此，在玄武山顶部植上这对“夫妻杉”，无论是为了“百年好合”还是为了“风水配龙角”，都是为了唐崖土司的此岸世界，而不是彼岸世界。事实上，站在“夫妻杉”的位置，背对唐崖土司城往前看，你正可发现对面的峡谷，而且存有白岩等凶相，广植树木加以防止，至今仍然是土家族地区的特有的风水化解方法，而据传说与实地考察，人们即说同类古树原本即有几十棵，其功能应与“夫妻杉”同类，

① 《抱朴子内篇·畅玄》。

惜现已所剩不多。同理，与此相应的，彼邻的玉皇庙，似也可以作证。由此我们也可猜测，由其主政时期所建的石牌坊上的所谓“哪吒闹海”根本就与“土王夜巡”、“麒麟奔天”、“云雾腾龙”、“渔樵耕读”、“龙凤呈祥”、“天官赐福”、“断桥接子”、“槐荫送子”等不在一个意境上，我们想象这是田氏夫人根据“一苇渡江”而创设的“一鱼渡江”图，只不过把大师换成了普通人、把一苇变成了一鱼而已；而所谓“土王出巡”，或即本身即是道教信仰中的“玉帝出巡”，旨在强调传统中国社会的儒、道文化本质，同时隐喻着唐崖土司此一时期的重文本真。

事实上，以“夫妻”名树，在中国民间文化中是一个普遍现象，这正是中国家庭本位思想的根基所在，而家庭本位的根基则是农业本位、礼制思想，石牌坊上的图案与此“夫妻杉”的思想意境正是在同一思维主题上。相比而言，其他的夫妻树，并不如田氏的这种自觉。更为重要的是，在恩施民间，本来就有信仰杉树的思想传统，用北岳山上的古杉木制作而成的鼓槌、锣槌都是神器，一般民居房屋建筑中子女居住的房屋用杉木作柱头、一般的棺木也用杉树以表示子孙发达的意思，甚至也还有“女儿杉”、“神杉”的传说故事……

……

“夫妻杉”，并不只是“夫妻”那样简单，何况这对“夫妻”也的确不简单！

[小知识]

·杉树的药用·

杉树的树干纹理直，结构细致，材质轻柔，耐腐防蛀，广泛用于建筑、桥梁、造船、家具等方面。中国的建材有四分之一是杉树。原产北美的巨杉，俗称“世界爷”，是世界上最大的活生物。美国加利福尼亚红杉国家公园中的一株巨杉，高 83 米，树干直径 10 米，重约 2 800 吨，相当于 466 只非洲象的总体重。它的树龄约为 3 500 年。最高的巨杉树干达 142 米，中部径达 12 米。

杉树自古以来就是一种主要的建材木料。南方农村山区到处可见，全株都可供药用。其性味辛、微温，无毒，入肺脾胃经，能辟秽、祛风湿、解毒、止痛、抗过敏、下逆气、散疲止血等。

1.杉树根皮、叶煮水外洗可治脚气、痞块、风湿关节疼痛、皮肤过敏等瘙痒症和疮肿毒。

2.杉树枝节及根泡酒内服治关节炎，风湿及跌打筋骨疼痛。

3.草医治骨折外敷药时常以杉树皮做固定夹板，其渗透性好，有助理气活血。

4.杉树果 2 两炒熟研末酒冲服或水煎服，可治遗精、病气。

5.杉树油脂拌枯矾、硫磺外涂，治顽癣。

6.杉树尖（即嫩叶头）入口咬碎外敷，治蜈蚣咬伤有特效，很快消肿止痛。也可应急用于蜂蓄伤、毒蛇咬伤，有缓解疼痛、消肿解毒作用。

7.治阳痿。用堰坝上长流水浸泡过的杉木桩，最好是稻田流水口上的子杉木桩、夏天养鱼、冬天种油菜、春天被油菜田水浸泡过的杉木桩，切片煮水服有特效。

8.抗过敏。可用嫩杉尖入口嚼碎，一部分内服，一部分外涂，尤治蜂毒过敏。

[大信仰]

·南杉北柳·

在信仰上，中国有“南杉北柳”的说法，表明杉树在南方人，特别是在武陵地区土家人心中的地位。

在北方文化中，柳树有特殊的信仰意义，一是折取柳枝作送别物，希望离别者都能像柳树那样遇土而生，故《三辅黄图·桥》曰：“霸桥在长安东，跨水作桥，汉人送客至此桥折柳赠别。”后多用为赠别或送别之词。唐权德舆《送陆太祝》诗：“新知折柳赠，旧侣乘篮送。”明陈汝元《金莲记·郊遇》诗：“暗怜衣带，不胜折柳之怀。”二是以柳喻情，希望有一种情感的柔藩不为他物、他人所破，如《诗·齐风·东方未明》所言：“折柳樊圃，狂夫瞿瞿。”毛传：“柳，柔脆之木；樊，藩也。折柳以为藩，无益于禁矣。”后因以“折柳”代指篱笆，喻情属无折柳之固，表达一种情感的希望。据此，以至于有古乐曲名《折杨柳》，曲多用以惜别怀远。《文苑英华》卷 126 引南朝梁元帝《玄览赋》：“已寤歌于《折柳》，复行吟而《采莲》。”唐李白《春夜洛城闻笛》诗：“此夜曲中闻《折柳》，何人不起故园情。”唐袁郊《甘泽谣·许云封》：“《折柳》传情，悲玉关之戍客。”姚鹓鶵《王建章挽诗》：“《阳关》、《折柳》凄迷别，行卷题诗醉醒间。”……

在南方文化中，特别是在武陵地区土家人心中，杉树的地位却另有意味。《长乐县志》记载：“正月十五日夜，取杉树枝……于宅外烧之，曰烧蛇蚤。”修房选梁木，一般是选择一蔸两梢的双叉杉树，主旨是因为梁木是堂屋（或中堂）顶上的核心，选择这种树是寓意人发家发，即肯发。因为杉木会不断地发子树，而且树发的小树多，枝上有鸟窝一类最为理想，也是发家发人的意思。

打薅草锣鼓唱《送神》歌时要把：

“鼓圈送与杉木柯，鼓钉送往竹园落，鼓皮送到牛身上，鼓槌送往泡木柯。”

“锣槌送往杉木柯，锣索送与卖麻婆，只有三锣我不送，留在家中挖土坨。”

因为鼓槌、锣槌都是用北岳山上的古杉木制作而成的。

另外，修房造屋时，拟为儿女所住的房屋应用杉树柱头，即是为了人丙兴旺；一般的棺木也用杉树，表示希望子孙发达的意思。

[神故事]

·尖山夫妻杉的由来[①]·

很早很早以前，唐崖河畔有着古老原始的森林，河水清澈见底，鱼虾垂手可捞。河的右岸是玄武大山，山脚下有户姓田的员外，家中有十女一子，平时员外重男轻女，但家教甚严。虽是员外之家，却吝啬出奇。有一天家中来了一个要饭的，员外出门一看，小伙子牛高马大，一表人才，是个干活的能手。眉头一皱，计上心来，忙把小伙子叫到屋里一问，才知道是被后娘撵出家门的流浪者。此人的出现也正中员外下怀，于是决定要他在自己家中干活，供他吃穿，一年还给一块大洋。小伙子无奈，只得答应，人穷气力出，委屈也是求全。干活时从不偷懒。有一年正是插秧季节，牛又下崽了，小伙子就在前面把犁耙拉着，后面一个长工掌着犁耙把所有田块平整好。收谷时节别人挑一担箩筐，他却把两担箩筐的谷重挑回家。员外看着很高兴，还给

① http://www.tangya.cc/post/50.html。

他加了工钱，时常破例让他与他们一家人吃饭。

员外家的十女当中，四姐最精，看到小伙子非同一般，就偷偷在夜里去柴屋看他睡觉，一看吓了一大跳，小伙子却是睁着眼睛打呼噜，四姐回屋告诉母亲，被母亲一顿痛骂。在看管更严的情况下，四姐叫最小的十妹从吊脚楼上扔下一床旧被，小伙子稀里糊涂地以为是员外的赏赐，不久又发现柴屋里有一条绣着鸳鸯的枕帕，这时小伙子开始注意员外家中的十个女孩，唯独不见四姐出入。“满园春色关不住，一枝红杏出墙来。”四姐想出了一个办法，在姐妹们的帮助下，悄悄来到小伙子干活的地方，对小伙子说：“你偷偷看我穿衣，见我肤者必是我夫，看你怎么着……”这一激将法，使得小伙子傻了眼，跪在四姐面前恳求发落，四姐忙扶起小伙子要他提亲。小伙子看着眼前的“天鹅”，虽有欲望，但不敢奢望。世上没有不透风的墙，更何况还有姐妹之间的忌妒，很快老爷就知道了这些事，心想：把小姐许配给他，太不门当户对了，赶走这位年轻人又太难找到这样的大力士，最后想出了一个很残酷的办法，要小伙子住在唐崖河上游的一个岩洞里，白天来给他家干活，晚上回山洞里住，小伙子也心甘情愿，因为他心里真的爱上了四姐。

有一天员外发现四姐不见了，不用猜肯定是被小伙子拐走了，来到山洞一看，只有小伙子一人躺着。大家都认为四姐投河自尽了，却没想到两个年轻人很有心计，加上洞中有洞，有人来了就藏在里面。一年以后，四姐有了身孕，双双来到员外面前求婚。生米已经煮成熟饭，虎不食儿肉，加上小伙子与四姐情深意重，员外只好答应了。

后来，员外嫌贫爱富，小伙子忍气吞声。一天夜里小伙子对四姐说：“我想出去闯一闯，好男儿有志在四方，当凯旋归来时好让我的爱妻扬眉吐气，做一个堂堂正正的夫人”。四姐拉着小伙子的衣衫流着泪说：“我们到后山种上两棵树吧！人去树留，落叶归根，盼你早点回来！”两人趁着月光来到山垭口种上了两棵杉树。树栽好了，好象完成了一件伟大而有意义的事，他们双双在树前许下心愿。这时小伙子轻松的地在树前小便，四姐害羞地蹲在树后面。回来以后的第二天小伙子就出门了，也没向岳父岳母辞行，只有四姐知道他要去干什么。

·夫妻杉的传说·

说是夫妻杉，可为什么不种在皇城中而要种在这玄武山顶呢？这有一个说法：

据说唐崖土司从覃启开始，经过覃直、覃耳毛、覃忠孝、覃斌、覃彦实、覃文铭（明）、覃天富、覃万金、覃柱、覃文瑞而至覃鼎，硬是达到了唐崖土司的巅峰时期，盛极一时。明天启元年（1621）覃鼎奉调征讨渝城，因军威显赫、战绩卓著，于1623年被朝廷授予宣慰使职，明熹宗朱由校亲赐皇令二道，大建平西将军“帅府”；允许建石牌坊一座，上书“荆南雄镇”、“楚蜀屏翰”。

但物极必反，酷爱《周易》的覃夫人说破了自己的担心：如何使唐崖土司更进一步发展。于是，覃夫人决定采取几个风水措施，其一即是增高玄武山的高度遮住对面峡口的邪风与白岩，减少祖坟山的高悬度，并由夫妇共同完成。其二是修造玉皇庙，请诸神共同护佑覃氏子孙。

增高的具体做法就是增土植树，你看，这两棵杉树所在地段即有人为增高的痕迹。而且，这两棵杉树（即现在的“夫妻杉”）还是种在作为土司王城龙脉的玄武山顶上，有龙角之象。

这就是夫妻杉的由来。

萧洪恩搜集整理

[巧测验]

·杉树的种类·

杉树属松科，常绿乔木，生长在海拔2 500—4 000米的山区寒带上。高可达30米，胸径3米，树干端直，树形整齐。杉木的品种较多，大致分为三类：

一类是嫩枝新叶均为黄绿色、有光泽的油杉，又名黄杉、铁杉；

一类是枝叶蓝绿色、无光泽的灰杉，又名糠杉、芒杉、泡杉；

一类是叶片薄而柔软，枝条下垂的线杉，又名柔叶杉。

杉树被称为“万能之木”。最新的分类法将以前单独分为“杉科”的植物划入柏科，只是其中的金松属被单独分为金松科。

二十一　玉皇庙（玉皇殿）

玉皇大帝全称昊天金阙无上至尊自然妙有弥罗至真玉皇上帝，或称太上开天执符御历含真体道玉皇大天帝，又称昊天金阙玉皇玄穹高上帝、玉皇大天尊、高天上圣大慈仁者玉皇大天尊玄穹高上帝、玄穹高上帝。在神殿中，玉皇大帝居于弥罗宫通明大殿之中，统领三界十方诸神与四生五道芸芸众生，并权衡世间一切兴隆衰败、吉凶祸福，是三清之下、四御之上的大神。玉皇大帝在汉族民间信仰中影响极大，往往祭祀天帝的仪式也超越了三清的规格。另外，玉皇大帝乃是道教神祇，并非佛教与印度文化中的帝释天。在恩施州的范围内，有十分广泛的玉皇大帝信仰。

[游历情]

·玉皇庙是风水建筑吗？·

唐崖土司城遗址的“玉皇庙”（也称“玉皇殿”）还没有进行考古发掘，但玉皇庙的遗存却较丰富。多数传说玉皇庙并不是唐崖覃氏所建，而是他人为了破坏唐崖土司城的风水所建。另有一种说法，是“改土归流”后，流官根据朝廷旨意所建，目的也是为了破坏唐崖覃氏的风水。根据传说及相关研究人员介绍，我们可以确认关于玉皇庙建筑传说的一些基本信息：

建筑主体——唐崖覃氏土司之外的人（非唐崖覃氏建）

建筑性质——为破坏唐崖土司城的风水而建

建筑类型——道教信仰以区别于唐崖土司覃氏的佛教信仰

建筑位置——玄武山的最高处，以道教最高神断唐崖土司城龙脉……

这些说法明显地站不住脚。因为：（1）于土地制度上讲，当时的唐崖土司属农奴制度向地主制度转变的初始阶段，玄武山属唐崖覃氏的祖山，覃氏不可能允许他人随意在自己的祖山上建筑，更不用说事关宗教信仰的建筑了，何况紧靠着覃氏所植以“夫妻杉”为主的风水林呢？（2）从信仰上说，上述说法是假设唐崖覃氏只信奉一种宗教——佛教，但这是不正确的，我们从其所存观音殿、玄武观、桓侯庙等为代表的“八大寺庙”也可见出其信仰的非单一性。（3）从唐崖土司城建设的整个风水格局来看，该城的各个环节都严格遵循着风水格局，说明其本有风水高人指点，不可能允许发生此类破坏风水之事，更何况这是一种永久性的宗教建筑呢？（4）唐崖土司是自请“改土归流”的，并且其主要成员都已迁出而至汉川，朝廷也不可能失信于天下。更何况，“改土归流”后本就有一系列的传播中域儒家文化的措施，以此强调其统治的文化合法性，因而也不可能做这类“迷信”之事。⑸最直接的证据还来源于玉皇大帝信仰本身。

我们知道，道教的高级天神有“三清”、“四御”等，但真正为中国老百姓妇孺皆知的无疑是玉皇大帝。在《西游记》中，玉皇大帝是万神之王，全称叫玉皇大天尊玄穹高上帝，管辖着一切天神、地祇、人鬼；他住在天宫，其办公室是金碧辉煌的金阙云宫灵霄宝殿；他手下有许多文武仙卿，武神有托塔天王、哪吒太子、巨灵神、四大天王、二十八宿、九曜星官、五方揭谛、四值功曹、千里眼、顺风耳等，文神有太白金星、文曲星、丘弘济真人、许旌阳真人等，管辖着四海龙王、雷部诸神、地藏菩萨、十殿阎罗等各路神仙。

玉皇大帝神位的确立，可以推至唐代的转折性变化。从神源的层面，玉皇大帝信仰是源于上古的天帝崇拜，而天帝崇拜又根源于原始宗教即对日、月、星辰、风、雨、雷、电及山川、河流的自然崇拜。到了殷商时期，已形成最高神帝、上帝等观念；西周以后有了皇天、上天、旻天、天帝、皇天上帝、昊天上帝等多种神目，《诗经·周颂·时迈》、《周书·康诰》、《周书·泰誓中》、《商书·仲虺之诰》等均有反映；到了东汉，随着道教产生，道徒们邀请天帝加盟，并成了神仙界的皇帝，并总管三界、十方、四生、六道，并有了玉皇、玉帝、玉皇大帝、昊天金阙玉皇大帝等名称，直到发展为中国全民（主要是汉民族）崇拜的最高神，并流传到了东南亚等广大地区。

道教的造神运动是玉皇大帝神位确立的关键步骤，在《高上玉皇本行集经》（简称《玉皇经》）中有一个元始天尊命太上道君亲自到人间送子的故事，从中说明这位玉帝的出身显赫，是王太子，后来修成了“如来”，或并驾于如来佛；再后来又经亿劫而修成了玉皇大帝，其地位则超过了如来佛。同类道教造神书还有《老子化胡经》等，从而把佛陀贬为道教“三清”神的后辈。

不过，直到唐代以前，这位诸神之王的玉皇大帝都还没有形成完整形象。最直接的证据就是南朝齐梁时陶弘景编的《真灵位业图》，虽有“玉皇”、“玉帝”之名，但却地位低下。“玉皇道君”列于玉清三元宫右位的第十一位，“高上玉帝”在第十九位。唐代的两个因素助推了玉皇大帝神位的确定：一是李家天子与太上老君攀上了亲戚，使“玉皇”、“玉帝”之名称大量出现于唐人作品中，如唐人诗词中；二是与对“玉”的崇拜相关。道教信奉食玉可以长生，且为纯洁清静的象征，故道教所称神仙，多与玉相关，如侍曰玉女、玉郎，域曰玉京、玉清，居曰玉阙、玉楼，动物曰玉兔、玉蟾，植物曰玉树、玉芝……

玉皇大帝之名似确立于宋代。赵氏统治者的造神表明自己与玉帝有关，赵家天子乃得玉帝护佑，并载于正史。于是宋真宗在宫内滋福殿恭设玉皇像，并于大中祥符七年（1014）封为“太上开天执符御历含真体道玉皇大天帝”，宋徽宗后又加封玉帝为“太上开天执符御历含真体道昊天玉皇上帝”。此后，即使唐、宋时道教造出了最高层神团“三清”和“四御”，玉帝地位在三清之下而位列四御之首，但世俗民间的玉皇大帝却属于古今天下第一神。除道教设观而外，民间也多设庙宇，于是全国各地有许多著名的玉皇庙、玉皇观、玉皇阁、玉皇庵等，还定正月初九为“玉皇诞”、腊月二十五日为玉皇大帝出巡日，及至影响到各少数民族，如羌族在每年的七月十九日有“玉皇会”……

玉皇大帝信仰在土家族地区也是全民信仰，在土家族的民间传说故事中随处可见，如《马桑树的传说》（来凤、咸丰）、《神杉》（咸丰）、《人间谁最苦》（巴东）、《苦与乐》（咸丰）、《蕨粉的传说》（恩施）、《牛》（恩施）、《天赐孙真人》（建始）、《红沙梁子》（建始）……我们从上列资料中可以看到，作为恩施民间神的玉皇大帝，其结构与人有别，他有“七脉”。虽在天宫，但主宰的却是人事及万物。他可以赐人的尊号，他可以叫蕨粉入地三尺。他说什么就是什么，是真正的金口玉言。因此，恩施民间的玉皇大帝，实质上是一个至高无上的天神。正是这种全民信仰的特性，说明唐崖土司的玉皇庙只能是覃氏土司根据自己的信仰而建立的宗教设施，并基本上位于玄武山的最高处，显示出其神位的至上性。

[小知识]

·玉皇大帝的社会影响·

人们对玉皇大帝的认识，并非来自道教经典《玉皇经》，主要来自有关小说如《西游记》、《南游记》（《五显灵官大帝华光天王传》）、《北方真武玄天上帝出身志传》（《北游记》）等，及有关戏曲以及庙中玉帝的塑像。玉帝的塑像或画像，一般身着九章法服，头戴十二行朱冠冕旒，有的手持玉笏，完全是秦汉帝王的一身打扮，统治集团和道士们只能用世间最尊贵的形象去塑造诸神之王，人间帝王也乐于看到天上帝王身上有自己的影子。这个例子正如马克思所讲："宗教本身是没有内容的，它的根源不是在天上，而是在人间。""人创造了宗教，而不是宗教创造了人。"

至高无上、至尊无比的玉皇大帝，在《西游记》中，他的宝座坐得并不安生。一个孙猴子、一根金箍棒，就把他搅得六神无主、心惊肉跳，道貌岸然的玉皇大帝成了个动辄惊慌失措的孱头，显示了作者及广大群众对万神之王和人间帝王尊严的揶揄，反映出中国社会佛道互斥的现实场景。

玉帝是道教尊神，故在道观中无观不在。全国各地有许多著名的玉皇庙、玉皇观、玉皇阁。旧时北京专祀玉帝的玉皇庵、玉皇庙就有二十来座。号称全真派"天下第一丛林"的北京白云观中玉皇殿即十分著名。殿内正中奉祀昊天金阙至尊玉皇大帝；神龛前挂有百寿幡，中间为幡门，两侧为幡条、幢幡。这挂寿幡不同寻常，是西太后作六十大寿时所用之物，后来赐给了白云观。玉帝像两旁供有南斗六星、北斗七星、三十六帅、二十八宿及四大天师。以此为尺度，咸丰丁寨的"白云观"应属不误，可以作为全真派信仰在此地的传播，而唐崖直接称为"玉皇庙"，应属另一系属。

道教把玉皇大帝的诞辰定为正月初九，即所谓"玉皇诞"。这个日子据说也有来历，明代王逵说："神明降诞，以义起者也。玉帝生于正月初九日者，阳数始于一，而极于九，原始要终也。"[①]"九"这个数字，在古代常是表大数、多数的虚数，也作为极数、最大数。《黄帝内经·素问·三部九候论》称"九"是"天地之数，始于一，终于九焉"。所以，形容天高曰"九重"，地深曰"九泉"，疆广曰"九域"，仙众称"九仙"，地极深称"九幽"，水极深称"九渊"。"九"是个神秘而又神

① 王逵：《蠡海集》。

圣的数字，故道教用此极数来规定玉帝的诞辰。农历正月九日这个极尊的日子，也只能为玉皇大帝所占有。

玉皇诞是道教的重要祀日，是日道观举行盛大的祝寿道场，诵经礼忏，祈祷国泰民安，风调雨顺，山门鼎盛，道法兴隆。道教又以每年腊月（十二月）二十五日为玉皇大帝的出巡日。说是此日玉帝要下界巡视众生，考察人间善恶、祸福。是日，道观举办道场，迎接玉帝的御驾，当晚子时举行接驾仪式，很是庄严隆重。旧时，民间也有接送玉皇的习俗。明代刘侗的《帝京景物略》卷二载：“（十二月）廿五日，五更焚香楮，接玉皇，曰玉皇下查人间也。竟此日，无妇妪詈声。三十日，五更又焚香楮送迎，送玉皇上界矣，迎新灶君下界矣。”

在中国大地上，玉皇大帝的信仰极为普遍，在许多少数民族地区也深受崇拜（如羌族七月十九日有“玉皇会”），各族人民中流传着各种各样有关玉皇大帝的传说故事，当然是受汉族的影响。玉皇大帝是中华民族普遍敬奉的神明之一。唐崖土司“荆南雄镇”牌坊上的所谓“土王出巡”图，极有可能是“玉帝出巡”图，反映出唐崖土司覃氏的宗教信仰，这从其“印塘”严格按照风水要求开造成半月形即可知一二。

[大信仰]

·民间的玉皇大帝信仰与习俗·

道教认为玉皇大帝为众神之王，在道教神阶中地位极高，神权最大。他布天之德，造化万物，济度群生，权衡三界，统御万灵，而无量度人，为天界至尊之神，万天帝王。简而言之，道教认为：玉皇大帝总管三界（天上、地下、空间），十方（八方和上下），四生（胎生、卵生、湿生、化生），六道内外的一切阴阳祸福。每年的腊月二十五，玉皇大帝要亲自銮驾阵圣下界，亲自巡视察看各方情况。依据众生道俗的善恶良莠来赏善罚恶。

神诞之日为农历正月初九。道教宫观要举行金箓醮仪，称“玉皇会”。参加醮仪的道士和道教信徒都要祭拜玉皇大帝，行“斋天”大礼，以祈福延寿。广东潮州地区，福建和台湾省民众称玉皇大帝为“天公”。正月初九要“拜天公”，一家老小，斋戒沐浴，上香行礼，祭拜诵经，有的地方还唱戏娱神。中国北方过去还有举行玉皇祭、抬玉皇神像游村巡街的习俗。传称十二月二十五日是玉皇大帝下巡人间的日子，旧时道观和汉族民间都要烧香念经，迎送玉皇大帝。

[神故事]

·道教编出的玉帝来历·

道教产生前的天帝比较抽象、单纯，道教感到很不够，要大大改造一番，进一步将其正统化和神化。于是出现了道徒编造的《高上玉皇本行集经》，简称《玉皇经》。经书中详述了玉帝——原来的天帝——的出身和历史。

《玉皇经》说，在遥远的年代，有个光严妙乐国，统治者是净德国王，妻子叫宝月光王后。净德国王年老无嗣，心中忧虑，于是诏诸道众，遍祷真圣。一夜，宝月光王后梦太上道君与诸至真，驾五色龙舆而至。太上道君抱一婴儿，身上毛孔放出红光，照亮诸宫殿。王后一见大喜，乞求道："今主无嗣，愿乞此子为社稷主。"道君答言："愿特赐主。"王后梦醒而有孕。怀胎一年，于丙午岁正月九日午时诞于王宫。王子幼而敏慧，长而慈仁，继位后舍其国，于普明香岩山中修道，成功超度，行药治病，拯救众生，令其安乐。如是修行三千二百劫，始证金仙，号曰清净自然觉王如来，教诸菩萨顿悟大乘正宗。又经亿劫，始证玉帝。[①]

这部《玉皇经》编造元始天尊命太上道君（亲自）到人间送子——乃玉帝的前身。这位玉帝的出身是显赫的，是正经八百的王太子，后来修成了"如来"，"教诸菩萨顿悟大乘正宗"，似乎和佛教创始人如来佛功德不相上下。最后又经亿劫，修成了玉皇大帝，意味着其地位超过了如来佛。道士造此经，可谓一箭双雕！道教为与佛教一争高低，挖空心思在造经上极力贬低佛教，《老子化胡经》是，《玉皇经》亦是。从此，道教把佛陀贬为"三清"的后辈。

·宋朝君主与玉皇大帝·

在唐代以前，这位玉皇大帝并不存在。南朝齐梁时陶弘景搞了一个《真灵位业图》，虽有"玉皇"和"玉帝"的名目，但"玉皇道君"只在玉清三元宫右位的第十一位，"高上玉帝"在第十九位，地位并不高。到了唐代，李家天子与太上老君攀上了亲戚，

---

① 王逵：《蠡海集》。

道教空前发展，一度成为国教。玉皇大帝信仰也流行开来。在唐人诗词中，“玉皇”、“玉帝”的名称大量出现。

所谓“玉帝”、“玉皇”之“玉”，有人认为他是永不让位的终身天帝，像白玉雕像那样永远不变，故称“玉皇”。但此说不确。道教信服食玉，认为食玉可以长生，玉又为纯洁清静的象征，故凡称神仙，其侍曰玉女、玉郎，其域曰玉京、玉清，其居曰玉阙、玉楼，其动植物曰玉兔、玉蟾、玉树、玉芝，皆美称也。正因如此，唐代文人骚客常称天帝为玉皇、玉帝。道教宣称玉帝总管三界（天界、地界、水界或欲界、色界、无色界）、十方（东、南、西、北、东南、东北、西南、西北、上、下）、四生（胎生、卵生、湿生、化生）、六道（天道、神道、人道、地狱道、饿鬼道、畜生道），俨然是宇宙总皇帝，称为“玉皇大帝”也当之无愧。

到了宋代，统治者更加鼓吹君权神授，宣扬赵家天子得玉帝护佑，并载于正史。

> 帝（宋真宗）于大中祥符五年（1012）十月，语辅臣曰：“朕梦先降神人传玉皇之命云：‘先令汝祖赵某，授汝天书，令再见汝，如唐朝恭奉玄元皇帝（指太上老君）。’”[①]

这位玉皇派来的赵家天子的祖上，就是什么“灵仙仪卫天尊”，真宗梦见他对自己说道：“吾人皇九人中一人也，是赵之始祖；再降，乃轩辕皇帝，凡世所知少典之子，非也。母感电梦天人，生于寿丘。后唐时，奉玉帝命，七月一日下降，总治下方，主赵氏之族，今已百年。皇帝苦为抚育苍生，无怠前志。”天尊说罢，“乘云而去”[②]。

“人皇”为天皇、地皇、人皇“三皇”之一。历史上对“三皇”有一些不同说法，是中国古代传说中著名的神人。传说人皇长有九头，乘云车，驾六羽，共有“兄弟九人，分长九州，各立城邑，凡一百五十世，合四万五千六百年”[③]。宋真宗竟假借玉帝托梦，把其老祖说成是远古传说中的人皇之一，继而又成为轩辕皇帝即中华民族的始祖黄帝，赵家天子于是成了“正统嫡传”。所以，“奉玉帝命”总治下方，建立宋朝赵家天下，也正是“顺应天意”。

---

① 《宋史·礼志七》。

② 《宋史·礼志七》。

③ 司马贞：《补史记·三皇本纪》。

其实，赵家的开国皇帝赵匡胤当初欺负后周柴家孤儿寡母，导演了一幕“黄袍加身”的闹剧，才登上了皇帝的宝座。按照封建“正统”的说法，宋太祖也是个不大光彩的篡位皇帝。不过，赵匡胤在历史上却是一位较有作为的皇帝。人间的最高统治者编造谎言和美化自己的手段是无与伦比的。

于是宋真宗也就跟真的似的，在宫内滋福殿恭设玉皇大帝像，不久即大中祥符七年（1014），又上玉皇大帝圣号曰“太上开天执符御历含真体道玉皇大天帝”[①]。“玉皇大帝”之称，盖始于此。看来，不管玉帝多么至高无上，他还得靠人间帝王加封。宋朝有名的道君皇帝宋徽宗，又加封玉帝为“太上开天执符御历含真体道昊天玉皇上帝”。

唐宋时，道教又造出了最高层神团“三清”和“四御”，玉帝地位在三清之下，而位列四御之首。但道士们的这种安排和说教，并不为世俗所接受，人们心目中的玉皇大帝是古今天下第一神，就像人也不会超过人间帝王一样。其实，即使在著名道观中，也常常要突出玉皇大帝的地位，如北京白云观中的四御殿，并不把玉帝与其他三御并列，而是正中设昊天金阙玉皇大帝神位，两旁为北极大帝、天皇大帝、后土地祇，但一边一位，另一边两位太不协调，又加上个南极长生大帝。但南极长生大帝并不是流行说法中的四御之一，可这种安排倒符合了世俗的心愿，这说明道观中的神位排列也必须照顾民间信仰的现实情况，就像制度化的宗教强调教派分别，而民间却演义诸神大合唱一样。

[巧测验]

·东西南北四游记·

《四游记》是明代万历年间出现的四种长篇神魔小说的合称，书中大都是与道、佛两教有关的神怪故事，在中国文学史上占有举足轻重的地位，包括《东游记》、《西游记》、《南游记》、《北游记》。具体说明的是：

一曰《上洞八仙传》，即《东游记》，吴元泰撰，叙八仙成道故事。二曰《五显灵官大帝华光天王传》，即《南游记》，余象斗编，叙华光大闹天宫地府事。三

① 《续资治通鉴》卷三十一。

曰《北方真武玄天上帝出身志传》，即《北游记》，余象斗编，叙真武成道及降妖事。四曰《西游记传》，杨志和编，即吴承恩《西游记》之节本。除《西游记传》外，均杂采民间传说而成，以《上洞八仙传》最富特色。[①]

·自然崇拜·

自然崇拜有不同的发展阶段，其中早期自然崇拜（魔力崇拜、精灵崇拜、灵物崇拜）与早期祖先崇拜（女性祖先崇拜、鬼魂崇拜、巫师崇拜等）等产生于晚期母系氏族社会阶段，到了父系氏族社会阶段中期，则形成了自然崇拜的较高级形式，包括神灵崇拜、物神崇拜、魔怪崇拜，并伴随着中期祖先崇拜如男性祖先崇拜、“且”崇拜、个人守护神崇拜等。更进一步，到了农村公社阶段则形成了晚期自然崇拜，确立了高低主次神灵崇拜、大小魔怪崇拜系统，并伴随着晚期祖先崇拜，包括部落贵族祖先崇拜、父系大家庭祖先崇拜、村寨保护神崇拜等[②]。

与女性始祖崇拜相伴而生的自然崇拜是原始初民的一种极为普遍的信仰形式，其基本思维信念即认为自然物和自然力具有生命、意志以及伟大能力。其生产力基础在于原始初民在大自然面前的力量极端弱小及知识的极端贫乏，无力应对各种自然物和自然力量如山、石、土地、太阳以及风、雨、雷、电、洪水等，但人们为了生存和生活又必须面对，从而按原始初民自己的活动和认识情况来解释自然界的各种现象，把人的意志添加在自然界的事物和现象上，相信各种自然事物和现象都是有意识的，并且可以按照自己的意愿给人类带来幸福或灾难，其中与人类关系特别密切的土地、天体、山峰、岩石、河流、水、火等即成为重要的和首要的崇拜对象……在自然崇拜中，天体崇拜是比较普遍盛行的信仰形式，日、月、星辰和风、雨、雷、电等等都是人们的自然崇拜对象，在其他的自然崇拜中，山崇拜和石崇拜较为典型，如祭山神是土家族自然崇拜的重要祭仪，凡农时、狩猎、招魂等都必须先祭山神；土家族中也有石块崇拜的信仰。

另外，自然崇拜中的水崇拜实际上是一个系统，河神、雨神、湖神、泉神、井神等都是水神信仰……不过，自然崇拜的通常形式即是动植物崇拜，这在中国少数民族的原始宗教信仰中具有极其重要的意义，如侗族有祭蛇神的宗教信仰仪式，且

---

① 参见 http://baike.baidu.com/link?url=uZKKMvUfAPdl7zLoi5hcw_GXJ-kTL6Fow8yCFB--GW4O-Hk KPOdo77 tqUt_RN3Ecjoj3M6ls4QdEY-qzp1x4FK。

② 于锦绣：《原始宗教观念的发展及其表现形式》，《思想战线》1985 年第 5 期。

禁忌吃蛇，在干旱或虫灾之年用藤条编织成一条大花蛇，举之漫游田间，俗称其为“舞草龙”，以此驱灾；土家族有多种动物神灵，其中阳雀也是信仰对象，大人会刻意地喊小孩听阳雀的叫声，寄托了“你贵扬”的希望；土家族等都认为谷种有灵魂，保持着十分相类似的“祭谷魂”、“护谷魂”、“叫谷魂”等宗教仪式；土家族还有“敬古树”的宗教仪式，尤其敬奉生长在寨边路旁，常青耐老的松树、枫香、香樟、银杏等。

二十二　唐崖土司的皇坟

唐崖土司城内共有土司墓地两处：一处位于城内西北的官坟山，存有覃值什用墓、覃鼎墓、覃鼎夫人田氏墓、覃光烈墓和数座无名墓；另一处位于衙署右侧的御花园内，现存覃梓椿夫妇墓和数座无名墓，土司后裔称覃宗禹墓亦在此处。我们此所论及，并不全列。

[游历情]

·瞩目土司墓·

参观考察坟墓，应有一种别样的心情。

坟墓应该是让人敬畏的地方，却不应是让人可怕的地方。一方面，坟墓意味着一个生命的终结，而人总有终老的一天。因为任何人来到这个世界，都没有活着离开过这个世界，这已成为一种永恒。所以，敬墓也是敬己，是对生命的敬畏！另一方面，人们赋予了坟墓以阴地的意涵，长此的内心沉淀，使任何人走进坟场时都总会有一种宁静而肃穆的感觉！我也是以这种心境走进那些土司墓、走进田氏夫人墓的。

自然，坟墓是埋葬死人之地。按照古代的惯制，筑土垄起而形成高出地面的土堆即为坟（封土成丘者为坟）。相对而言，凡葬掘入穴地，不堆土植树者谓之墓（平者为墓），《礼记·檀弓上》有“古也墓而不坟”之说，郑玄注谓“土之高者曰坟”，可见坟、墓本来有原则区别，可后来却凡指埋葬死人的穴和上面的坟头（堆土）均被通称为“坟墓”了。从历史进程考量，尽管死的人在当时未必是尊者，但死者为尊，且为留给后人，故不仅被通称为“坟墓”，而且也被尊称为“祖坟”。对照之下，土司墓、田氏夫人墓等被称为坟墓也算是名符其实了。因为从形制上看，这些墓差不多既有入地之穴，又有封土为丘。在土家族地区，入地为穴叫“挖井”下葬，封土为丘叫“垒坟”，生者在生时的一些禁忌，就有属于此例的，如吃饭不能换饭碗，一是忌在生时把饭碗搞丢了，一是忌死后入地为穴时入不了地——挖井挖不下去……显然，土司墓、田氏夫人墓亦属于土家族地区的坟墓通例，不过规模较大、内涵更丰而已。

在古代，坟墓的地位是很高的，所以《管子·九变》说：“大者，亲戚坟墓之所在也。”而《周礼·地官·大司徒》则说：“安万民，一曰媺宫室，二曰族坟墓。”可见，对于管理者来说，如何对待坟墓还直接关系到能否“安万民”的问题。“挖祖坟”被当成是对人最大的不敬，被挖祖坟则被当成是最大的不孝、是受到的最大侮辱，即渊源于祖坟的这种崇高地位……一种由祖先崇拜而绵延的民族文化心理。或许正是因为这种文化，在唐崖土司城，什么三街十八巷三十六院，什么玉皇庙、大寺堂……差不多都被破坏了，而唯独这些土司墓，这个田氏夫人墓等墓葬还基本完好地保存了下来，这也算是覃氏祖宗积德之故了。不然，早就被“挖祖坟”了。据传太平天国起义军的石达开部曾挖掘过土司王覃值什用的墓，之所以被人们留下深刻而久远的历史记忆，也应与这种对墓本身的尊重有关。

在生者与入墓者的关系，似乎可从人们对天上星象的命名得到说明，即在天上亦有以“坟墓”为名的星，属危宿，共四星。据《星经》说“坟墓四星，在危下”，而《隋书·天文志》中则指明说：“虚南二星曰哭，哭东二星曰泣，泣、哭皆近坟墓。”所以，生者近墓时的态度与“泣”、“哭”相关。在清明期间进行扫墓，即是对祖先的“思时之敬”。在土家族地区，逢年过节，特别是大节，均有扫墓之俗，这应是土家族传统尊祖敬宗之俗与中域文化结合的产物，如明代《帝京景物略》所记：“三月清明日，男清明祭祖，担提尊榼，轿马后挂楮锭，粲粲然满道也。拜者、酹者、哭者、为墓除草添土者，焚楮锭次，以纸钱置坟头。望中无纸钱，则孤坟矣。哭罢，不归也，趋芳树，择园圃，列坐尽醉。”……

据考古资料分析及相关传说，唐崖土司城内总共有两处较大的土司墓地：一处位于城内西北的官坟山，现存有覃值什用墓、覃鼎墓、覃鼎夫人田氏墓、覃光烈墓和数座无名墓；另一处位于衙署右侧的御花园内，现存覃梓椿夫妇墓和数座无名墓，土司后裔称覃宗禹墓亦在此处。其他复有一些分散的坟墓，如前述的“双凤朝阳墓”即是其例。覃宗禹是根据“兄终弟及”原则承袭土司的，在位期间正处明、清世运交替之际，因而也是一个具有转折意义的墓葬，其墓葬的位置不仅是唐崖《覃氏族谱》上唯一有介绍性记载的墓，而且其墓葬的形式也与官坟山完全不同。因此，可以推断，覃宗禹之前的土司主要集中安葬在官坟山，他及之后的土司均集中安置于御花园。两处墓地均设有风水池，俗名大印塘、小印塘。所不明白的是，这种坟山的转移与形制的变化，是否关涉到了明、清的世运之变？因为在这一世运之变时，土家族土司矛盾纠结，这从容美田氏土司《甲申除夕感怀》的四十首诗即可见出。这一墓位的转移与形制的变化，前面是尊明，这后面是拥清？还是有其他的原因？只能靠更进一步的研究了。

从文化学上看，唐崖土司的墓葬都值得研究，如从“印塘”、“堰塘”等一类研究唐崖方言，甚至可以直接认为是“月塘”之误读，而且这种“误读”在民国版唐崖《覃氏族谱》中特别丰富，在其他几部较早的唐崖《覃氏族谱》中亦复不少；从大、小堰塘作为唐崖土司墓地的风水池而均呈半月形，研究唐崖土司的风水信仰或月亮崇拜；抑或是佛教以月亮象征慈悲和白色菩提心露的增长及神灵顿悟力的不断增强……结合土家族的神话故事中，太阳为女姓（妹妹）而月亮为男姓（哥哥）的说法，这是否是男性崇拜、父权思想的表现，而同时又符合了风水学上的弧线标准，且与佛教以太阳金色代表阴性（女性）“智慧”、月亮白色代表阳性（男性）“方便”之思想统一呢？在这里，土家族文化传统、中域文化的风水信仰、来自异域的佛教文化及至道家文化、儒家文化等都得到了高度的契合。

在所有的墓葬中，覃值什用墓无疑是值得认真研究的一个墓。该墓位于官坟山，它不仅是唐崖土司城中体量最为庞大、雕刻最为精美的墓葬，而且也是西南地区现存等级最高、规模最大的土司墓之一。从朝向上看，它坐西朝东，兑山震向，占地面积达400平方米，属半地穴式石室墓，由封土、祭台、墓室构成。在祭台栏板、石壁、墓室内部等处，均雕刻有花草、瑞兽、团花、云纹等异域风格的图案。其封土平面呈半圆形，前高后低，底径约20米，厚0.5—2米。基本形制符合土家族地区的墓葬形制，但规模巨大。在祭台两侧设有高约1.8米的八字形石墙，墙心饰以麒麟图案；祭台周边围以高约1米的石雕望柱、栏板，内石板铺墁，正面前设有三级踏步；祭台后即为墓室，墓室外观为石雕仿中域四开间殿堂式，通高4米，通面阔7米，柱间宽1—1.1米，重檐庑殿顶；墓室设有前廊，进深约1.8米，高2米，廊顶雕刻有藻井，廊前设门八扇，中间两间为开启式，门已散失，两侧两间为仿木隔扇石门；外立面以石头雕刻出柱、枋、斗拱、屋檐、鸱吻等仿木仿瓦构件；内部对应四开间建筑形象，有石砌椁室4个，长3米，高1.5米，两中室宽1.3米，侧室宽1.25米；各有石棺床，长2.7米，宽0.9米。后有壁龛，龛高0.5米，跨0.4米，深0.15米，雕饰有灵牌式图案。室间以整块石隔开，厚0.15米左右。中雕小格窗，宽0.58米，高0.9米，窗眼为钱纹图案。室顶雕刻藻井，饰莲花纹。根据土司后裔的介绍，结合外廊藻井的龙纹图案位置以及棺床的体量判断，中间左右两间分别为覃值什用及其夫人的墓室，两侧两间应为其妾的墓室。据传，该墓清末时曾被石达开部开掘过。为加强保护、便于参观，20世纪80年代，在墓两侧铺筑有石台阶及排水沟，墓外也围砌有石护墙加以保护。

覃值什用是一个标准的土家族人名。至少在明代中期以前，不少土家族土司头人的名字都还带有较深的土家语印痕，如墨谷什用、驴谷什用、徒剌什用、答谷什用、南木什用、大虫什用、谭成威送等等，此外还有墨来送、沟达什用、驴蹄什用、田耳毛送、向贵什、向喇喏、向墨铁送、向麦、向坐海乐俾、田墨施什用、田先什用、阿具什用、谋者什用、谋谷什用、田驴什用、墨奴什用、墨得什用等，由此可知当时土家族民众的语言、称谓的原生状态。不过，这些土王的土家语名字，在宋元以后即逐渐消失而改用汉名了，到了明代中后期更是迅速地消失了。从土司世系来看，覃值什用之名之时，也恰好处在中域文化大规模传入时期，此前即覃启处送，此后即覃耳毛，前为土家语，后即有所汉化，这是一个明显的转折。

在诸土司墓葬中，田氏夫人墓最耐人寻味。该墓建于明朝崇祯三年（1630），亦坐西朝东，兑山震向，由墓冢、墓碑、“万古佳城”牌坊三部分组成。墓冢呈圆形，直径约2米，高约1.5米，底部采用石板围护；墓碑采用砂岩雕琢而成，高1.9米，由碑座、碑身和碑帽三部分组成，座为长方形，高约0.45米。碑身由整块砂岩凿成，宽约1米，厚约0.2米，额题“日月”两字，每个字外饰圆圈纹。碑文楷书阳刻“明显妣诰封武略将军覃太夫人田氏之墓”，前记“孝男印官宗尧记”（宗尧为继覃鼎职而为土司司主者，是覃鼎长子，其中田氏曾主政数年），后题“皇明崇祯岁庚午（1630年）季夏（农历六月）吉旦立”。受自然风雨侵蚀，碑身风化剥落现象严重，碑文漫漶不清。碑帽为单檐庑殿顶式。碑身两侧及碑座正面饰有卷草纹。“万古佳城”牌坊造型简单，无雕饰花纹，为四柱三门式仿木石构，四柱两侧均设有抱鼓石。牌坊通高约3米，明间宽约2米，次间宽约1.4米。中门横额正反面分别楷书阳刻“万古佳城”和“乾坤共久”八个大字，既是墓主生前显赫地位的象征，也是墓主对死后生活的希望。

说田氏夫人墓耐人寻味，是因为该墓位于覃值什用墓后左后方，与之紧邻而位置略高，从祖墓的角度，这于体例不合——既是后人，又是女人，何以还高于祖墓（位置偏高）、尊于祖墓（方向偏左）？从风水的角度，覃值什用墓已略显高悬，而田氏夫人墓则位置更高，影响后人的时代气运；从文化理想的角度，额题“日月”与“乾坤共久”，又分明是一种有意为之的文化统一性，因为在《周易》而言，“乾坤，阴阳之主也。”《系辞传》说：“乾坤，其易之门邪？乾，阳物也；坤，阴物也。”《易纬》说：“乾坤者，阴阳之根本，万物之祖宗也……离为日，坎为月，日月之道，阴阳之经，所以终始万物……”可以看出，田氏夫人墓包统乾坤、含蕴日月（离坎），是想象在唐崖土司有“乾坤共久”、“日月同辉”之望。也就是说，这是自汉代以来的“乾坤相并俱生”思想、明清以来的“乾坤并建”思想在田氏夫人墓上的体现。田氏夫人墓是否想据此阻断覃氏土司的衰退之势？是否是一种敢于担当的牺牲精神？从田氏夫人生前的所作所为来看，这是可以确定的。不过，从其夫覃鼎为唐崖土司鼎盛时期的首领，然其墓形制简单，规模比田氏夫人墓小得多，与其身份明显不符来看，因而更耐人寻味。还有，唐崖土司城内的墓葬，有单室、双室、三室和四室等多种类型，其中双室、三室、四室墓一般都是夫妻合葬墓。但按当地人的习俗，夫妇去世后是否合葬是要请风水先生看八字的，如八字合则合葬，八字不合则要分葬。至今土家族地区依然有这样的习俗。覃鼎与田夫人不合葬的原因，据土司后裔称是因为八字不合，但在方位设定上，依然采用“男左女右”格局。不过我们的解释则是田氏牺牲小我以成就覃氏，因而是一种担当精神。

按照立墓规则，一般的生基墓为墓主生前所建构，田氏墓应为生基墓，体现的是田氏本人的思想观念；非生基墓即人死后由他人所树之墓，这类墓也一般会体现墓主的遗愿（突然离世者可能除外），自然也会体现树墓者的观念。这两种情形都不否认田氏夫人墓的设置体现的应是田氏本人的观念，更何况覃宗尧去世后，田氏应还活了很长一段时间，因为从唐崖《覃氏族谱》和民国《咸丰县志》中对覃鼎夫人田氏的记录中可知：土司覃鼎夫人田氏为“龙潭安抚田氏女也……未几，宗尧死事，弟宗禹承袭，朴勇亦如其父。田乃优游以乐余年，性好善乐施，尤喜奉佛，尝朝四川峨眉山，随侍奴婢百余人，沿途皆为择配。归里后，创建大寺堂、牌楼、街道，焕乎一新，至今犹为邑中石迹云”。也就是说，覃宗尧是在田氏去世之前立的墓碑，而且在立了墓碑之后还“优游以乐余年”，这充分说明此墓属生基墓，是墓主自身思想的体现。

更值得思考的是“万古佳城”。一般都把“佳城”识读为“佳城”。事实上，从字形上看，通过我们对该字的观察看，田氏夫人墓牌坊上的“佳”字是一个没有偏旁的整体构架，并不是左右结构（单人旁、两个土）的“佳”，而是一撇一竖外加一点且配以四横一竖，四横中的第二、三横较短，第四横较长，因而不应是“佳”，有学者告诉我，近来有人把“佳城”释为“唯城”，也可从字形上证明我们的判断不误，但要释为“唯城”，无论是“唯一”之“唯”，还是“维护”之“维”，都于史不合[①]；从墓地看，“佳城”一般指平地的墓地，如“佳城”典出之《西京杂记》卷四所载：“佳城郁郁，三千年，见白日，吁嗟滕公居此室。”《博物志·异闻》指明其在东城门外，应即在平地上：“汉滕公（夏侯婴）薨，求葬东都门外，公卿送丧，驷马不行，踣地悲鸣。踣蹄下地，得石有铭，曰：‘佳城郁郁，三千年，见白日，吁嗟滕公居此室。’遂葬焉。”这里，“佳”即美好之意，“佳城”一般都不在山地，如人称“佳城”的孔子墓地、汉滕公墓地等，均非山地。相比而言，言“佳城”者如“赵氏佳城”、“骆氏佳城”、“钟氏佳城”、“万右佳城”等，并为山地。不过并不能排除可能有用“佳城”而在山地、用“佳城”而在平地的误用情况。所以，我们认为，“佳城”，特指墓地位于较高处，“佳”音 cuī，旧有“畏（wèi）佳”之词，意即“巍崔”。根据《辞海》“佳”（cuī 催）通“崔”之说，并引用《庄子·齐物论》“山林之畏佳”语，知“畏佳”即“嵬佳”，即指高峻貌，是“佳城”即有石头之高峻之地的墓地。田氏夫人墓地在玄武山的高处，风水不错，且希望后代繁衍昌盛，更加上田氏夫人墓在覃值什用墓之上，要成为“万古佳城”自然非常适合。

在土司墓葬中，还有覃鼎墓，位于唐崖土司城内西北角，田氏夫人墓左侧约 100 米处，东距大堰塘约 50 米。为封土墓，坐西北朝东南，平面呈馒头形，封土底径约 3 米，高约 1.7 米。封土正面立碑，碑两侧设抱鼓石，呈八字形布置。碑文阴刻楷书“武略将军覃公讳鼎之墓”，款“孝男覃忠尧祀”、“庚午岁（1630 年）季春（农历三月）吉旦”。碑帽为悬山式，凿有瓦纹。碑座为须弥座式，刻有卷云纹。此碑与田氏夫人墓碑为同年所立，据时间推算，田氏墓或本应与覃鼎墓合葬而未合葬，

① 《道德经》第 26 章有“夫佳兵者不祥之器，物或恶之，故有道者不处”之说，“佳”可作“唯”解，但这种句例，“佳”宜置于句首，“夫”为语气词。

且覃鼎墓的规格远低于田氏，而覃宗尧的署名，于覃鼎墓上不见官名，显以家庭成员身份以尊家先；于田氏却同时见了官名，虽然与之有家先关系，但却有点官腔，显出某种心怀怨恨。可能是在立覃鼎碑时，田氏还见在，覃宗尧还未在实质上掌官印，故只提“孝男”，本以为田氏要还印于己，因而也为田氏立一个规模更大的生基碑，但田氏并未归还官印，所以覃宗尧于墓碑上的署名多了一层强调自己才是“印官”的意思。之所以未交信印，如唐崖《覃氏族谱》和《咸丰县志》所载：“夫鼎，于天启七年（1627）故，子宗尧袭职，颇肆行不道，田氏绳以礼法。追尧奉调赴荆州剿流寇，峒事悉赖主持，内则地方安谧，外则转输无乏。未几，宗尧死事，弟宗禹承袭。”后来，无奈覃宗尧英年早逝，天不假其便了。此后田氏即将官印交由覃宗尧的堂弟覃宗禹袭职，并成为唐崖土司历史上任司主位较长的司主。

覃梓椿夫妇墓位于衙署南侧的御花园内，为异穴并葬，按“男左女右”格局，坐西朝东，分南北向排列，相距约5米，均修建于清雍正十三年（1735）。形制相同，均为竖穴土坑式，由封土和墓碑组成。封土底径约3米，残高约0.5米。覃梓椿是唐崖土司的最后一任司主，其夫人田氏为忠峒土司之女。墓受后期居民生产活动的破坏较为严重。墓碑现存放于咸丰县民族博物馆内，为圆首石碑，高约1米，宽约0.46米。碑文阴刻楷书“皇清世授忠勇将军唐岩宣抚使司覃公讳梓椿号寿庵大人之墓”，两侧题记墓主生卒年月及安葬、立碑时间。

覃光烈为覃梓椿之嫡长子，由夫人田氏所生，因逢“改土归流”之际，加之年龄较小，未承袭土司司主之位。墓位于唐崖土司官坟山，地处覃鼎墓左前方约20米处，建于清朝乾隆三十七年（1772），坐西南朝东北，正对大堰塘，形制、规模与覃梓椿夫妇墓相同，封土底径约2米，高约0.8米。墓前立圆首碑，通高0.7米，宽0.4米，碑文记墓主姓名及生平。

此外，唐崖土司城外亦发现有土司时期的墓葬多座，主要集中分布在城西的玄武山山林中。另外，城南、城北和城址周边也有零星分布，然这些墓大部分墓主身份不详，其中以双凤朝阳墓和覃杰墓最为精美。

覃杰墓位于唐崖土司城西南方约5千米，为夫妇合葬墓，坐北朝南，占地面积约35平方米，高约5.4米。墓葬建于缓坡地，形制与覃值什用墓基本相同，为半地穴式石室封土墓，平面呈八字形。墓前设石板墁铺拜台，栏板望柱已缺失。“文化大革命”期间，该墓被破坏，门已被打开。为前廊后室，前廊四柱三间，以石门封闭，共设六扇石隔扇门，现仅存三扇，其中一扇为后期补配。墓室共三间，前廊及墓室顶部均为起券式。两侧八字墙等石构件上雕刻动物、花卉、仿木构件等图案。中室葬墓主，后壁浮雕牌坊图案，牌坊匾额阴刻“覃杰”二字。

覃杰为覃万金二弟覃万璋之子，曾任唐崖钦依峒主（峒主亦称峒长，数寨或一个大寨可称峒，设峒长，负责征集赋税），是唐崖土司城建设的主要参与者。明天启年间（1621—1627）曾随覃鼎在兵部侍郎王三善的带领下，参与平定安邦彦叛乱。唐崖《覃氏族谱》载：“越具钦依峒主覃杰，分掌司权。征水西安邦彦，随军门王总兵冒进大方苗巢，兵陷，是杰冲关斩煞，势如破竹，救陷出围，毫无损失。”

[小知识]

·土家族清明扫墓·

清明扫墓也叫“浇墓”。“清明”这天，土家族地区人民扫墓，可以说是家喻户晓。《恩施县志》载：“清明扫墓，以竹悬纸钱，用各色花纸做成宝盖，旗锣鼓伞，插于坟上，叫做‘标墓’，挈榼提壶，上坟祭扫。祭毕席地而饭。其修理坟者，皆于是日弄土成之。因值寒食前后，动土勿忌。”本活动也叫“挂青”或“插青”。现在扫墓，既有一家一户的，也有同姓同族的；既有民间的，也有官方的。一家一户，多指给自己的祖坟扫墓；同姓同族的，多只给同族的祖先或英雄扫墓。民间的，多属于自发的；官方的，多以单位或组织出面，给先烈、给英雄扫墓。扫墓中，除了上坟墓培土、立碑、挂纸（又叫清明吊）外，也有讲先烈故事、进行传统教育等活动的。这天，城镇多用抬盒（一种抬食品的用具）抬食品到墓地祭奠，多为肉食、糕点一类祭品；农村多用“茅馅儿粑粑”祭奠。

·土司墓、田氏夫人墓·

土司墓位于唐崖土司城内西北部，为唐崖土司城遗址中最为宏大、最为精美的墓葬。此墓建于明洪武年间（1368—1398），为第二代土司覃值什用之墓，与田氏夫人墓共处一个面积约400平方米的墓园。墓葬由祭台、墓室、封土构成。祭台由高1米左右的八字形石壁围合，周围有石雕望柱、栏板，石板铺地，前有三级台阶可上。祭台链接墓室，墓室外观为石雕仿汉地四开间殿堂式，重檐无殿顶，有前廊，以石头雕刻出柱、枋、斗拱、屋檐、鸱吻等仿木仿瓦构件。墓室外观通高4米，为一般同类殿堂建筑尺寸的1/7，内部对应四开间建筑形象，有石砌椁室四个。在祭台栏板、石壁、墓室内部等处，雕刻有花草、瑞兽、团花、云纹等汉地风格的图案。王坟建筑华丽，雕刻精美，保存完整，是唐崖土司城遗址的精华之一。

田氏夫人墓位于土王墓的左后方，位置高于土王墓，建于明崇祯三年（1630）。墓前有石碑与石牌坊，石碑高1.9米，有桌几花纹图案，石碑正面阴刻“明显妣诰封武略将军覃太夫人田氏之墓”，前记“孝男印官宗尧记”，后题“皇明崇祯岁庚午季夏吉旦立”。碑前5米处为一座通高3米的三开间石牌坊，四柱均有抱鼓，造型简单，无雕饰花纹，中门匾额上阳刻楷书“万古佳城”、“乾坤共久”八字。据《覃氏族谱》记载，墓主人田夫人开明能干，其夫覃鼎仙逝之后，由其子覃宗尧继位，但其子宗尧颇行不道，田氏便派其驻守荆州，剿蛮平叛，家里则由自己亲自主持，其开明之举受到后人广为传颂。

[大信仰]

·土司文化中的符号意义·

土司王坟两侧有两块同心圆圈的浮雕，左边的版面光滑，像天空的太阳。右边的版面巧妙地利用了下半部起伏的波浪石纹，衬托圆圈，给人以“月”的联想。左为“皇帝”棺床，右为夫人棺床的设计，男左女右，男人为太阳，女人为月亮等习俗指向，均可证实这两个圆的内涵。再看覃夫人墓碑上面与碑文及时间毫无关系的“日”、“月”二字，进一步说明了人的生死与宇宙的关联。联系汉代T形帛画中的金乌和蟾蜍的图画，再从存在于土家族吊角楼正梁中央的同心双曲线的卵形符号一同思考，不难发现这种神秘古拙的符号，是人们从天、地、日、月的意象中提炼出来的形象，那种黄、墨契合相依的两个圆面，象征流转不息的昼夜交替和天地万物、宇宙生命。人们通过写、画乃至传唱等行为方式，把人与宇宙的亲和、通融及生息关系表达出来。这种具有原始的阴阳八卦功能的卵形符号，能够成为土家人的“集体表象”世代承传，应归结于形象本体的象征性的精神价值。

土司王坟“圆”形的坟，“尖”形的顶，坟外“方形”的环墙，坟前“梯形”的祭拜台。这些抽象的几何符号，体现了“天圆地方”的观念。以高耸的尖顶来强调点的存在，以一种向上的冲力来体现一种灵魂归天的宗教情绪。在土家人眼里，坟顶“长”得越快、越高，就说明后辈子孙越兴旺发达。他们往往把坟顶栽种根系分裂快的植物，如“老茅草”之类，使坟顶长得高而快，自寻欣慰。梯形拜台，具有瞻仰拜谒之功能，表达出一种肃穆崇敬的氛围。当人们走进陵园时，便浸浴着一种恒久的人生感、历史感和宇宙感，产生一种时间和空间的综合效应，体现出一种“人”生于自然，回归于自然的意念。

整个石墓雕刻以各种花卉、鸟兽为背景，风格自然朴实，充分体现出墓主人的生活情趣，恰当地表达了回归“自然”这一主题。墓室内面面走面面观的各种格律式的构图形式是中国祖先的创造，并不断地在图案中运用它，加之不同时期的审美和工艺，使这些图案产生出一种特有的民族气质和特征。由此可见“中国图案的生命力如此之强，是与中国人早已形成并永久延续的表现精神分不开，而这种精神正是现代的表现精神”。艺术就是情感的处理，土司陵墓则是情感的符号，隐藏的秩序中，流动着一首挽歌的节律。[①]

[神故事]

·葵花[②]·

很久很久以前，有座山上住着葵老汉和他的女儿葵花，葵花长得漂色，哪个见了都夸。山下的土王爷听说后，就叫张媒婆带着衣服首饰去说亲。张媒婆来到葵老汉家，说明来意。葵老汉高低不依，葵花也生死不愿。张媒婆不管那些，丢下礼物就走哒，留下话说八月十五来接人。

过不多久，八月十五就要到哒，葵老汉对女儿说“葵花，入了土王门，如进老虎口。我看，你跑到外面去还好些，莫在屋里等着受磨。”葵花一默，也是的。就哭哭啼啼离开她爹，跑到了神农架大山中，靠吃野果过日子。

到了八月十五，土王爷去接人扑了空，冒火连天地把葵老汉的舌头割哒，眼睛挖哒，脚筋抽哒，手指砍哒。第二天，葵老汉就断了气。

---

① 满益德、凌云：《唐崖土司王城建筑石刻的造“形”与造“势”》，《湖北民族学院学报（哲学社会科学版）2009年第4期，第63—69页。

② 鄂西土家族苗族自治州文化局等编：《鄂西民间故事集》，中国民间文艺出版社1989年版，第237页。

葵花住在山里，日夜都在担心她爹，怕土王爷接不到人害他。有天夜里，她跑回了家．屋里屋外都找遍了，也没见到爹的影子。她去问隔壁的陈二婶，才晓得爹已死哒，被乡亲们埋在山背后的。她跑到爹的坟前，天一声地一声地哭，土王爷听到哭声，带着人马围上来。葵花晓得自己跑不脱哒，就一头撞到她爹的坟上，头破血流，活活地撞死哒。

第二年开春，葵老汉坟前长出一根嫩苗苗。苗苗长大后，顶顶上开了一盘黄花。人们猜到是葵花死后变的，就把它叫作葵花。

讲述者：陈英来　男　32 岁　土家族　初中　原为宣恩县高罗电站工人

搜集者：陈石

整理者：李培之

搜集时间：1987 年 4 月

[巧测验]

·土家族丧事仪式·

丧。初丧，撤帷帐，男女皆撒发批麻缕，踞床前哭泣，焚寓钱送之，或焚纸轿纸人马，盖痛死者，虑其徒行也。既浣尸、合殓，乃下榻，陈于地，请僧道讽经，曰开路。男女不时哭泣，族戚过唁并助哭，环死者座守之，达旦不寐。大殓，陈堂上，设灵供木主，僧道又为讽经，曰绕棺，并数歌者列歌棺前，均达旦乃止。成服，凡诸宗亲外，有婿及甥，皆为制衣衣之，诸使役并首白帕。贫者三日葬，富者数十日、数月不等。命形家择吉穴，费钜值不惜。葬前二三日开堂设奠，至亲往奠，以举豕肴馔及挽帐联，余祇香烛，丧家酬以帛衣，各有差。又饭僧道供佛，或三日五日，至葬乃止，曰作道场。迄大小、祥及禫，亦如之。出柩，族戚皆送，眠窆毕而返。葬后立碑表墓道，又有先作志铭掩圹内者。服阕，火其灵，奉木主堂龛上，有宗祠潜入宗祠。[①]

① 此见《龙山县志》，具体可参见萧洪恩《土家族仪典文化哲学研究》，中央民族大学出版社 2002 年版。

二十三　大寺堂

唐崖土司的寺观遗存不少，大寺堂、张王庙、玉皇庙等最为代表。据介绍，大寺堂是唐崖土司的重要宗教活动场所，是土司与族众礼佛的主要场所。位于唐崖土司城内西北，衙署左侧，明朝崇祯年间（1628—1644）由土司覃鼎夫人田氏自峨眉山礼佛回司后修建，中华民国时期废毁。地处采石场西部，有弧形块石道路与下街相连。

[游历情]

·遥想大寺堂·

在唐崖土司城的游历中，大寺堂遗址是一个不得不去的去处。那里虽然只存断壁残垣，但却留下了不少的文化遗迹，可以启迪游历者的无穷神思。

从区位上讲，大寺堂位于唐崖土司城址的西北方向，按后天八卦方位，是属于父位、乾位、天位，故于此处设定为唐崖土司的家庙附近；且又由于古礼左为尊，故建于衙署左侧，据说是明崇祯年间（1628—1644）由土司覃鼎夫人田氏自峨眉山礼佛回司后所修建，中华民国时期（1911—1949）才遭废毁。由于土司覃鼎夫人田氏崇佛，因而又以佛为大，成为土司与族众礼佛的重要场所。据说还时常有大德高僧来此讲经说法，土司覃鼎夫人田氏也经常在此讲授一些佛教故事，如《说了一声“朋友”得到一车鹿肉》、《腊八节的来历》、《目莲救母与祭鬼节》、《关羽显灵入佛门》、《天子和尚》等，一方面是进行家教，一方面也是为自己治司与崇佛作铺陈。那时，唐崖土司的建筑材料差不多都来于大寺堂东边的采石场。采石场的停用，据说即是因为“僧公说法，顽石点头”之故。

由于大寺堂地处采石场西部，故可沿弧形块石道路而至，且与下街相连相通。从原有建筑陈式而观，大寺堂也是依山就势而建的寺观建筑，体现了佛教在中国化过程中与中国传统文化的有机结合。根据伊斯兰教在中国化过程中形成的“伊儒”（或只称“回儒”）、南传佛教在中国化过程中形成的“释儒”……之通例，仅从此大寺堂建筑即可见出当时的土家族土司“释儒”（宁可直接说成是土家族“释儒”）。在建筑的正面设有踏道，然而踏步却已散失，仅存些许遗迹；整个建筑平面铺陈而略呈长方形，形成了一个大致的长方形平面，东、南、北三面皆设有人为院墙，西面则以自然的山崖为界，形成了一种别有洞天的宗教建筑景观，整个大寺堂占地面积约600平方米。据考古专家根据现有的五级台地格局及遗存分布情况判断，大寺堂的空间布局类似于于中原地区汉化了的佛寺，由放生池、山门、前殿、大雄宝殿、法堂、藏经阁等构成，反映出地处边远的土家族地区之“儒化”取向与化佛的程度，与酉阳冉氏土司、来凤向氏土司、石柱马氏土司的崇儒具有一致性，但却增加了佛化内容，特别是从放生池等遗存的清晰形制、结构等可以见出。

值得特别提出的是，曾在大寺堂遗址内发现刻有“大寺堂”铭文的石构件，从而修正了过去调查中写为“大寺塘”的错误。大寺堂左侧有中华民国时期石砌的僧人墓一座，可见直到此期还有驻寺僧侣。该寺一度成为咸丰县的著名寺庙，寺内曾有庙联对其赞誉：“大寺传千古，千家有幸千家福；唐崖镇八方，八德无亏八洞仙。”仅从此对联来看，大寺堂所崇奉的也有道家文化内涵，这仍然反映出中国民间的儒、道、佛合流倾向，适合于唐崖土司的总体宗教信仰状况。方志说田氏“尤喜奉佛”，即说明其也奉道、奉儒，因而不是一教论者。

特别遗憾的是，那样庞大的建筑，却因为历史的洗涤而使今天的人们无法获得更多的细节。我们只能从唐崖《覃氏族谱》和民国《咸丰县志》中对覃鼎夫人田氏的记录中得知一二：土司覃鼎夫人田氏为“龙潭安抚田氏女也。相夫教子，皆以忠勇著于一时。夫鼎，于天启七年（1627）故，子宗尧袭职，颇肆行不道，田氏绳以礼法。迨尧奉调赴荆州剿流寇，峒事悉赖主持，内则地方安谧，外则转输无乏。未几，宗尧死事，弟宗禹承袭，朴勇亦如其父。田乃优游以乐余年，性好善乐施，尤喜奉佛，尝朝四川峨眉山，随侍奴婢百余人，沿途皆为择配。归里后，创建大寺堂、牌楼、街道，焕乎一新，至今犹为邑中石迹云”。结合田氏夫人墓的规模，以及碑文“明显妣诰封武略将军覃太夫人田氏之墓”所示其身份等因素分析，田氏在覃鼎过世后，曾职任唐崖土司司主。覃氏后裔称，田氏实名“田彩凤”。关于该建筑的兴起，唐崖《覃氏族谱》还告诉我们说：田太祖自峨眉山回司后，“引嘱峒主覃杰会同创造大寺堂、张王庙……创造寺观、牌楼、街道”。

同时，我们根据唐崖土司的宗教遗址看，这是一个宗教氛围较为浓厚的土司，除了这位于衙署区左侧的作为土司祭祀祖先和礼佛的主要场所之覃氏宗祠和大寺堂两组相连的建筑成为唐崖土司城的主体构成部分之外，在城内外还有玉皇庙、张王庙、尖山寺、铁壁寺和观音寺等各类寺庙共有8座。所以，我们曾概括地认为，唐崖土司此时已把自己看成了明王朝的一个绝对有机的组成部分，这不仅从其墓刻中有日、月形象以象征外，在制度设施上也已成形特定的惯制。比如前面所论及的张王庙与马王庙的“合署办公”、“两块牌子一套班子”等情形即是一证。对此，我们将在适当的时机加以阐明。

[小知识]

·家庙①·

家庙即家族为祭祀祖先立的庙，庙中供奉有祖先神位等，依时祭祀。古时有官爵者才能建家庙，作为儒教祭祀祖先的场所。上古叫宗庙，唐朝始创私庙，宋改为家庙。宋赵彦卫《云麓漫钞》卷二记载：“文潞公作家庙，求得唐杜岐公旧址。”《礼记·王制》称：“天子七庙，诸侯五庙，大夫三庙，士一庙，庶人祭于寝。”《文献通考·宗庙十四》记载：“仁年因郊祀，赦听武官依旧式立家庙。”清人袁赋正《睢阳袁氏家谱·序言》则说：“谨按家庙之所奉祀与夫祖父之所面训诠次为谱，纪其世系、字讳以炳来兹。”《清文献通考·群庙五》记载：“（顺治）十年（1653），议定郡王以祀追封祖父于家庙，贝勒以下祀追封祖父于坟墓。”孙中山在《民族主义》第六讲中也说：“前几天我到乡下进了一所祠堂，走到最后进的一间厅堂去休息，看见右边有一个孝字，左边一无所有，我想从前一定有个忠字，象这些景象，我看

① 参见 http://baike.baidu.com/link?url=kyy8UJzHXrpydS81bm7iHoRxLrTbZX68Xg1MRqQdLN3 INLCHKy2nOZe-1fnK3GZ6s8vIf44qg5AFLDfLjV3Kp_。

见了的不止一次，有许多祠堂或家庙，都是一样的。”

唐崖土司的家庙应该是邻近大寺堂的覃氏宗祠。而不能直接将大寺堂指认为家庙。更何况，大乘佛教强调的是“我不入地狱，谁入地狱？”据此，一般来说，佛教寺院不会作为家庙。

[大信仰]

·祖先崇拜[①]·

祖先崇拜，或敬祖，是形成于远古而被儒家推崇的一种礼制习惯，在信仰上基于已死去祖先的灵魂仍然存在，仍然会影响到现世，并且对子孙的生存状态有影响。一般崇拜的目的是相信去世的祖先会继续保佑自己的后代。在大部分不同的文化中，祖先崇拜和神灵崇拜不太一样，对神灵崇拜是希望祈求一些好处，但对祖先的崇拜一般只是表达亲情。

祖先崇拜是在母系氏族社会向父系氏族社会的发展过程中，由图腾崇拜过渡而来的。即在亲缘意识中萌生、衍化出对本族始祖先人的敬拜思想。最初始于原始人对同族死者的某种追思和怀念。氏族社会的演进确立了父权制，原始家庭制度趋于明朗、稳定和完善，人们逐渐有了其父亲家长或氏族中前辈长者的灵魂可以庇佑本族成员、赐福儿孙后代的观念，并开始祭拜、祈求其祖宗亡灵的宗教活动，从此才形成了严格意义上的祖先崇拜。

祖先崇拜的行为特点，首先是将本族的祖先神化并对之祭拜，具有本族认同性和异族排斥性；其次是相信其祖先神灵具有神奇超凡的威力，会庇佑后代族人并与之沟通互感；最后超越了原始图腾崇拜和生殖崇拜的认识局限，不再用动植物等图腾象征或生殖象征来作为其氏族部落的标志，而以其氏族祖先的名字取代，由此使古代宗教从自然崇拜上升为人文崇拜。祖先崇拜在中国封建社会的宗教传统中尤为突出。

在中国儒教的观念中，“忠”、“孝”是最重要的美德，即使对已经去世的先人，也要像他们依然活着时一样的尊敬，在节日中要供奉、祭祀。在中国，对祖先的崇

① 参见 http://baike.baidu.com/link?url=pTlI7WXmdeFb。

拜并不是一种宗教信仰，而是日常要遵守的行为准则，康熙皇帝和教皇特使之间的争执，就集中在是否允许祖先崇拜上，康熙当时的名言就是："世上没有不忠不孝的神仙！"

中国人对祖先的崇拜表现在定时扫墓、祭拜，在逝者下葬时，随同准备许多日常生活应用物品纸样，一同烧毁，如同送先人到另一个世界生活一样，并定时烧纸（送钱），甚至在不同季节送不同衣物的纸样烧毁。

在中国历史上，祖先崇拜成为各族人民生活中的一种强烈信仰，也是宗族结合的精神支柱。祖先崇拜与图腾崇拜不同，图腾崇拜的对象主要是动植物，祖先崇拜的对象主要是有功绩的远祖和血缘关系密切的近几代祖先。所以说，祖先崇拜也叫灵魂崇拜，是原始社会灵魂观念进一步发展后而出现的一种对死者灵魂加以崇拜的宗教行为，它通常包括鬼魂观念和崇拜仪式两个方面的内容。对原始人来说，在活人身体内存在的，而在人死后又离开的东西，就是灵魂。

自古以来，中国就有着复杂的鬼魂观念，一般有以下两种：第一种是人死后魂魄一起离开肉体变成鬼；第二种是魂魄随肉体消失，魂能变成鬼，魂是人的精神活动的延续。一旦人死后，灵魂所变的鬼会具有非凡的能力和作用，精魂能附于某些自然物，可以决定人的命运。《礼记·祭法》中记载有"人死曰鬼"的语句，原始人相信鬼魂不灭，或相信人有一个或几个灵魂。

同样在儒家文化影响下的朝鲜和韩国，也要对先人进行"祭礼"（제례）和"祭祀"（제사）。最重要的是"周年祭"（차례）。

越南人不管是佛教徒还是基督教徒，在自己的家中都设立祖先的神龛，一般人并不过生日，但非常重视对先人的周年祭祀，焚香上供，并将后人的照片向先人供奉。

在印度农村，人们会回忆逝去的人，在进食前会向先人祈祷。印度教中有一个仪式叫"塔帕纳"，当一个家庭中有人去世，每年在10月份，家中的男人们会向恒河中放入写着梵文的赞美诗祝先人早入轮回。

欧洲的天主教国家，每年11月1日为万圣节，是为去世的亲属点蜡烛的节日，来自非常古老的传统，教堂在11月2日正式为去世的人做弥撒。

根据爱尔兰的传说，在"萨万节"（凯尔特人新年，一般为8月1日）时，逝者会回到自己家中，当天不关灯，不关门，家中要备有食品，即使食品掉在地下也不能收拾。

加拿大和美国的习惯是在复活节、圣诞节或万圣节向逝者墓地献花和点蜡烛以示缅怀，有时也向逝者去世的地点献花和点蜡烛，在公路旁有时会见到这样的地点，都是纪念因车祸去世的人。

祖先崇拜在非洲也很流行，但非洲人是敬畏祖先，害怕祖先的灵魂会打扰自己的家庭，希望他们远去成仙。

[神故事]

·说了一声“朋友”得到一车鹿肉·

一个猎人将捕到的许多鹿，装了满满一大车，到城里去卖。有四个商主的儿子正坐在大路旁聊天，他们看见猎人的一大车鹿肉，馋涎欲滴，都想要一块，第一个商主的儿子首先站起来说：“弟兄们等着，我去向猎人要块肉。”他走上前去对猎人说：“喂！猎人，给我一块肉。”猎人看了看他说：“向别人要东西，说话要和气。你将按照你的言词得到肉。”说罢，念了一首偈颂：

你向我要肉，说话太粗鲁；
按照你言词，给你筋骨肉。

商主的儿子得到一块筋骨肉回去了。

第二个商主的儿子见第一个商主的儿子要肉回来，立即站起来说：“我也向猎入要肉去。”到了猎人跟前，他说：“大哥，给我一块肉吧。”猎人说：“好吧，你将按照你的言词得到一块肉。”说罢，念了第二首偈颂：

人说这世上，兄弟是手足；
按照你言司，给你鹿腿肉。

猎人念罢，抓起一块鹿腿肉给了他。

第三个商主的儿子不等第二个商主的儿子回来，就站起来说：“我也去向猎人要块肉。”他到猎人跟前，恭敬地说：“老爹，给我一块肉吧。”猎人说：“好吧，你将按照你的言词得到一块肉。”说完，念了第三首偈颂：

儿念一声爹，为父心颤抖；
按照你言词，给你心头肉。

猎人念罢，给了他一大块带着鹿心的嫩肉。

第四个商主的儿子见他们三人分别得到一块鹿肉，而且一次比一次好，很是羡慕，对另外三个人说："看我的吧！"他走上前去，对猎人说："朋友，请给我一块鹿肉。"猎人说道："好好好，你将按你的言词得到肉。"说完，念了第四首偶语：

村中若无友，犹如住森林；
按照你言词，给你整车肉。

猎人念罢，刘商主的儿子说："来吧，朋友，既然咱们是朋友，这肉我就不卖了，这一整车都送给你。"

这个商主的儿子说了声"朋友"，换来了一大车鹿肉，他也很重情谊，设宴款待了猎人，又接来猎人的妻子儿女。从此，猎人弃猎经商，全家移居城里，二人成为莫逆之交，两家和睦相处，家道兴盛。

[巧测验]

·五服·

1. 古代王畿外围，以五百里为一区划，由近及远分为甸服、侯服、绥服（一曰宾服）、要服、荒服，合称五服。服，服事天子之意。《书·益稷》："弼成五服，至于五千。"注曰："五服，侯、甸、绥、要、荒服也。服，五百里。四方相距为方五千里。"又周称侯、甸、男、采、卫为五服，见《书·康诰》。

2. 古代天子、诸侯、卿、大夫、士之五等服式。

3. 古代以亲疏为差等的五种丧服。

4. 谓高祖父、曾祖父、祖父、父亲、自身等五代。

·服制图引·

程子所谓万物理而后和者此也。服制之法，自斩衰以至于无服，隆杀之等昭然矣，何如其辨也。列其图于前，而以世系继之，是以辨而得合也。见此谱者，孝弟之心可以沛然而生矣。

斩衰三年，用至粗麻布为之，不缝下边。

齐衰，有杖期、不杖期，五月、三月、四月等，用稍粗麻布为之，缝下边。

大功九月，用粗熟布为之。

小功五月，用稍粗而熟布为之。

缌麻三月，用稍细熟布为之。

古制已子为父，服斩衰三年，为母服齐衰三年，明太祖以父母并重，俱服斩衰，齐衰则期服矣。

二十四　采石场

基本建设的石头开采可能是地下作业或露天作业。没有天然照明而在地下进行的工作，叫作地下作业，此类采石场也就称为地下采石场。在天然光照条件下进行开采的采石场，则称为露天采石场。采石场涉及场址的选择论证、科学规划、专业技术人才、经费投入、监督管理等方面的问题，甚至还包括对环境的影响。唐崖土司的采石场属露天采石场，它能告诉我们什么呢？

[游历情]

·沉思采石场·

一座城市，如果是活的，就一定有其生产、生活的相应设施。自然，唐崖土司城也不例外。根据唐崖土司城的规模判断，当年城内的生产生活设施不在少数，目前除了遗址内的院落遗存外，能够确认的有采石场、水利设施和水井等遗存。其中的采石场更能引起研究者的沉思。

采石场永远是活的历史，公与私、大与小、粗与细、技与艺、生与死……可以说，生产、生活中的一切思想、情感、观念、智慧……都可从中捕捉。一块石头，为钱者可以点石成金，如今的众多采石场即如此意；为学者可以点石成经，如今的不少石雕、历史上的不少石制品即如此意；为神者可点石成鬼成精、成仙成道、成佛成怪……一句话，石头会被人们赋予生命的意义、文化的价值！

唐崖土司的采石场又是如何赋予其意义与价值的呢？从唐崖土司的石刻建筑可

以看出，在这里应该以点石成经、点石成精者居多。

唐崖土司的采石场位于唐崖土司城的中部偏北，地处大寺堂与张王庙这两大宗教建筑之间，东西长约200米，南北宽约50米，总占地面积逾1万平方米，被认为是唐崖土司建筑材料的主要来源地。不过，从建筑工艺、从人际关系的层面看，这个说法值得讨论。

从材质的角度说，该采石场的石材为青灰砂岩，结构紧密、质地坚实，耐腐蚀、耐风化，有利于制作成各种形制的建筑材料和雕饰构件，且易于长久保存，因而选址于此，也是为了“永固佳城”，犹如田氏夫人墓之“万古佳城”愿望一般，因而民间有“永生石”之称，建城墙、筑坟墓、修寺观……人们希望永久的建筑，都可用此类石材。因此，这是一种无声的希望永生的决心。于此可知，临时性建筑是不会用此材料的，甚至还有此类禁忌。

从技术的层面说，根据现存基岩形状、石块上较明显的开凿痕迹及其残留的烟熏痕迹以及錾窝……分析判断，采石场体现的采石工艺相当科学，这种民间采石技艺直到20世纪70年代还可在当地见出，具体技艺是先对基岩进行火烧，然后用冷水浇注使石头受热不均匀炸裂后，用楔子嵌入裂缝进行锤击，将石料剥离，再用錾子在石料上开出楔眼，塞入楔子，通过锤击开出所需石材。这种取采方法，完全可根据建筑的具体需要来确定，像筑墓用的条石、修磨用的块石等，均需用此种技艺，若是一般的修造石墙房屋，则是按照“石头石头，总有一头”的原则，用较“粗暴”的爆破方法。也就是说，从该采石场所使用的技艺，可知其石材主要是用于宗教建筑、坟墓建筑、街面建筑等规范性、永恒性建筑，而不是一般地用于民房修建，甚至也不是用于衙署修建。从其位于大寺堂与张王庙这两大宗教建筑之间，从唐崖土司境内较广泛地存在这种石材的环境来看，这座采石场的石材，主要应是用于大寺堂与张王庙这两大宗教建筑建设之用的。这种工艺的关键在于烧火、注水的技巧，有如铁匠的注水技术直接关系到铁器的成败一般。

根据现存采石场随处可见的开采后的废料、根据残留下来的孤立岩石等来判断，该采石场应该是被突然下令停止采石的，其显著特征是所留痕迹表明本采石场还要继续开采，但却还是停止了。因此，才有那些孤立的岩石没被清理、开采后的废料未做他用，以至于它们有如各种动物状而被民间俗称为“群猪下河”。这是一个值得深思的问题——为什么会突然停止？是因为田氏夫人的突然离世而将工匠调用？还是有其他原因？这或许已是一个永远的谜案！

在民间，有谚语“一根錾子一路火”、“石匠不钻碑和磨，手艺很差火”的说法，能在唐崖土司城的建设中作石匠，肯定手艺不错（据传说，仅立牌坊即用了300多个石匠）；而且，在诸民间工艺中，“石木瓦匠三兄弟，原是鲁班师傅封”，从鲁班信仰的角度说，在未清理役口（工作现场）时，一般是不会随意停工的，更不要说这大批石匠的突然停工；从职业道德的角度说，民间复有“岩匠进屋有岩挑，木匠进屋有些烧。岩匠进屋骂一场，木匠进屋哭一场”的说法，也说明清理役口是匠人的基本职业道德，而此采石场则未有此义，可见其停工的确具有突然性。再者，根据民间“石匠大，瓦匠小，木匠师傅是二老”的说法，根据各工匠之间工程的相互依赖性，这个采石场的停工肯定地说明唐崖土司的某项原有建筑计划的停止，于是作为基础的石匠停止了工作。

或说是因为“生公说法顽石点头”之故。

……

事出有因，查无实据，何时、何人能为我们解开这个历史谜案？任凭大家去思索吧！

[小知识]

·九老十八匠·

“九老十八匠”是旧时代民间对手艺人类型的归纳，其中：

九老——烧火老（厨师）、剃头老（理发师）、补锅老、修脚老（洗澡堂里修脚病的师傅）、阉猪老（兽医）、铲磨老（旧社会用来推粉的大小石磨齿用平了洗磨的师傅、农村中传有“铲磨老吃鸡蛋，把我的磨子铲稀烂”之说）、挝柴老（旧社会专门带着斧子帮大户人家劈柴的师傅）、抢刀磨剪老、裁缝老（旧社会带着剪刀、尺子和针线走村串户帮人做衣服的师傅）。

十八匠——金银铜铁锡，木瓦窑石漆，雕画弹染篾，“外带”毛箍皮。

金匠、银匠、铜匠、铁匠、锡匠、木匠、瓦匠（泥瓦工）、窑匠（扳砖烧窑的师傅）、石匠（打石刻碑的师傅）、漆匠（油漆工）、雕匠（雕龙刻凤的师傅）、画匠（画工师傅）、弹匠（弹花弹絮的师傅）、染匠（染布的师傅）、篾匠（打篾货的师傅）、毛匠（旧社会专门帮穷人用毛草盖房子的师傅）、箍匠（专门箍盆子、水桶、黄桶等圆货工具的师傅）、皮匠（做皮鞋、皮箱、皮靴等的师傅）。

·土家族上梁歌·

两个木马堂前放，叫声老板请中梁。
一对青龙腰间系，锯子斧头放两旁。
东条山上大师兄，小师弟站在对方。
一对青龙慢慢下，师傅忙叫缚住梁。
起屋造房百年计，老板快把鞭炮放。
叩拜诸神和祖先，驱逐邪恶起栋梁。
手提青龙万丈长，摇头摆尾上中梁。
先上东来后上西，子子孙孙穿朝衣。
金梁对金口，金银堆百斗。
金口驮金梁，金银堆满堂。
一对管脊梁下放，主家百年都兴旺。
主梁上在堂中央，梁花栩栩闪金光。
尔后又把陪梁上，堂屋后方是扁方。
天槛地槛同时斗，两个边山一起树。
现在该把梁帽挂，利市烟茶请上够。
师傅忙叫请打住，快把墨斗拿过来。
吊线端看四方正，才把梁帽挂起来。
师兄忙喊请注意，斧头将要直落地。
斧头落地一个窝，老板发财多又多。
斧头落地一个洞，观音菩萨把子送。
人财两望家业兴，新房造起显门庭。
亲朋好友齐祝贺，匠人师傅请上座。
老板敬茶又敬酒，全家喜得乐呵呵。

[大信仰]

·土家族的多神信仰·

土家族信奉多种神，没有固定的宗教信仰，因大多神明大都与祖先有关。土家族人认为是“祖先”处处关照子孙，祖先是最好的神，因此对祖先十分崇拜，称为祖先神。祖先神多数具有原始社会的风貌，只有少数才反映着阶级分化之后的现象。在湘西土家族的几个著名地区，如永顺老司城、龙山马蹄塞和水坝洞等都建有八部大神庙，是年节盛会群众祭祀游乐之处。八部大神指八个弟兄，他们都有土家语名称，如破西卵蒙、缺太卵蒙、泽在卵蒙、拜尔卵蒙、洛驼卵蒙、蜡烛卵蒙、比耶卵蒙等。这八个弟兄是土家族先民中的八个部落酋长，曾在土家族先民的长途迁徙中做出过重要贡献。

在土家族地区有不少类似白虎山、白虎堂等带有白虎二字的地名，这是土家族宗教的反映。这种宗教可称为白虎宗教。永顺、龙山、来凤等地传说白虎有两种，一种叫行堂白虎，一种叫坐堂白虎。行堂白虎，破门而入，凶恶无比，是要“赶”的；坐堂白虎，坐镇厅堂，威风凛凛，是要“敬”的。“敬”白虎和“赶”白虎，是根据古代巴人遗留的传说形成的。

土家先民以善于射猎著称，而每次打猎前都要祭祀猎神。土家族猎神是一名女性。传说她生前擅长狩猎，死后成为猎神，受敬供以保佑多获猎物和防止野兽害人。她的神位设在房屋外的右侧，用三块砖合成。敬她时，猎人必须衣着整齐，将所获野物供祭。在生产力低下的条件下，土家族崇拜多神：“山神土地”管坡上五谷；“家先土地”管家禽家畜；“五谷神”管五谷的丰歉。

土家语称巫师为“梯玛”，汉语叫“土老师”、“土司子”或“土师子”。关于土老师的来历，较多的传说是土老师的祖师去西天取经，获得半本经书，八个铜铃，在回来的路上，客老师向他要走了半本经和两个铜铃。土老师再上西天取经，佛爷就不再给他经书。西天佛爷就说：“客老师一本经；苗老师半本经；土老师没有经，乱搬经，百说百灵。”从此土老师作巫术时只有师刀、砍刀、铜铃六个等，而没有经书。

[神故事]

·生公说法顽石点头·

宋文帝元嘉六年（429）夏季的一天上午，晴空万吧，没有一丝风，火辣辣的太阳当头照着，禾苗枯萎，山石烫手，鸟儿不飞，路无行人。在苏州虎丘山上，一个僧人头顶烈日，精神抖擞，正在滔滔不绝地讲授《涅槃经》。他的脸膛被晒得黑里透红，头上的汗珠直往下淌，整个袈裟都湿透了。但这一切他全然不顾，好象都与他无关似的，他的全部精力都集中到讲述《涅槃经》上。他讲到热闹处，用极富感情的话语说："一切众生皆有佛性，一禅提人（佛教所谓断善根之人）也是有情众生，为什么独无佛性呢？一禅提人也有佛性，也能成佛。你们说我说得对吗？与佛心相符吗？"

举目四望，山上除了磊磊顽石，阒无一人。他向谁说法，又向谁问呢？但见他面前热得炙手的一块块石头似乎明白了道理，纷纷点头称是。这些石头，原来正是他的听众。

这个僧人叫道生，是东晋到南朝刘宋时期的著名高僧。道生应讲经于寺院，为何却在这荒山上聚石为徒呢？按佛家旧说，一切众生皆有佛性，但禅提人没有佛性，不能成佛。道生不拘陈说，提出一禅提人也有佛性，也能成佛的观点。这种观点一提出，立即遭到了守旧僧侣的群起攻击，最后被迫离开了建康。

道生虽遭迫害，但并未屈服，离开建康后仍然坚持自己的观点，走到哪里，就把自己的主张宣传到那里。苏州虎丘山上道生说法，"顽石点头"的故事，就是道生宣传自己观点的形象说明。

后来，昙无懴译的40卷本《涅槃经》传到了江南，人们发现道生的观点和经书非常吻合，无不佩服他的远见卓识，于是又把他请回了建康。

据传，道生后来转世投胎，成了大寺堂的和尚。采石场停工即由他而起。

·鲁班与老君讲和？·

在很早很早以前，约莫在开天辟地不久，即长出了树子。那时，树干是光溜溜的，根本不长节疤、寄生疱等，也不弯曲。直到木匠老祖鲁班时代都还是这样。当时，人们做木活根本不用铁制家什[①]，只用墨线一弹就是一块板子，用墨签子一划就是一块枋片，真是方便得很。不过，当时也出现了一个有名的打铁老祖宗——泰上老君，总是在想如何把更多的铁器卖出去，他看见鲁班做活全不用铁制家什，就想了个办法，让鲁班不用铁器不行。他心想：“我必须用你的木器，你也得用我的铁器。”原来，他曾赌气：打铁也一概不用鲁班的木制家什。不用风箱而用嘴巴吹火，不用木把子锤而用拳头打，不用砧墩桩子而用膝盖当砧墩……几年下来，手打起了血泡、膝盖打掉了几层皮，嘴巴吹火也肿了，可鲁班却屁事没得。他连气带骂地说：“看你还用不用我的铁器。”于是他想了个办法，仗着自己是得道高人，就画了一道符，经过封净，说到：“树木别太高，有弯也有疱。好的生得硬，遇铁才好搞。”于是，鲁班再也无法用弹墨线、划墨签等方法弄木料了。鲁班心里一默，知道这肯定是老君搞的鬼，没办法，只好去找老君协商。后来，鲁班做木活用老君打的斧子、刨子、锯子，老君打铁也用鲁班做的风箱、木把锤、砧墩，相互使用对方所制造的家什。

萧洪恩搜集整理

[巧测验]

·五花八门·

金菊花——比喻卖茶的女人；

木棉花——比喻上街为人治病的郎中；

水仙花——比喻酒楼上的歌女；

火棘花——比喻玩杂耍的人；

土中花——比喻挑夫。

一门巾——算命占卦之人；

二门皮——卖草药的人；

三门彩——变戏法的人；

四门挂——江湖卖艺之人；

---

① 家什：生产生活所用的工具。

五门平——说书评弹之人；

六门团——街头卖唱的人；

七门调——搭蓬扎纸的人；

八门聊——高台唱戏的人。

二十五　桥上桥

桥作为一种架空的人造通道，可以在水上，也可以在无水的陆地上；可以是人造的，也可以自然生成的。人造的桥由上部结构、下部结构和基础三部分组成。上部结构包括桥身和桥面，下部结构包括桥墩、桥台，基础由明挖基础、桩基础、沉井基础、沉箱基础、管柱基础和承台等构成。一般来说，桥的作用是为了解决跨水或生产与发展者越谷的交通，以便于运输工具或行人在桥上畅通无阻。若从其最早或者最主要的功用来说，桥应该是专指跨水行空的道路，以后方有引申为架于悬崖峭壁上的“栈道”和架于楼阁宫殿间的“飞阁”等天桥形式。显然，唐崖土司的桥则自有特色。

[游历情]

·桥上桥，你能告诉我……·

在一个城市，没有水、没有桥，似乎就完全没有了灵性。

走进唐崖土司城，你也会发现这是一座具有灵性的古城，而其灵性的重要来源就是其桥的灵动。

尽管唐崖土司城的规模相对较小，城内除了打过龙沟外基本没有河流。而且，在土家人的观念系统中，沟与河是有严格界限的。作为水的道路，本有不同的级别——水沟、小河、河、大河、江、海……构成了一个水道序列。因为唐崖土司城直接面对着唐崖河，这沟与河的界限自然分析得十分清楚。也正因为在城内没有河，只有沟，因而唐崖土司城内的桥梁就相对较少。据研究考察，共发现土司时期的桥梁三座，即桥上桥、贾家沟桥、九道拐桥。即使如此，也仅前两座桥保存较好，至今仍在使用，而九道拐桥两端的桥墩虽然仍在，但桥面却早已无存。

说到桥，自然得先认识水。古人说仁者乐山、智者乐水，这就是所谓的仁山智水。其实，这是古人先将人的美德赋予自然界，把自然界人化，然后提倡人们向自然界学习，效法自然。当然，这不是任何人都能做到的，所以《周易》说只有具有相当水平的人才能做到。《管子·水地篇》以玉为说者，由玉而得出仁、知、义、行、洁、勇、精、容、辞“九德”，而《老子》第八章则详细阐明“上善若水”之德，因为“水善利万物而不争，处众人之所恶，故几于道”，并具体分析了水的“七善”——“居善地，心善渊，与善仁，言善信，正善治，事善能，动善时。”有人更从水德总结了道家哲学之做人法则，即：

做人如水，你高，我便退去，决不淹没你的优点；
做人如水，你低，我便涌来，决不暴露你的缺陷；
做人如水，你动，我便随行，决不撇下你的孤单；
做人如水，你静，我便长守，决不打扰你的安宁；
做人如水，你热，我便沸腾，决不妨碍你的热情；
做人如水，你冷，我便凝固，决不漠视你的寒冷。[①]

其实，这些需要了悟自然，比如你站在唐崖土司的桥上桥上，你俯视那桥下的涓涓泉水，你看它并不因细小而有自卑；你眺望远山的滔滔唐崖河，你会发现它也未因悠长而有自得；即使你心游浩渺海洋，也不会发现其因浩大而自傲。而且还不仅如此，为了方便人们行走，在同一条河上，甚至在同一条沟上，人们也可能建设无数座桥，这就是自然、是水的涵养；与此相反，在人类所建造的同一座桥下，却永远也不可能出现无数条河。不过，你在桥上桥的对面来看这桥上桥本身，则有了又一些新的感悟，如你永远都不应该去掉承载你的坚实基础……

在唐崖土司及周边地区，有一条关于桥的言子：“唐崖土司的桥，桥（俏）了

① http：//baike.baidu.com/link?url=1-HDmaIGyatC1Kkv_gydvom041UcCXwHeCFHteC4Sr7ZDoUb1m8DU v4OALwnfNp8GEGVnEE1se19qgnJpFVFia。

又桥（俏）。”是说的人们了不起的意思，相当于说：“哎，你了不起，是唐唐崖土司的桥……”

这一言子（歇后语）所指，即是：

在唐崖土司即有一座南北走向、横跨打过龙沟之上的桥上桥。桥上桥位于唐崖土司城址的东北部，为下街上的主要交通设施，两端与下街路面基本平齐。桥面因建筑年代不同和形制不同，分为上、下两层，因之得名“桥上桥”。下层石桥为早期所建，具体修建年代不详，是单孔石板桥，两侧桥墩直接利用基岩加工而成，桥面采用三块石板简单铺砌，桥面长约 2 米，宽约 1.5 米；由于城市改造扩建，为了保证主干道平坦，于是又再搭建一层桥面，形成现今的桥上桥。上层桥梁在下层桥面及两端基岩上架设，为四墩三孔石板梁桥，属全石结构桥梁；上层桥梁的孔跨不等，其中北孔体量最大，长约 1.9 米，高约 1.4 米；桥面全长 6.56 米，宽约 2 米，均为加工规整的青灰色长方形砂岩铺砌。根据桥墩顶部现存的方形孔洞判断，桥面铺筑前，先在桥墩间搭建木梁，然后再依托木梁铺设桥面；同时，根据桥墩结构判断，该桥历史上为风雨梁桥，或许形成过桥街，现仅存桥体。

与此相类的还有贾家沟桥，但不是桥上桥。该桥位于唐崖土司城外东南部，南北向横跨贾家沟底部，北与“七十二步朝天马”相连。桥为两孔石梁桥，桥面长约 7 米，宽约 1 米，由南北两块长方形石板构成；桥墩平面类似于船形，建于水底基岩上，东西长 3.12 米，高约 2.68 米，西侧迎水面设分水尖，东侧去水面呈方形，宽约 1.50 米；桥墩由人工加工过的石块垒砌而成，桥身两侧设有石砌堡坎；桥南有清光绪三十四年（1908）的“贾家沟修桥及路序”碑，对于贾家沟桥及路面重修的情况进行了介绍，并记录捐资重建的人名以及所捐数额；亦对碑文撰写者、镌刻者，以及重修所用石材提供者、石匠等内容进行了记载。主要内容如下：

> 一水奔流，两山壁立，桥其可少乎？虽然凿石为云栈也，桥之别名也。生地堡者，过此桥而必达萦纡。既与桥相犄角，石栏回护，亦与桥相低昂。昔日无平而不陂，近则无陂而不平也，《易》道也。

一读此序，你就知这里一定会产生《易》学奇迹。你看，一个石匠，以《易》学结桥序，不是很神奇吗？

遗憾的是，九道拐桥亦不复存在。但尽管如此，我们还是产生了不少的关于桥的联想：同样是桥，不仅有石桥、木桥、铁桥、索桥之分，而且有一层桥、桥上桥之分；同样是石挢、木桥、铁桥、索桥，不仅有长桥、短桥之分，而且有大桥、小桥之别，更复有高桥、矮桥之异；同样是长桥，不仅有式样、工艺之异，而且有文化境界之殊……这就是桥的历史与身份、价值与形态……

在长江大桥上，我们看到桥下可以行船，但在这桥上桥上，我们却知道并不是所有的桥下都可以行船；在长江大桥上，我们可以看到同一座桥下行不同型号的船，但在这桥上桥上，我们却知道不能行任何型号的船……这就是差别，这就是自然，这就是环境……

在唐崖河边，我们看到因为新架设了桥梁，渡口已基本成为古迹，渡船也没有了踪迹，但仍然可以猜想——一定还会有没有桥梁的渡口需要有船将行人渡过江河；打过龙沟之上的桥上桥、贾家沟桥、九道拐桥，都不曾牺牲渡口，也仍然渡过了千万人物……

凡有桥的地方，未必有水；凡有水的地方，未必有桥。这就像凡能行船的地方必定有水（或许宇宙飞船为例外），而凡有水的地方未必都能行船一样。所以，桥与水并不是孪生的，完全是人为的。唐崖土司的桥上桥、贾家沟桥、九道拐桥为何而设？仅是道路吗？贾家沟桥上以《易》为序，说明了什么？

在大船行驶的江面上有不少的轻舟往来，在巨舰通航的水域中有往来的小艇驰过；在桥上桥、贾家沟桥、九道拐桥下看到的都只是涓涓细流，但却为我们提供了孔子所要求的遇水必观的绝佳场所。

> 孔子云：水有五德，因它长流不息，能普及一切生物，好像有德；流必向下，不逆成形，或方或长，必循理，好像有义；浩大无尽，好像有道；流几百丈山间而不惧，好像有勇；安放没有高低不平，好像守法；量见多少，不用削刮，好像正直；无孔不入，好像明察；发源必自西，好像立志；取出取入，万物就此洗涤洁净，又好像善于变化。水有这些好德处，所以君子遇水必观。

所以，在桥上桥、贾家沟桥、九道拐桥上，在静溪流琴之音时向远方凝目，你同样会发现那些敢于冲过险滩的船只在江河航行并走完了全程，发现那顶得住风吹浪打的船只在大海远航时也能确保安全；你会树立“沉舟侧畔千帆过”的勇气，敢于面对沉船的水域而驾船远航，即使有危险也不会总是躲在避风港……

桥上桥、贾家沟桥、九道拐桥……

你们还能告诉我什么？

[小知识]

·水德七善·

一曰守拙。水乃万物之源，论功勋当得起颂辞千篇、丰碑万座，炫耀的资本不可谓不厚。可它却始终保持一种平常心态，不仅不张扬，反而“和其光，同其尘”，哪儿低往哪儿流，哪里洼在哪里聚，甚至愈深邃愈安静。此等宁静和达观，是很多人难以企及的。这的确是一种“无为”，但不是对“大我”的无为，而是对“小我”的无为，是在个人利益上的无为。

二曰齐心。水的凝聚力极强，一旦融为一体，就荣辱与共，生死相依，朝着共同的方向义无反顾地前进，故李白有“抽刀断水水更流”之慨叹。因其团结一心，水的威力无比：汇聚而成江海，浩浩淼淼，荡今涤古；乘风便起波涛，轰轰烈烈，激浊扬清。

三曰坚忍。水至柔，却柔而有骨，信念执着追求不懈，令人肃然起敬。九曲黄河，多少阻隔、多少诱惑，即使关山层叠、百转千回，东流入海的意志何曾有一丝动摇，雄浑豪迈的脚步何曾有片刻停歇；浪击礁盘，纵然粉身碎骨也决不退缩，一波一波前赴后继，一浪一浪奋勇搏杀，终将礁岩撞了个百孔千疮；崖头滴水，日复一日，年复一年，咬定目标，不骄不躁，千万次地“滴答”、“滴答”，硬是在顽石身上凿出一个窟窿来，真可谓以“天下之至柔，驰骋天下之至坚”。

四曰博大。“海纳百川，有容乃大。”水最有爱心，最具包容性、渗透力、亲和力，它通达而广济天下，奉献而不图回报。它养山山青，哺花花俏，育禾禾壮，从不挑三拣四、嫌贫爱富。它映衬“荷塘月色”，构造洞庭胜景，度帆樯舟楫，饲青鲥鲢鲤，任劳任怨，殚精竭虑。它与土地结合便是土地的一部分，与生命结合便是生命的一部分，但从不彰显自己。

五曰灵活。水不拘束、不呆板、不僵化、不偏执，有时细腻，有时粗犷，有时妩媚，有时奔放。它因时而变，夜结露珠，晨飘雾霭，晴蒸祥瑞，阴披霓裳，夏为雨，冬为雪，化而生气，凝而成冰。它因势而变，舒缓为溪，低吟浅唱；陡峭为瀑，虎啸龙吟；深而为潭，韬光养晦；浩瀚为海，高歌猛进。它因器而变，遇圆则圆，逢方则方，直如刻线，曲可盘龙，故曰“水无常形”。水因机而动，因动而活，因活而进，故有无限生机。

六曰透明。虽然也有浑水、污水、浊水甚至臭水，但污者、臭者非水，水本身是清澈、透明的。它无颜无色、晶莹剔透；它光明磊落、无欲无求、堂堂正正。唯其透明，才能以水为镜，照出善恶美丑。人若修得透明如水、心静如水，善莫大焉。

七曰公平。水不汲汲于富贵，不慽慽于贫贱，不管置于瓷碗还是置于金碗，均一视同仁，而且器歪水不歪，物斜水不斜，是谓“水平”。倘遇坑蒙拐骗，水便奔腾咆哮，此乃“不平则鸣”。人若以水为尺，便可裁出长短高低。

[大信仰]

·风雨桥·

风雨桥流行于湖南、湖北、贵州、广西、浙江等地，是侗族人民的标志风物和传统的交通建筑。在侗乡纵横交错的溪河上都有风雨桥，这是侗族独有的桥。

风雨桥也称花桥、福桥，壮语叫“厅哒”，为侗族建筑的“三宝”之一（侗族建筑有三宝：鼓楼、凉亭、风雨桥），且被称为是世界上十大最不可思议的桥梁之一[①]，其实可看成是壮、侗、瑶系民族的一种交通风俗，是杆栏式建筑的发展及延伸，是侗族人民引以为豪的最具特色的民间建筑之一，同时也是侗族桥梁建筑艺术的一

① 世界十大最不可思议的桥梁是中国的杭州湾大桥：世界最长的跨海大桥；韩国的半坡大桥：会喷泉的大桥；法国的米卢大桥：世界最高的运输大桥；新加坡的哈德森波纹：最动感人行天桥；英国的翻滚桥：会打卷的桥；巴西的奥利维尔大桥：世界首座X型双道索桥；中国的风雨桥：侗族特有的建筑；英国的千年桥：世界最有名塔桥；德国的马格德堡桥：可以行船的水桥；意大利旧桥：大杂烩的集市。不过，现在应有所变动，比如中国恩施的泗渡河大桥，地处湖北宜昌与恩施交界处，位于湖北巴东县野三关镇泗渡河，是沪渝高速公路的控制性桥梁工程，坐落于鄂西武陵崇山峻岭中，是目前中国在深山峡谷里修建的全球最长悬索桥。大桥全长1365米，由长1105米的大桥和长228.9米的路基组成，宜昌岸为隧道锚，恩施岸为重力锚。大桥主跨为900米，桥面宽24.5米；大桥恩施岸索塔高118.2米，宜昌岸索塔高113.6米，塔顶至峡谷谷底高差达650米，桥面距谷底560米，相当于200层楼高，是目前国内在深山峡谷里修建的全桥最长悬索桥，同时也是世界首座跨度达900米以上的山区特大悬索桥。比世界第二高桥法国米约大桥以及世界第三高桥美国科罗拉多州皇家峡谷大桥分别高307米和290米，被誉为世界第一高悬索桥。

朵奇葩。

风雨桥是一种集桥、廊、亭三者为一体的桥梁建筑，以其能为行人过往躲避风雨并饰彩绘而得名，故名风雨桥，一般还能在桥上形成所谓的桥街、桥市。据传，风雨桥建在溪河上还不仅能给人们交通提供便利，而且还有镇邪和留财之意。

人们根据自己的爱好和河床的大小宽度，设计出各式各样的风雨桥。不过在众多的风雨桥中，以亭楼式的风雨桥居多。这种风雨桥由下、中、上三部分组成，下部为桥墩，用大青石围砌，以料石填心，以此形成巨大的石墩，呈六面形柱体，上下游均为锐角，以减少洪水的冲击；中部为桥面，采用密布式悬臂托架简支梁体系，桥架就放在桥墩上面，而桥墩与桥台之间没有任何铆固措施，只凭桥台和桥墩起着架空的承台作用，且全为木质结构的桥身，跨度一般不超过 10 米，以适应有限的木材长度；上部为桥面廊亭，采用榫铆结合的梁柱体系联成整体。

除石墩而外，全部由以杉木为主体的木结构建筑材料筑成，且全用铆榫衔接、嵌合，即建桥时，整座建筑不用一钉一铁，皆以质地耐力的杉木凿榫衔接，以榫铆斜穿直套、横穿竖插衔接，拔地而起，其坚固程度丝毫不亚于铁制桥或石桥，可延续数百年而不损；塔、亭建在石桥墩上，桥身以巨木为梁，从石墩起而形成用巨木结构的倒梯形桥梁，抬拱桥身，使受力点均衡，且正梁顶上塑有双龙抢宝，还配以彩画点缀其上，庄重巍峨，如巨龙卧江，气吞山河，十分壮观；桥有多层，建有或三层或五层的四角形或八角形的宝塔式楼阁或桥亭三至五座，每层都飞檐重叠、翘角飞翔，绘凤雕龙；桥面铺板，两旁设置精致的栏杆和舒适的座位（长凳）供人憩息，形成长廊式游廊，宛如长龙，且长廊两壁上端用木板或雕或画各种历史人物及雄狮、蝙蝠、凤凰、麒麟等吉祥物图案，或绘制神话故事彩画，形象诙谐洒脱，古香古色，栩栩如生；廊亭木柱间设置的座凳栏杆外挑出一层风雨檐，既增强桥的整体美感，又保护桥面和托架，在桥檐瓦梁的末端，塑有檐玲，呈丹凤朝阳、鲤鱼跳滩、坐狮含宝等形状；桥顶有宝葫芦、千年鹤等吉祥装饰物，且都盖有坚硬严实的布瓦，凡外露的木质表面均涂有防腐桐油，所以这一座座庞大的建筑物，横跨溪河，傲立苍穹，历经风雨，仍然坚不可摧……

在贵州、广西的侗乡，有许多久负盛名的鼓楼和风雨桥。这些兴建于汉末至唐代的古桥建筑，结构严谨，造型独特，极富民族气质。苗寨喜欢依山而立，侗寨则大多修在河溪两旁，跨水而居，因而出现了石拱桥、石板桥、竹篾桥等，而最富民族特色的便是风雨桥。

风雨桥多建于交通要道，方便行人过往歇脚，也是迎宾场所。历来由民众集资、献工、献料建成，桥头立石碑，镌刻捐资、献工料者姓名，建造风雨桥现已成侗乡的一项公益事业。

[神故事]

·娇和桥·

从前有个娇娇女子在桥上桥那里洗萝卜菜，有一个和尚、一个秀才从桥上过。两人见此娇娇女子长得标致，都大为感叹："真是一个娇艳之女。"这话恰被该女子听见了，正想自豪地微笑时，这二人却说起了四言八句来戏弄她。

和尚先说："有土也读'增'，无土也读'曾'；去掉'增'边土，添人变为'僧'；僧和尚，谁不爱，经书木鱼随身带。有朝一日发了财，哪个吃你萝卜菜！"

秀才接着说："有口也读'和'，无口也读'禾'；去掉'和'边口，添斗变为'科'。科秀才，谁不爱，诗书文章随身带。有朝一日中了举，我也不吃萝卜菜。"

说完，两人打起哈哈笑。

娇娇听得不耐烦，"嚯"地一下站起来，说："有木也读'桥'，无木也读'乔'，去掉'桥'边木，加女变为'娇'。娇娇女，谁不爱，一胎生了两个崽。有朝一日长大了，大的当和尚，小的中秀才。"

和尚、秀才吃了哑巴亏，怏拖拖地溜了。

萧洪恩搜集整理

[巧测验]

·关于"桥"字的相关构字联·

有水是溪，无水是奚，去掉溪边水，加鸟变成雞。得志猫儿雄似虎，落毛凤凰不如鸡。

有木是棋，无木也是其，去掉棋边木，加欠便是欺。龙入浅水遭虾戏，虎落平川被犬欺；

有水是湘，无水也是相，去掉湘边水，加雨便是霜。各人自扫门前雪，不管他人瓦上霜。

有羊是羞，无羊便是丑，去掉丑边羊，加女便是妞。隆中女子生得丑，百里难挑一个妞；

有木是桥，无木也是乔，去掉桥边木，加女便是娇。江东美女数二乔，怪得铜雀不锁娇；

有木是槽，无木也是曹，去掉槽边木，加米便是糟。今日之事在破曹，龙虎之事大事糟。

二十六　营房遗址

营，一般指军营、军队，其中作为军队或准军事化管理的一个单位，是由一个指挥部及若干个连队编成的军队一级组织，通常隶属于团和旅，为高级战术分队。其最高军事长官为营长，一般由上尉或少校担任。随着军队的发展，出现了步兵营、坦克营、炮兵营、导弹营、空降兵营、电子对抗营、工兵营、通信营、雷达营、防化营、汽车营等等多种类型。不过，从字源学上讲，"营"在后来的使用中却有了筹划、管理、建设、谋求等多种含义。咸丰俗语"哎，滚进了大营"即此而论，并且，我理解这句俗语，又恰好是从唐崖土司的营房遗址处得到的。

[游历情]

·哎，滚进了大营！·

标题的这句话，初听起来，人们会莫名所以。

这不是谚语，也不是歇后语，但却的确是一句影响较广泛的咸丰方言，如果硬要进行语言学上的分类，那也只能称为俗语。其针对性是指的那些喜爱热闹且用行动凑热闹并实际参与了的人的一种行为方式。当某人有了这种情形，并在情绪上有了高兴表情时，别人就会说："哎，滚进了大营！"

这句话的背后，隐含了众多的信息：

1.咸丰历史上曾有很多叫"营"的单位，且有大、中、小等不同程度的区分；

2.这些"营"已深深地影响了人们的社会生活，以至于是否能进"营"成了一种对人的评价尺度，并且主要是正面的尺度；

3.这些“营”对人们的影响，已形成了一种对人的特殊的类型划分，即进营的人，这是一种被人羡慕的人；

4.这些进“营”的人在社会生活中会表现出一种积极的情绪状态，在一定程度上成了一种社会风向；

这种对人的评价不是个别现象，而是社会的普遍尺度。

我在小时候就经常会被母亲、父亲这样指说或善意地批评。

事实上，咸丰以“营”为名的地名确实不少。作为一个军事专用术语，“营”既可指军队驻扎的地方，又可指军队隶属于团而下辖若干连队的编制单位。据此而论，咸丰县有许多地名都与军事活动密切相关，形成了独特的军事地名与军事文化。据学者调查、统计，仅见于《湖北省咸丰县地名志》的列目统计，全县带“营”字的与军事活动有关的地名有22处之多，其中咸丰县唐崖土司镇的杨家营、安家营、罗家营、孙家营和高家营及朝阳寺镇的赵家营和马家营，清坪镇的黄家营和秦家营，活龙坪乡的陈家营，均系与唐崖土司、龙潭土司和沙溪土司（利川境内）时期在此驻扎过军队而得名。同时，《湖北省咸丰县地名志》也证实：陈家营系“早年驻过兵营，后陈姓住此，故名”，黄家营“早年系黄姓营居之地”，秦家营“为秦姓营居之地”，其他地方均因“土司王曾在此安扎过兵营，故名”。由这些地名也可见土司也的确同时是军事组织，我们从历史上的土司军队经常被征调也可获得证明。

事实上，也正是因为有这么多的“营”，因而才有“哎，滚进了大营”的俗语，也才会产生相应的思想情感。

在唐崖土司，就有这么两处营房遗址。一处营房遗址位于土司城址的北部，在下街两侧、桥上桥以南都为营房区，为土司驻扎军队之所，现已发现一处建筑基址。一处在城址东南部，名为检阅台，遗址位于第三下河道以北，长约17米，宽约13米，现存石栏长度约7米，高约2米，以青砂岩石条砌成，现大部分为农田覆盖，仅南部一段石栏临街露出，现仍然沿用了传统地名而被称为检阅台。

根据土司时期唐崖土司征战活动频繁，既有中央王朝的征调，也有扩张领地，与诸土司和朝廷派驻的地方官兵争夺田地、侵害邻里的行为等推论，这两处军事遗址应是唐崖土司的两处军营分南北而设立的，约略相当于现在按地域设立的防区，只不过所存遗址类型有别，南营存检阅台遗址，而北营仅存营基。

按照《道德经》第26章的说法：“以道佐人主者，不以兵强天下。其事好还？

师之所处荆棘生焉。大军之后，必有凶年。善者果而已，不果以取强。果而勿矜，果而勿伐，果而勿骄，果而不得已，是谓果而勿强。物壮则老，是谓不道，不道早已。夫佳兵者不祥之器，物或恶之，故有道者不处。君子居则贵左，用兵则贵右。兵者不祥之器，非君子之器，不得已而用之，恬淡为上。胜而不美，而美之者，是乐杀人。夫乐杀人者，则不可得志于天下矣。吉事尚左，凶事尚右。偏将军居左，上将军居右，言以丧礼处之。杀人之众，以悲哀泣之，战胜以丧礼处之。”这里有极高的军事理论内涵。如果要翻译成现代汉语，并军事化的话，则说的是：以“道”来辅佐君主治理国家，就不会用兵之战争在天下逞强。用兵有什么好的呢？军队所过之外，战争过后，荆棘丛生，而且必有灾荒之年。所以，善用兵者不应看过程，而应看结果、后果。基本要求是不为争强好胜，不为自以为是，不为为战而战，不为骄纵而战，是因不得已而战。所以，应遵循事物的规律，就像事物壮大以后就面临着衰败的规律一样，太过用强就意味着灭亡。也正是在这个意义上说，军队本身并不是什么好的治国工具，有其不利于治国理政的地方，所以一般是不看重的。于是，对于军队，要像君子居则贵左、用兵则贵右那样来对待。即把部队分为居左的守备部队（或即今天的武装警察部队、公安部队）与居右的野战部队，并随时以战争痛苦之情教育民众：不好战、不畏战、不避战……

按照唐崖土司城左右俱有营房及复有校场一类的设施来看，应是根据这种文化精神设定的。可以说，仅是唐崖土司的军事思想，就值得我们深入思考。

[小知识]

·唐崖土司的征战[①]·

土司时期，唐崖土司的征战活动频繁，既有中央王朝的征调，也有扩张领地，与诸土司和朝廷派驻的地方官兵争夺田地、侵害邻里的行为。

一、奉朝命征调

在土司制度下，奉调出征是土司的义务。唐崖《覃氏族谱》和民国《咸丰县志》称，唐崖土司数次奉调出征，战功卓著。

① 陈飞、杨竣方：《唐崖土司城的春秋岁月》，《中国文化遗产》2014年第6期。

——元末，覃启处送征剿蛮民。

——明洪武四年（1371），覃值什用随调左将军廖永忠，奉旨平蜀。

——明洪武年间（1368—1398），唐崖土司随湖广土司叛乱被平。

——明洪武年间（1368—1398），覃忠孝奉命招抚蛮民。

——明正德三年（1508），覃文铭调征四川江津曹甫。

——明正德九年（1514），覃富奉调征剿川寇麻六儿。

——明嘉靖二十五年（1546），覃万金奉调征麻阳苗民起义。

——明隆庆四年（1570），覃柱奉调征剿金峒土司覃壁叛乱。

——明万历二十八年（1600），唐崖土司奉调参与“平播”，战后被赐《三宣慰八宣抚司鼎铭》。

——明天启年间（1621—1627），覃鼎奉调征奢崇明、安邦彦叛乱。

——明天启七年（1627），覃宗尧奉调剿流寇，防守荆州。

——明崇祯三年（1630），覃宗禹奉调守夔州府紫阳城。

在这些征战活动中，尤以明天启年间（1621—1627），覃鼎奉调参与平定“奢安叛乱”最为著名。天启元年（1621），四川永宁宣抚使奢崇明发动叛乱，先后攻占重庆、遵义等地，建国号“大梁”，并一度包围成都。后来，在巡抚朱燮元的组织下，历时两年多，这场战乱被平定。共击毙叛军2.79万余人，俘获1.26万余人，招降头目134名。其后，崇明父子长期客居水西，依附于安邦彦。崇祯二年（1629）八月，奢崇明在“永宁之战”中兵败被杀。这就是明末著名的“奢安之乱”。在平定叛乱的过程中，朱燮元大量招用了包括唐崖土司在内的西南土司部队。对此，《覃氏族谱》进行了明确记载：

覃鼎承袭父职，于天启元年（1621）奉薛总兵调守渝城，生擒樊龙、樊虎。即于天启二年（1622）监军道，越其钦依峒主覃杰分掌司权，捷征水西安邦彦，随军门王总兵冒进大方苗巢，兵陷，是杰兵冲关斩煞、势如破竹，救陷出围，毫无损失。又于天启三年（1623）复征奢崇明、奢明辉血战，功报大捷。

同时，唐崖土司城址内出土的战利品“永宁卫前千户所百户印”（永宁卫与永宁宣抚司同城而设），和朝廷为其敕建的“荆南雄镇”牌坊，亦是唐崖土司参与平叛的最直接证据。

二、司互争之战

土司时期，各土司之间战乱不绝，唐崖土司亦有所涉及，《明神宗实录》载，万历二十三年（1595）兵部议："犬夷互相仇杀，朝廷处置贵宜。夷官马斗斛擅操兵戈，致部民马邦聘等相图报仇。而覃玉鉴、覃文瑞等与斗斛姻亲，轻自举兵助虐。应移文湖广抚按严行禁谕，仍行四川抚按选委廉干官员虚心详勘，务在分别曲直，俾夷情帖服，永杜兵端。"诏从之。

三、司外侵之战

为获得人口、财富，唐崖土司外侵活动频繁，正德年间钦差巡抚都御使刘大谟在其《题设守备疏》中说："查湖广施州卫所辖散毛、施南、唐崖、忠路、忠建、忠孝、容美等土司……自正德年间兰鄢叛乱，调取土兵征剿，因而探知蜀道险易，熟诸州县村落，致惹后来不时出没为害，流劫地方，杀掳人财，奸人妻女，遂将所劫子女财帛，分送施州卫官，遂与土官习为表里，违例结渊，深为缔好，故纵劫掠，事无忌惮……昔年唐崖长官覃万金等夷，出劫黔江等七州县，众议动调官军，将酋恶擒获，监卫辄又受财蒙胧卖放。"其后，唐崖土司侵占、扰掠黔江地区的活动并未停止。康熙年间，唐崖土兵还曾劫掠黔江县石塔铺等地。黔江之西的彭水县，也遭唐崖等土司的蚕食，光绪《彭水县志》载："丁亥（1647 年），诸土司兵寇彭水……忠路、唐崖、大旺三土司兵掠天四野。戊子（1648 年），土寇合掠彭水，酉阳、忠路、唐崖诸土兵同时寇掠。"唐崖土司在外侵活动中虽然获得了巨大的利益，但也受到了朝廷严厉的制裁，付出了惨重的代价。清光绪《黔江县志》卷三《武备志》载，康熙四十二年（1703）癸未，唐崖土兵寇掠县境，至石塔铺，虏男女六十余人。守备王恪飞檄以报，游击赵锦其详提督岳公升龙移咨川楚督抚，疏劾提问忠路司覃世蕃、唐崖土司覃鋐，病死狱中。

[大信仰]

·土家族"尊命尚力"的世界观[①]·

在土家族文化中，初始形态的世界观是一种"尊命尚力"的世界观，在行为或事件发生前，"命"是信仰，是支撑；在行为或事件发生后，甚至失败后，"命"又成了一种解释、一种解脱。正由于此，"力"即成了土家族先民的基本存在形式，

① 参见萧洪恩：《土家族哲学通史》，人民出版社 2009 年版。

诸史记载土家族先民“有悍风”、“轻于战斗”、“俗嗜暴悍”等，都表明这种对“力”的崇奉，按清《卯洞司志·明授参将明良公传》的概括是“诸司中之徒以角力胜”，毛奇龄《蛮司合志》序则谓其“犷捍桀骜，其性猜忌仇杀，其习烙蹠善走，枵腹善斗其力”。如据《华阳国志》等的记载，这种力命结合即培养了土家人的特别能战斗的“神兵”，以至于在历史上多次发生“以暴制暴”的“仇杀”、“反抗”、“暴动”等。15世纪以后，土家族先民的世界观虽然发生了重大变化，即把对象化世界转化为思想文化世界，从而转化为哲学文化世界，由“尊命尚力”转化为“尊儒尚礼”，从而开启了土家族15-17世纪的文化选择与哲学思想转型的历史进程，并由此奠定了改土归流后的全民族文化选择与哲学思想转型。但是，这也没有遮蔽对“力”的崇奉，并由此使土家族文化在总体风貌上表现为一种抗争精神，借以在抗争中最大限度地激发民族的智慧与力量，不断地塑造自己、壮大自己，以适应生存环境并消融外来民族文化的浸染，借用美国传教士何天爵的话说：“作为一个民族，他们是吃苦耐劳，忠信可靠，善于忍耐的劳动者。”[①]

本尼迪克曾在《文化模式》中讲到个人在应对失败时有三种模式，并因此影响了各该民族的发展：新墨西哥的风俗习惯于把发生严重挫折的情绪减少到最低限度，部分印第安人习惯于疯狂的报复，多布人则用了另一种补偿[②]。显然，土家族在与环境的抗争中使用的是另一种方式：为生存而奋斗。

土家族的抗争精神同其民族渊源相连。《世本》等书曾记载巴人迁徙、奋斗、抗争历史中所体现的抗争精神，即早在部落时代，就有一种内部竞争与外部抗争有机统一的文化传统；《摆手歌》等土家族传世史诗，则显示出了土家先民与天斗、与地斗、与神斗、与坏人坏事斗的民族之“思”。正是这种传统培养了土家人的强悍性格和进取精神，即如元人周致中《异域志》在讲到土家先民时说：“种类甚多，喜战斗，不畏死，其诸洞惟散毛洞最大。”土家族的这种文化性格，在一般民众那里表现为“习勤力苦”、“悍而直”、“民皆勤俭”[③]；在社会精英那里，无论是上层精英还是下层精英，则因其“有功于民”、“各有勇力”、“性犷而悍”等，成

① [美]何天爵著，鞠方安译：《真正的中国佬》，光明日报出版社1998年版，第63页。
② [美]露丝·本尼迪克著，何锡章等译：《文化模式》，华夏出版社1987年版，第197—199页。
③ 同治版《来凤县志》，来凤县志办公室1981年重印版，第245、246页。

为人们崇奉的对象[①]。在土家族历史上，可以随意摭取这样的社会精英：巴蛮子、田九霄、陈连升（1775—1841）、罗荣光（1834—1900）……为民族国家捐躯；覃垕、徐廷杰、林之华……数举反专制义旗；温朝钟（1878—1911）、邓玉麟（1879—1951）、席正铭（1884—1920）……高扬民主；赵世炎（1901—1927）、向警予（1895—1928）……远赴欧洲求学追寻马克思主义，所有这些，都无不体现着一种抗争与奋斗精神。

从人类学观点看，一个民族在其生存斗争的历史中，若其挫折远大于成功，痛苦远多于喜悦，固然可以激起其更加强烈的反抗精神，但其群体心灵深处，或多或少地也会有某种过于谦卑的阴影。事实也正是如此。不少地方志都曾记载："土民淳直，畏官长。"[②]"乡民咸知循礼向化……又知畏敬，官长至村落，咸罗拜，争送酒浆。或有事传呼，及期而至。无汉人狡诈之习，亦无苗人悍恶之风，其循良易治，非内地所能及也。"[③]"其俗纯朴"，"土人稍知礼义"[④]。土家人的这种循良知礼、知敬畏，或许正是其过于谦卑心理的表现。从辛亥革命武昌起义元勋邓玉麟谢绝作起义军都督[⑤]等往事中，都可找到这种心态的阴影。

[神故事]

·女儿寨·

传说明朝初年，朝廷派邓愈驱兵到西南平土司，唐崖土司覃启处送率领兵将抵御官兵，受了伤，回到宫中疗养。覃启处送躺在御床上，心里很忧虑，他感到自己年老体弱，如今又受伤，不知能好不能好，家业也不如过去兴旺，一天天在衰败，儿子又不争气，哪个来继位呢？这天，他的女儿覃瑛去到他的床前，他心中一亮：女儿是个足智多谋、勇敢果断的人，何不立她为王？随后，覃瑛就继了王位。不久

① 鄂西土家族苗族自治州民族事务委员会编：《鄂西少数民族史料辑录》，内部资料 1986 年版，第 360—361 页。

② 嘉庆版《龙山县志》卷七。

③ 同治版《保靖县志》卷十二。

④ 李贤、彭时等：《大明一统志》卷六十六《施州卫》。

⑤ 据 1911 年 10 月 14 日路透社消息，邓玉麟曾于 13 日接见该社记者，消息说："昨天，记者会见了起义军都督邓玉麟。……邓说：起义的目的是要创立共和。"这一记载说明了邓当时的地位。但他后来以兵阶过低而谢绝了都督职务。见傅冠群主编《土家族百年实录》，中国文史出版社 2002 年版，第 883—884 页。

覃启处送驾崩，接着官兵又来讨伐唐崖土司。覃瑛就带着兵将、侍女一百多人，带着家产往西撤到柳城街①，在那里选了一座山安营扎寨。这座山，顶上平坦宽阔，三面都是万丈悬崖，只有一面有一条独路能上。覃瑛就在上面囤积粮草，操练军队，立志要重整旗鼓，复兴父王的基业。这座山寨就取名女儿寨。

驻扎在蜀东的武德将军孙旺，率兵将攻打女儿寨。覃瑛据险把守，孙旺好几次攻打，都被打败了。孙旺命士兵砍了几颗大泡桐树，挖空做成炮筒，找铁匠打了许多铁箍箍住，然后装上火药、碎梨头、破锅片，点上引线，朝女儿寨轰去。不料土炮怎么也轰不着女儿寨，只是把寨子边的一道山梁冲了一个缺口。这个缺口，后来就叫"炮缺"。射过去的碎铁块，落在女儿寨前面的山岭上，这岭后来就叫"砂子岭"。

"炮打女儿寨，子落砂子岭。"这句话至今还流传着呢。

孙旺一计不成，又想出一计：要把覃瑛哄下山来捉住。这天，他站在女儿寨对面山上喊话，说要和覃瑛讲和，覃瑛回答说："要讲和，得先定两条规矩：一是两方都不准带人；二是在居中的马家沟谈。"孙旺同意了。双方同时往马家沟去。覃瑛边走边注意着对方，她突然看见孙旺身后尾随着一个彪形大汉，躲躲闪闪。那人穿的衣服特别肥大，分明暗藏着兵器。她心里骂道：这老家伙居心不良，想暗算我哩，真是瞎了眼！你也休想讨到便宜！她当机立断，拉弓搭箭，"嗖"的一声，朝孙旺射去，正中孙旺的喉咙管，孙旺倒地死了。

朝廷哪肯善罢甘休？很快又派了好多好多的兵马，把女儿寨团团围住，要把覃瑛困死在上面。覃瑛宁可饿死，也不投降。九九八十一天过去了，寨子里粮食光了，草料完了，他们就把马匹杀来吃。马吃完了，就剐树皮、挖草根填肚子。后来，什么吃的也没有了，兵士们饿死了好多。覃瑛心里很难过，觉得这样死守下去不是个办法，打定主意，要突围出去。她吩咐侍女们，把金银细软收拾妥当，又让每人带上一把雨伞，乘黑夜来到万丈悬崖边。她说："官兵想把我们困死在这里，我们一定要死里逃生，再卷土重来。"她打开雨伞，双手抓住，回头又说："都照我的样子做。跟上！"说罢，纵身跳下悬崖。将士、侍女们前脚后脚，紧紧相随，像鱼群下滩，似百花飘落，纷纷落到了崖底。说来也怪，一百多人全都平平稳稳着地，没有一个伤着。他们连夜赶路，奔往四川。相传覃瑛后来在石柱县扎下根来，那里还有她的子孙呢。

① 据此传说，此又似为宋、元之际的事，不应为"明初"之事。或"女儿寨"本是传说，随人群迁徙而变，是有多种说法，此只其一也。

[巧测验]

·咸丰的“营”地名[①]·

在咸丰，仅坪坝营镇即有坪坝营、金家营、杨家营、苏堡营、梨树营、苟家营、梳背营和厚朴营8处；在清坪镇有待客营、新旧营、老旧营、黄家营和秦家营5处；在黄金洞乡有上营1处；在尖山乡（现唐崖土司镇）有杨家营、安家营、罗家营、孙家营和高家营5处；在朝阳寺镇有赵家营和马家营2处；在活龙坪乡有陈家营1处，这些地名都属于“军队驻扎的地方”。

据学界考证，坪坝营镇的8处地名与明代酉阳土司“剿苗杀寇”和近代太平天国活动密切相关。据《咸丰县志》载：“杨峒，在平阳里。明成化十三年（1477），四川酉阳宣慰司冉云带领官军，深入九甫塘、茅坪、排峒、杨峒、白崖塘等处，剿苗杀寇，特进阶为明威将军，是为杨峒见籍之始。”因此，“古代驻扎过兵营”的坪坝营等地应当是“剿苗杀寇”事件的印证。而近代太平天国在坪坝营等地的频繁活动，也让坪坝营等地更加军事化了。据史载，同治二年（1863）太平天国翼王石达开部将李福猷率军由贵州进入四川东部（今属重庆），占领黔江县城后至咸丰县坪坝营镇的杨洞、新场、甲马池等地活动，有可能在坪坝营、金家营、杨家营、苏堡营、梨树营、苟家营、梳背营和厚朴营等地驻扎后而留下了这些地名。清坪镇3处（除黄家营和秦家营系土司驻军营地）和黄金洞乡1处地名则是石达开主力部队与其先遣部队许桂和部在同治元年（1862）在来凤会师后由来凤越咸丰，连营200余里，再由利川进入四川东部（今属重庆）驻扎后留下的地名。《湖北省咸丰县地名志》指出，待客营、新旧营和老旧营，因“同治年间石达开部路过此地，扎寨休息，故名”。同时还指出，上营系“相传以前某部队（即石达开部队）经此，分上、中、下3处安营驻扎，在此地居住，故名”。

另外，咸丰县唐崖土司镇的杨家营、安家营、罗家营、孙家营和高家营及朝阳寺镇的赵家营和马家营，清坪镇的黄家营和秦家营，活龙坪乡的陈家营，系唐崖土司、龙潭土司和沙溪土司（利川境内）时期在此驻扎过军队而得名。同时，《湖北省咸丰县地名志》也证实：陈家营系“早年驻过兵营，后陈姓住此，故名”，黄家营“早年系黄姓营居之地”，秦家营“为秦姓营居之地”，其他地方均因“土司王曾在此安扎过兵营，故名”。

① 参见姚胜权编著《神往咸丰》（现代出版社2014年版）的相关内容。

主要参考文献

[加]D• 保罗 • 谢弗著，许春山、朱邦俊译：《文化引导未来》，社会科学文献出版社 2008 年版。

[美]露丝 • 本尼迪克著，何锡章等译：《文化模式》，华夏出版社 1987 年版。

高占详：《文化力》，北京大学出版社 2007 年版。

《鄂西土家族简史》编写组编：《鄂西土家族简史》，内部资料 1983 年版。

《咸丰县志》编纂委员会编：《咸丰县志》，武汉大学出版社 1990 年版。

鄂西土家族苗族自治州民族事务委员会编：《鄂西少数民族史料辑录》，内部资料 1986 年版。

陈飞主编：《唐崖土司城址》，湖北人民出版社 2015 年版。

姚胜权编著：《神往咸丰》，现代出版社 2014 年版。

杨适之等主编：《咸丰民间故事集》，湖北人民出版社 2007 年版。

鄂西土家族苗族自治州文化局等编：《鄂西民间故事集》，中国民间文艺出版社 1989 年版。

湖北省文物局等：《唐崖土司学术研讨会论文集》，科学出版社 2014 年版。

马书田：《华夏诸神》，燕山出版社 1990 年版。

邓和平：《巴土源流研究》，云南人民出版社 2008 年版。

王平：《唐崖覃氏源流考》，《贵州民族研究》2001 年第 3 期。

范克春：《神秘的文化符号“九”》，《汉语学习》1996 年第 4 期。

满益德、凌云：《唐崖土司王城建筑石刻的造“形”与造“势”》，《湖北民族学院学报》（哲学社会科学版）2009 年第 4 期。

王希辉、杨杰：《唐崖土司覃氏世系及其征调述略》，《三峡大学学报》（人文社会科学版） 2009 年第 5 期。

于锦绣：《原始宗教观念的发展及其表现形式》，《思想战线》1985 年第 5 期。

附　录

历史记忆与历史还原
——咸丰县明峡两岸口承文化的人类学解读

湖北省恩施土家族苗族自治州咸丰县的明峡电站（现名丁寨电站），首期工程兴起于20世纪70年代中后期，二期工程则兴起于20世纪80年代前期，后期工程直到20世纪末才告完成。自明峡电站修建以后，马克思笔下的共产主义生产力——电火花的进程裹挟着现代文明的惊雷已日益冲淡了明峡两岸的历史记忆，把一个极富内涵的多元文化沉积带给遮盖了。2007年暑期，笔者一行曾请当地相关部门人士进行现场踏勘，并进行文化“采风”，有感于其丰富的文化内涵，以口承文化为依据，剥离其历史记忆，力求进行历史还原，并最终修复那一带的乡土历史，以期进一步地开发其文化、传承其文化、发展其文化。

一、两岸猿声啼不住——渐行渐远的自然与人文地理

“明峡”原是丁寨乡曲江河的下游出口，过此而进入唐崖河，后入乌江，进入长江。如果有文人，特别是像金庸、梁羽生一类的侠书巨将到此一游，一定会写出惊世的亦狂亦侠的土家族侠士作品来。但不知是哪个时代，这条河沉入地下，成为地下伏流，只在现明峡电站的水洞出口，形成了一条明显的地下河，从出口处复有干洞、水洞之分看，河流决不只一次改道；20世纪80年代，为解决咸丰县丁寨乡的曲江水患而人工修建了穿山过水隧洞，于是使该河在地质上成为三层：上层——原有的老河床，现可看见一条从穿洞以下，经安乐洞、成明槽、马朝口而至明峡的河道旧迹，已多劈为耕地，惜现已多荒废；中层——20世纪80年代穿通的过水隧洞，若经过开发，可直接用于地下漂流；下层——原地下伏流过道，可作为探险开发的良好去处，

更为重要的是，这一带地下有方圆十多公里都互连互通的溶洞结构，并与地上的古河床及相关溶洞相通。

河流的沉伏，应是自然地理剧变的结果，我们从原有河床两岸，仅成明漕一带至少有四条河流的水同时沉降可以证明：唐家沟——后来因唐姓首迁于此而得名，原为一条河流，后已无水，上源处仍然可见河床；熊湾——曾与一个重要的土家传说——土家先民斗人熊的故事有关，现仍然可见约1公里的河床，虽然上源也被劈为耕地，不过现已退耕还林；苗子湾——原为苗族人居住的一方土地，旧河床仍然清晰；刘家湾（有若干小地名，只取其典型者）——原有河床虽不见，但水道下沉的地下沉伏遗址仍然随处可见，且自成一线。自然地理的变迁给这一带的居民以深刻的影响，以至于当地居民对水的情感也十分复杂。

河流的两岸居住着土家、苗、汉、侗等多民族居民，如蒿子坝的李姓、杨家寨的杨姓与叶姓、小河头的刘姓、穿洞的魏姓、高山羊的向姓与杨姓等，即分属不同的民族[①]。我们从现今仍然遗存的地名或遗迹即可看出这里有一种典型的沿河文化分布带，汇聚着多民族文化，反映了民国版《咸丰县志・氏族志》所谓“今就咸丰县氏族列之，大抵分为土家、客家二种。土家者，土司之裔，嫡派多徙籍武汉，各地留住者，半系支庶之家。客家者，自明以来，或宦或商，寄籍斯土，而子孙蕃衍，为邑望族者”的实际。其中最明显的有“苗子湾”，年长者多说是以前住过“苗子”，我们曾在半山上发现有屋场及耕作遗迹；与“苗子湾”左侧相邻的是被称为“熊湾”的地方，据传是土家族先民居住地，并有与人熊斗争的故事；右侧则被称为萧家老屋，其实是一萧姓人家从今重庆彭水迁来时所居，据同治版《咸丰县志》卷七载：“迄[清]咸丰年初，四川彭邑人民始有迁移入咸者，近则愈迁愈甚，接踵而至者遍满乡邑，有非我族类之感焉。”萧姓等迁移至此，当是这一时期。据上述情形可见，外来户与当时的土著户是比邻而居，且相互关系较好，即同治版《咸丰县志》卷七所谓“咸邑旧为土著，自改所归流后，外来寄籍者不少，然皆耕凿相安，两无猜忌”。除现有比较清晰的刘家湾、魏家院子、唐家沟、杨家院子、安家屋场、杨家寨等地名表现了迁徙户外，其他地名的历史文化意义，都可以由相关的历史传说来佐证。

---

① 参见周伟民、安治国《咸丰县民族志》第一章，湖北人民出版社2006年版。

二、一帘悠梦寻芳迹——亦狂亦侠的视界与口述历史

沿河两岸的文化，有如一帘悠梦，令人难以寻觅。早在1982年暑期，古历8月12日，天刚破晓，笔者曾经成明槽至断明峡朋友家，当时行于路途还颇有恐惧感，因志其行，有诗曰：“负笈走清晓，履冰荒径中。月隐幽林久，鸦鸣若妖疯。难舍愁途困，同心恐迷踪。遥想贼当道，或在此程中。”从这种感受也可见两岸应是出侠士的地方。今从两岸的口承文化，至少可寻见以下历史进程：

1.短命峡→断明峡→明峡：近现代社会进程的彰显

若到了明峡，你所知的第一段历史即应与太平天国运动有关，这是一段既真实而又有恐怖记忆的历史——《关于断明峡的传说》，事情发生在“干洞”，后来想起，这个故事早已由我父亲说过，只不过当时没有放在心上而已。那大约是20世纪70年代初，我父亲已是重病在身，但我还很小，又是独子。时值县里准备在断明峡修电站，好奇心驱使我去那里看，父亲知道那里危险，不让我去，于是讲了这一故事。故事大致内容如下：

要修电站的地方，原来叫断明峡，说是没有光明，其实那是后人改的。本来叫短命峡，这还有个来源。

那是好久以前，洪秀全他们领导了长毛起义[①]，不知怎么搞的，打败了，逃到我们这里来。这些兵太不把当地人当回事，要吃要穿不说，还要睡你的女人，所以都怕长毛，见了他们就跑，若先知道消息就躲。如是进出了好几回。

又有一天，有消息说长毛又要来了，村里有年纪大的老人就和大家商量说，我们出去躲一下把，当门[②]沟里没人去过，我在赶山时发现那里有两个洞，也没有外人知道，现在恰好是夏天，那两个洞中只有水洞里有水，干洞没水，正好可以躲人。大家都同意老人的意见，遂在老人的带领下，带着食物，除留下少数人在山上观察长毛动静外，其他人都躲进了干洞中。

果然，长毛真的来了，他们到处找人，终于有人找到了干洞。由于攻不进去，就用火攻，于是几百人全都被烧死在里面了，硬是没有一个投降的。

---

① 指太平军留着长辫子，而当时的土家族人民都包着头巾，头发很少外露。

② “当门”：方言，指人的前面，可扩大指房或村或物的前面，如屋当门、洞当门等。

躲在山上的人也曾想办法，但还是没有救下那些人，后来就一直流传着“长毛过路七天七夜烧死一洞人”的惨剧故事，那个地方也就叫短命峡了。

这个故事后来在高山羊的杨家院子得到另一个证据，一个关于太平军残忍的传说——《杨老三之死》：

有一年，长毛打过来了，老百姓都躲出去了。长毛喜欢吃大户（在地主、富农家等大户人家吃住而不给钱），住进了杨家院子。杨大户家的老三，在屋后面山上看见长毛正在杀他家的猪，不服气，就用石头打长毛。这下惹了大祸，长毛派兵追他。当时是大雪天，地下垫了好厚一层雪，杨老三在逃跑时挂破了皮，一路流着血，所以长毛兵很快就沿着血迹追到了杨老三躲的地方。原来杨老三走到了一个孤老家，这个孤老的心特善良，也不问来人是谁，就把他藏（原话说的是“sou”音，应是“廋”——当时记录时不知是何字，因而换了“藏”字）起来了。长毛兵硬是把他从苕洞里找了出来，抓到了杨家院子，把屁眼用刀割开，并且把竹子搬下来，把他大肠拉出来捆在竹子巅上，然后让竹子弹出去，杨老三就那样被搞死了。长毛走后，杨家把他埋在了柳（岭）上青岗林里。

这两个故事基本上是同一主题，即对太平军进行否定性评价。从历史意义上认知，应是土家族地区经过改土归流后的百多年时间，产生了“中域”的国家认同①，因而否定了太平天国运动的正当性。后来我多次去杨老三的坟头找那种感觉，但总因历史的久远而难以如愿。不过，虽然没有那种战争场景，却有一种“追杀”、“火攻”的心境，并因此为我们先辈的不屈而表示出某种敬意。

现在，“短命峡”已早不见于记忆，“断明峡”也因修了电站而直接叫“明峡”了，甚至也已不是地名，而是一个单位的名称了。如果没有那种历史记忆，如何能找回久远的历史？

① 参见拙文《脱蛮入儒：19世纪土家族的文化认同与社会转型》，刊于《中南民族大学学报（人文社会科学版）》2006年第5期。

2.祖宗显灵→凉风洞→落水洞

同样是“洞”，但这个洞比“干洞”要神圣得多，现名叫“凉风洞”（老百姓称呼）或者叫“落水洞”（机关干部或工作人员称呼），原因是其不仅有故事，而且有值得玄想的遗迹。

查同治版与民国版《咸丰县志》，都没有记载“凉风洞”，可见当地虽离县城不远，却名声不显，表现出一定的封闭性。事实上，这只是由于当时的编志者考察不周所至。我们从同治版中可见如下记载：“柜子岩，河涯绝壁千仞，嵌木崖洼处。一在龙潭，一在金洞，人以为仙迹。”若仔细考察同一流域，即可发现明峡的“凉风洞”涯壁上即有此柜子岩——是古人行岩葬之所。岩葬是中国南方少数民族的一种葬俗，在南方分布的地域十分广阔，延续的时间也很长，因而在不同的地区和不同的时代，其安葬场所、形制、丧葬礼仪习俗以及相关的文化都存在着很大的差别，并形成了种类纷繁、不同特色的葬式，咸丰县“凉风洞”的岩葬即其一例。当然，由于年代久远，这种使用岩葬的族群已不知所踪。不过，从下述传说即可证明这是一种祖先崇拜遗址，因而在当地仍然有历史记忆——《凉风洞的来历》：

远古的时候，成明槽是一条明河，经常涨水。住在马朝口一带的人经常被水淹，造成生命与财产的损失。有一次，一个老爷子在晚上做了一个梦，梦见一个白胡子老汉走在他床前告诉他，之所以涨水淹他们，是因为埋在岩壁上的祖先没有得到供奉，需要有活人祭祀，即可把他的地盘让一部分过水。

第二天起床后，老人把自己的梦与寨中几个老人商量，认为这个梦可能是真的，就一起去岩边看，才发现壁上果然有棺材一样的东西悬着，即相信梦中所见是真的。但是，老人们认为，青壮年实在需要留着为大家办事，愿意以自己的生命来祭奠祖宗。最后通过抽签的形式，让一个老人作了祭品。这件事让祖宗特别感动，故在那次涨水时，以岩壁为界，上面的都淹了，下面的都没淹，那水呀，就像有什么挡住的一样，不往下流。

这件事后，下面就再也没有淹水了，人们祭祀他也越来越隆重。后来，这祖先干脆把他下面的地盘全让出来过水，于是就成了一个大洞，这就是现在的凉风洞。

这个传说并没有见于咸丰县所搜集到的民间故事传说集中。但在当地的老年人中却传播非常广泛，笔者最初是听一个叫刘远成的老人讲的，后来又在家父那里得到了佐证，直到搞了点民族研究以后，再回过头去想，这应与土家族的白虎信仰有关，现今生活在这一带的刘姓土家族还有不少这方面的信仰，其中特别是“过赶年”更是别具一格，吊脚楼特有风采。至于“凉风洞的来历”，肯定并不是传说中所论，但却寄托了人们的希望。

3.天脚山→仙桥山→天桥山

从咸丰县城出发，沿巴石公路西行约十公里，有一巨洞——穿洞，顺公路右侧远望，你会看见一个洞群，其中最显眼者是“天桥山”，其旁有“安乐洞”，有碑刻，传说是为防白莲教起义进攻而设，一说为防太平军而设，也有说是神兵起义旧址，不一而足。关键是一处“天桥山”，却有三个不同的传说，反映出人们信仰的历史进程。

第一个传说是“天脚山”，反映的是初民的宇宙观：

传说古时候有三界人，天上人、地上人、地下人，天上人可以到地上来，地上人也可以上天；地上人可以到地下人生活的地方去，地下人也可上地上来。那时候这三界人关系很好，就像好邻居一样。

不过，相处时间长了，也会闹矛盾，特别是地上人动不动就到天上人那里去拿东西，惹得天上人很生气，于是就经常下来找地上人的麻烦，矛盾越搞越大，甚至影响到地上人与地下人的关系。

白虎神看到这么搞下去不是办法，就把地上地下的通道断了，“天脚山”就是这样被白虎神搞倒的。

白虎神是土家族的普遍信仰，这且不去说她。我们应从中看到的是故事所反映的土家族先民的“三界说”，笔者曾作有《神的三界与人的三界》来讨论这一土家先民的宇宙观[①]。

随着时代的发展，“天脚山”被“仙桥山”取代，原因在于佛教、道教等传入并扩大影响，在那里修了一座庙，叫“天桥寺”，民国版《咸丰县志》卷三《寺观》

① 原文刊于《鄂西大学学报》1988年第3期。

中谓“白云观、板桥寺、天桥山寺，在丁寨”，且说“寺观皆由各地方士民公立，然祀典所载之神，城乡亦多设庙崇奉，而招男女僧道为住持”，可见此庙在当时的影响，其遗迹在20世纪80年代还存在，后来由于生态植被的恢复，很难登上山去观望，这次即作罢。我们查阅《咸丰县志》的多个版本，都没有对此的详细记载，但肯定此庙的存在是无疑的，民间则经常讲“庙上”。此庙与“白岩观”（民间所称，《县志》所载为“白云观”）相对，一佛一道；地址也相对，“白云观”附近有“天生桥”（为咸丰“外八景”之一，叫“合水天桥”），此庙址也同样为“天生桥”，民间传说有“飞来的仙桥山”，即对此有反映，此略。

再后来，则因“文化大革命”等历次运动的破坏，庙已破败，笔者2008年暑假再去考察时，当地民众反而在庙的对面设了神水台，传说此水可治病，香火还不错。与此相应，山名也恢复了其自然面目——天桥山，即自然形成了一座天桥，历史终于得到了复归。

两岸还有其他不少传说故事，如《外孙女与人熊“家家”①》、《龙翻身把河搞沉下去了》、《苗子与蛮子》、《神蟒测天》、《观音土救命》、《珍珠芭茅草》等，从不同的侧面反映了两岸的历史记忆，有的还有现代的阶级斗争观念于其中，如果进行深入研究，则可以对其历史进行还原。

三、不尽长江滚滚来——民族文化的现代复兴与开新

明峡电站（现也可称为“丁寨电站”）实际上进行了三期工程，目前已使两岸环境发生了根本的改变，为复兴与开新当地的民族文化提供了良好的环境。

首先是电站本身的经济价值与旅游文化价值可以直接利用。在初始修电站时，当地曾有民谣说：“断明峡断明峡，山高沟又狭，猴子都难爬；要想修电站，除非石开花。”可见当时的环境恶劣。然而，经过几十年的建设，经过人们的奋斗牺牲②，已于群山环绕、层峦叠嶂中建设了一个“花园式电站”；电站是一个集排涝、发电、灌溉、人畜饮水为一体且具有文化旅游价值的综合性工程，其引水渠道长4503米，垂直水头178米，一期工程两台机组于1988年5月竣工投产，二期工程增容扩机一台于1996年2月投产，总装机容量为7500KW，年平均发电量约3500万KW。2003

① 方言读“gaga”平声。

② 修电站时曾产生了不少烈士，其中有一次即有九人被炸死，后来民间传说闹了很长时间的“鬼”。

年至现在获得“州级最佳文明单位”称号。2007年电站实行民营化改造，产权属于咸丰县颐丰电力开发有限责任公司。若由公司投资，同时开发文化旅游，本身即有经济实力。

其次，可直接开发为自然与人文风光旅游线路，从而复兴与开新当地的民族文化。一是可进行河道下层探险旅游开发。原来的暗河经过隧道改造后，暗河河道已弃而不用，可从原暗河入水口——“合水天桥”处进入，开发探险旅游项目，沿河道的上层河床两岸有洞穴十多个，较有开发价值的即有穿洞、销洞、凉风洞、干洞、水洞等。二是沿古河道上层有不少的人文景观可以开发利用，计有宗教文化景观白岩观、天桥寺、凉风洞的祭祖仪式文化等；民居建筑文化如魏家院子、刘家院子、向家老屋等的吊脚楼建筑文化；宗族文化如沿途大姓李氏（土家）、刘氏（土家）、魏氏（汉族）、杨氏（有侗有苗）、向氏（土家）等，各有宗族文化值得开发利用；一般民俗文化可以说涉及所有的土家族文化，特别是“过赶年”等民俗，更是值得开发，笔者曾有体验，并以竹枝词记其事曰：

（一）时间

三更造饭五更行，树兜火旁待鸡鸣。

幽森静夜频敲箸，遥指星空觅启明。

（二）地点

过年团圆只为家，山中聚晏费堪察。

洞中田里梅树下，可曾追忆旧时家？

（三）杀猪

杀猪过年本不凡，肉藏门后更难堪。

既道人间桃源在，大壑藏舟为哪般？

（四）吹风

鸣角吹灶任竹筒，临战枕戈拟剑锋。

堂前屋后频吹奏，胜过唐朝火头工。

（五）饮食

镰肉合菜具简装，只为方便赴沙场。

回应倭奴擂战鼓，荡剑湖海忧庙堂。

（六）座位

烈祖传家自为雄，过年常闻炮声隆。

盛情待客为护密，虚位洞门顾敌踪。

（七）伐椿

伐椿取皮作号筒，鸣角声声隐雄风。

横树为兵衣板楯，神武军旅祖姓賨。

（八）历史

虎皮衣盾蕴风烟，江湖之忧驱赶年。

千古神兵著巴渝，吾辈岂敢让先贤。

（九）哲思

食望天明寄乡愿，历史沉思慧顶传。

福祸相倚存古训，圣哲刚过辩证年。

（十）期望

悠悠往事越千年，铜铁炉中铸盛传。

当年土家之何处，再造特色护雄关。

最后，通过文化的开新与复兴可以形成一种特殊的产业群，即第一、二、三产业与文化的有机结合，使文化产业化与产业文化化高度契合，形成集经济发展、观光旅游、休闲体验等为一体的产业链条。特别是该区处于咸丰、黔江两城之间，与唐崖河生态旅游钩连，具有极好的特色产业发展的区位。2008年暑期考察以后，更坚信了笔者的这一信念。

“文化引导未来”，对于民间乡土文化来说，作为非物质文化遗产的民间口承文化蕴藏着丰富的历史信息与发展价值，应当是我们必须重视的财富。

唐崖土司文化研究献疑
——漫评唐崖的三部《覃氏族谱》

对于唐崖土司的文化研究，至今仍然有不少疑问，其中一个重要的疑问即是唐崖覃氏土司的族源问题。关于唐崖土司所属覃氏渊源的考证，学界已提供了相当多的成果，其中包括单篇的专论文献、述评的综述文献，及至谱学本身的申论文献，可以说是成果丰富，观点新奇而多样。不过，根据笔者的研究考证，也仍然认为有不少的东西还值得深入研究。为此，本文从手边的三部唐崖司属的《覃氏族谱》（均只及于男姓子弟而未及女儿世系）加以对比讨论，再次针对唐崖覃氏土司的族源问题提出自己的一些看法。我应特别申明的是，本人始终坚持“廪群巴人说”，并就此献疑以就正于相关专家及唐崖覃氏子孙。

一、从“混沌”到“有序”：日渐清晰的世系?

目前，关于唐崖覃氏土司的族源，多依据民国版唐崖《覃氏族谱》，认为那是研究唐崖土司族源的基本资料。由此，人们提出了“蒙古族的后裔”说、“改名换姓”（由“谭”“去言为覃”）说、土著覃氏说等多种说法进行有针对性的讨论，基本依据虽然有所扩大，但前提仍然是各种版本的《覃氏族谱》。问题在于，族谱本身也是有价值区别的，特别是私家族谱在造谱过程中的一些做法，也早已引起了学界的关注。我曾把族谱按“三三制”来处理和评价其中的世系：晚近血缘世系、中古的近似世系、远古的信仰世系。这里的晚近、中古、远古等，都只是相对概念，其时间的长度应根据各谱本身来认定。大致说来，信仰体系可以不讨论其是否真实，那是文化上的、观念上的，借用西方哲学的话语说就是：“正因为不理解，所以才信仰”；近似体系有部分真实，那是有一些史影的，但主要是疑史，有点像现在电影、电视的“戏说”；血缘体系则是基本真实的、可以确定的，但也不排除其中的错误。基于这种状况，我们可以对唐崖覃氏土司所属三部《覃氏族谱》作一基本分析。

在众多的唐崖《覃氏族谱》中，以哪一部最早？这是一个值得探讨的问题。从民国版《覃氏族谱》中有一段基本没有自信心的话可以看出，在此之前是有唐崖《覃氏族谱》的，其中有言：

若汉刘备无谱，何以知为中山靖王之后？吾家无谱，何以知为元室之裔？

这句话我们可以作如下理解：当时曾有人怀疑该版《覃氏族谱》编者把唐崖覃氏说成是蒙古人后裔，而编者则以旧谱所言为质。换句话说，编者用了一个苏轼的逻辑："人道是！"不过，这却提醒我们，唐崖在民国版《覃氏族谱》之前，是有老谱存在的。但老谱是如何说的呢？是否有人见过该谱呢？抑还是在民国版《覃氏族谱》之前还有多种版本的唐崖《覃氏族谱》呢？

根据我们的考察，真的是有的。我们认为一本藏于原尖山鸡鸣坝烂沟子覃太安（或作秦泰安）先生家的《覃氏族谱》即可以提供证据。1983年，覃为58岁。据他介绍，该谱为其父覃恒轩抄录珍藏。覃恒轩于1959年病故，享年73岁，曾教书多年；其祖父覃元清亦教书多年，其曾祖父覃有（友）为皇恩所奉保庆府知县一员，在任上病故，从邵阳迁尸回府。可以说，此谱主覃氏世代为书香子弟，其史料皆有所考据。根据此谱的世袭叙述，应属唐崖覃氏的覃万金支世系，现在公认的世系见于覃太智等编《中华覃氏志·湖北卷》①。

根据笔者的抄本，若参照民国版唐崖《覃氏族谱》及《中华覃氏志·湖北卷》，此谱则除了从十五世祖覃鋐到十七世祖覃梓椿中间有所缺环而外（不知当时在抄录过程中为何略去了还是原谱残缺），基本上可以认定，应是唐崖二修的《覃氏族谱》，其中有一段话说到：

自汉迄明，以逮国朝，余亦何能详悉，第及今日所见，来邑《土司制（志）》，以及历朝国史，并仁甫叔在汉镇抄来唐崖之谱序，以及土王官房印给，我祖宗图，原原本本，备道其由，草创成谱，以待合众鉴定，协力公修，告之子孙，尊卑有分，家庭有礼，父言慈，子言孝，兄则友，弟则恭，勉其齐家、修身，以蔚为国器，其后族内子孙，绳绳翼之，长发其祥，无可限矣，是为订谱之序。

可以看出，此谱编于清朝，因其把清朝称为"国朝"；编者进行了广泛研究，

① 覃太智等编：《中华覃氏志·湖北卷》，中国文史出版社2014年版，第56页。

涉及多方面材料，其中包括“来邑《土司制（志）》，以及历朝国史”；编者见过原有的唐崖《覃氏族谱》，因为“仁甫叔在汉镇抄来唐崖之谱序，以及土王官房印给，我祖宗图”，说明此谱还很详备……因此，我们有理由认定，可以将编者所见称为唐崖一修谱，而将此编者所编称为唐崖司属的二修《覃氏族谱》。

从二修谱的内容来看，该谱包括《序》、《姓氏族谱传派序》、《重考姓氏讹传序》、《世系》等内容，可以为我们检讨一修谱的内容提供一些参考：首先，一修谱坚持了覃氏“或本‘谭’而去‘言’为氏”说，没有提“蒙古族人后裔”说，故专门有研究性驳文，详细分析了“本‘谭’而去‘言’为氏”说的谬误，并提出了自己的“廪君巴人说”。其次，对远古世系只提及大略，并按照中域王朝更替的历史主线加以世系清理，但远古世系并不完全清晰，也未提及旁支；再次，对“明太祖至崇祯二百七十七年，君十六传”的世系有清楚而全面的交代，属宗支世系谱，不像民国版唐崖《覃氏族谱》只叙皇室世系（帝系谱），且十分清晰，可以看成是血缘谱，并及于旁支。可以看出，这本二修谱是一本用功深厚的家谱，极具参考价值。

与上述二修谱参照，另一唐崖司属《覃氏族谱》或可算成是三修谱。该谱原由尖山南河覃现章家收藏，有覃大元先生（字春彬）1981 年 2 月 23 日的抄录本。该谱在总体框架上同于二修谱，但对《序》、《姓氏族谱传派序》、《重考姓氏讹传序》等部分内容做了简化，而对《世系》等则做了明确化、细化，从而使世系部分相对于二修谱更为“丰富”，反映出其逐渐的“完善”过程，如在此谱上用了“** 即是 **”的“即是体”语言，肯定二修谱上的：“一世启剌，即覃耳毛”、“二世构，即覃忠孝”、“三世友谅，即覃斌”、“五世本林，即覃文铭”……这种说法，反映了编者加入了自己的一些思想，但总体框架并没有变。因此，我们有理由相信，该谱早于民国版唐崖《覃氏族谱》而迟于前所谓的二修谱，可以算成是三修谱，在世系上也有所调整，民国版唐崖《覃氏族谱》的土司世系即是该谱“即是体”之后的世系，只不过在前面衔接了蒙古族族源而已。

接下来的，自然应是民国版唐崖《覃氏族谱》。但是，另有两个抄本，似乎提供了这版唐崖《覃氏族谱》的心路历程：咸丰朝阳寺镇平桥村唐崖土司属宗支覃小阳所藏《覃氏历代动叙》载：“福寿木更名覃汝先、（福寿花）更名覃汝恒，号伯坚、（伯）圭，传生二子，覃启杍送、覃启舒送”。又丁寨打杵溪覃方辉家所藏《覃氏族谱》则载：脱音铁木耳为明秀将军，“生寿木不福寿不花，福寿木更名覃启处送，福寿花更名覃启处送”，据此可知此二谱还处于“蒙古族的后裔”说的形成过程中。

更进一步，到了民国版唐崖《覃氏族谱》，“蒙古族的后裔”即成形了。到了现在，覃小阳先生在他新修的“覃氏族谱”中更说：“福寿木花祖生伯坚、伯圭”，进入柳州城后，“我祖改姓覃启处，号伯坚；改姓覃启送，号伯圭”。

这样，从“更名”到“改姓”，应该说是进步神速了。如果说三修谱的“即是体”还仅是在同姓的“族内”实现的话，那在这里已经是跨民族的大跃进了。经过这样的过程，原来并不清晰的唐崖覃氏土司世系，现在即十分清晰了。不过，这种编造的清晰，留下的是更不清晰。我们不得不问一个问题：何为“混沌”？何为“有序”？

二、从“巴人”到“蒙古”：日益融汇的文化？

从二修谱、三修谱到民国谱，唐崖覃氏土司的族源经历了从“巴人”到“蒙古族裔”的转换。一方面说明唐崖覃氏一直在探讨自己的祖源，在寻根；另一方面也说明多元文化的融汇对族谱编纂的影响，因为都可能有“人道是”。

二修谱、三修谱都主张“廪君巴人说”。二修谱在经过详细考证后说：

> 本地舆考末，合志史而同查，我祖生于武落钟离山。至于廪君之国，而不谬矣。……“瞫”氏为“覃”氏之始，为“瞫”多“目”，加查《康熙字典》，“瞫”、“覃”二字均同式荏切，音“审”字，后世或以音同而去“目”，从简汉书，或因古远以讹加“目”，与其本“谭”去“言”，何若从“瞫”去“目”。况谭国之地，非五溪之土，五溪之土属南蛮之地，我祖与巴世（氏）为五溪民主，楚之附庸。谭国之地，毫不相近，何谓“或以‘谭’去‘言’？从‘覃’为氏”。历查南[蛮]土司之传，“覃”姓本“谭（瞫）”去“目”，其礼（理）断然难易。

三修谱则说：

> 我祖源出武落钟离峒，赤黑穴中，各俱姓氏。我祖姓覃为氏，确不异易矣！我祖源古代巴国之祖，从尧舜夏商，立国定州，我地属荆梁二州，为巴国……查《南蛮列传》，南蛮之姓有巴氏、樊氏、覃（瞫）氏、相氏、郑氏，同生于武落钟离石峒赤、黑穴中，早在唐、虞、夏、商、周之间，

流于荆梁二州。楚灭巴，弟兄五人流于五溪，为溪之长。先祖伐吴，授马良招之。秦灭楚，秦惠王刺（赐）爵禄。汉高帝来秦，在都官天然、焕然二公归汉，天然公坟在酉阳大河锡麟谷。姓覃者，确不异也。

我们列出上述二谱对“廪君巴人说”的强调，说明的是唐崖《覃氏族谱》的初创者们是如何艰难地坚持自己的信仰而寻根的。人们大可不同意他们的观点，但却不能否认他们的寻根态度与精神。

“蒙古族的后裔”说在形成过程中的混乱让我们应对此有清醒的认知。对于民国版唐崖《覃氏族谱》中的“蒙古族的后裔”说，我们曾对其世系年代有一个详细的说明：

唐崖《覃氏族谱》对于覃氏的早期世系即列出覃氏远祖是：铁木乃耳→颜伯占尔→文殊海牙→脱音帖儿→福寿不花……覃启处送→覃直什用→覃耳毛→覃忠孝→覃斌→覃彦实→覃文铭→覃天富→覃万金→覃柱→覃文端→覃鼎→覃宗尧→覃宗禹（尧弟）→覃鋐（宏）→覃溥泽→覃梓椿→覃梓桂（椿弟）。由此，部分学者认为唐崖土司是蒙古人的后裔。不过，仅从时间上看，这是有问题的。你看，整个元朝对全中国的统治仅99年（二修谱、三修谱并言88年），而据史传，恩施是最后被元军攻下的，时间是1276年，到覃启处送→覃直什用时期，据民国《咸丰县志》之《舆地志·沿革》和光绪《湖北舆地记》之《施南府》中至正十五年（1355）关于“又于施州南境蛮地置龙潭安抚司、木册安抚司。唐崖长官司，寻改为唐崖军民千户所……元末明玉珍据有其地……改唐崖军民千户所，为唐崖宣抚司”的记载，可以确认覃启处送在元至正十五年（1355）正式就任土司，初为长官司长官。由至正年间上溯至元军攻下恩施的至元年间，即使按1276年始算，到1355年，仅79年，不到80年，而按《覃氏族谱》的记载，这段时间经历了铁木乃耳、颜伯占尔、文殊海牙、脱音帖儿、福寿不花、覃启处送，有六代人，平均年龄不到14岁；若是算至1284年，则仅71年，平均不到12岁。若是算到1346年，则时间更短，何况覃启处送受封应是在成年以后，是此可知，仅从谱学的角度看，这就是一个不可能。而覃启处送之后的17代共历时元、明、清三个朝代共381年，几为22.5岁，考虑到长子继承制的通例，或可勉强说得通。所以，除其他学者的考证理由而外，仅从谱学的角度看，对于唐崖土司为蒙古人之后一说，就可以肯定地说："这不可能。"

现在我们更进一步，按照现在的算法，把几个主要的关键人物拿来比较，从中看出另外的两个抄本及二修谱、三修谱、民国谱关于祖先的论述确实有趣：

比较人物	民国谱	小阳旧谱	方辉谱	小阳新谱	二修谱	三修谱
福寿木花是一人？两人？是何代人？	福寿祖，生覃启处送	福寿木＝覃汝先，号伯坚；福寿花＝覃汝恒，号伯圭（诸谱伯圭、伯坚为覃汝先子）	福寿木＝覃启处送 福寿花＝覃启处送	福寿木花祖生伯坚、伯圭	一世行璋，二世墨来送、启处送，并为唐代人，墨来送为散毛始祖，启处送为唐崖始祖。725年前后。	同二修
	未指明是一人、两人	指明是两人	两人等于一人	指明一人	没有福寿木花之称	同二修
覃启处送是一人？两人？是何代人？	一世祖覃启处送，约逝于1371年	覃启杼送、覃启舒送	福寿木＝覃启处送 福寿花＝覃启处送	覃启处＝伯坚；覃启送＝伯圭	覃行璋生子墨来送、启处送	同二修
	是一人	是二人	二人等于一人	二人	各一人	同二修

根据上表可以看出，在唐崖土司覃氏"蒙古族的后裔"说形成过程中，隐含着严重的拉郎配现象，因而形成了不少的混乱状况。由此我们可以得出以下几个重要结论：首先，"蒙古族的后裔"说是后来形成的而不是最初的谱系，并且没有其他史料根据（前人及时贤多有证明）；其次，"蒙古族的后裔"在形成过程中前后自身矛盾、混乱，不仅同一人物或父或子地出现世代之差，而且或一人或二人地出现数差；再次，从"即是"或"更名"、"改姓"等逐渐变化的语体中，基本可以看出"蒙古族的后裔"说虽然在日益清晰，但却对唐崖土司覃氏的谱系造成了新的混乱。这种现象说明：唐崖土司覃氏也存在严重的造谱现象。

为什么会出现这种造谱现象？其实是一种文化融汇的表现。我们的结论是：单纯从某种文化现象证明唐崖土司覃氏是或不是"蒙古族的后裔"都是不科学的，哪怕是"新解"也如此。因为很明显，在目前的中国民族文化中，在任一民族文化中都会找到多元文化因素，这就是所谓的"多元一体"。不少人在唐崖土司覃氏文化中找蒙古族文化因素，证明唐崖土司覃氏为“蒙古族的后裔”；但另有人则马上做出相反的结论，说唐崖土司覃氏是土著或巴人说，并逐条反驳“蒙古族的后裔”说之证据。不少人说唐崖土司覃氏即是汝先公后裔，可是又有人说在汝先公前早就有覃姓人物生活在武陵民族地区。一方说廪君巴人没有图腾，可另一方面的巴文化研究却指出了廪君巴人的多样图腾。一方面说廪君巴人没有所谓的姓氏，可是巴蜀文化研究却提供了涂山氏、蜀山氏、廖、何、秦、罗、朴、昝、鄂、度、夕、龚、巴、樊、瞫、相、郑、税、果、通、苌、蔓、资等众多历史悠久的巴蜀古姓氏，其中不少都转化为现今还存在的姓氏，如涂、牟、屈、朴、昝、李、罗、夕、袭、龚、青阳等，其中不少的土家族姓氏即渊源于此……

更为重要的是，这些分析论证的方式，都有颇多值得商量的地方，比如说《对唐崖土司族源研究的一点看法》、《关于唐崖土司属覃氏渊源的考证》等文章对那些论证方法的质证，即从不同的侧面提供了证据。现在可以更进一步强调的是：

首先，某文化中有别的民族文化因素，不能作为该文化是别的民族文化的证据，比如说，中国各少数民族，甚至国外的不少民族都有中国汉文化的因素，我们并不能据此认定那些有汉文化因素的民族就是汉族。从逻辑上讲，如果那样就叫“以偏概全”，犯了“定义过宽”的错误。如果那样，那唐崖土司的文化中有汉族文化、有印度文化，如果的确如那些民族学人类学者调查所说的那样，也可能有蒙古族文化，这是否就把唐崖司覃氏的渊源说成是汉人，或印度人，或蒙古人呢？结论自然是值得讨论的。

其次，没有见过并不等于不存在，见过的并不等于是真实的存在，不能犯“前提虚假”或“前提不真实”的逻辑错误。比如，我们此前只听说或看见学界论证土家族谭、覃等姓与巴人有关，但没有见过相应的族谱资料，在20世纪80年代初看见《鄂西土家族简史》的相关论述后，才开始着力搜寻相关谱书，即发现了前述的二修谱、三修谱（笔者姑妄如此命名），其中二修谱对此做了详细论证，三修谱基本上认同其说而在世系上有所完善。又如，我们见民国版《覃氏族谱》或其他的什么谱上说了什么，就信以为真，其实也会犯错误，就像前述“蒙古族的后裔”中平均一代人不到14岁一样，这样的“见”与“不见”，都是值得商讨的。

最后，应把学术研究与族群信仰区别开来。我们时常说世界观、人生观、价值观，但我们从来不问是谁的世界观、人生观、价值观。其实，编辑族谱也是一样，我们读民国版《覃氏族谱》，看到其所述族谱编纂，属帝系谱风格，一开始就着眼于“欲事以明后，又必有奇勋节烈，事可述焉”，因而不是为唐崖覃氏本身的整个世系清晰，不能算是所谓的“丁谱”，而是为其搜寻“奇勋节烈”，自然要找到皇族，但历史上又确实没有全国性的覃氏皇族，所以只好来一个“蒙古族的后裔”说了。紧接着说到唐崖覃氏“后世故以而无闻，幸也有谱存焉”的状况，说明自己的编辑是坚持“人道是”的原则的，如果有错误，那也与我无关。你们自己去找那本谱吧，找不着也别怪我，反证我是见着的。再进一步，对于已经清晰的世系，详细说明，而对于以前的则基本一笔代过，强调“吾始祖自元朝宗室以来，经历一十八世”，正所谓“详略得当”。若仔细考察，我们可以确知的是，该谱也确实是唐崖土司之后裔编写的，因为不少的因唐崖方言造成的错误提供了证据；同样可以证明的是，不少的同音字错写，反映出不是原谱抄录，而是编者根据相关传说，加上自己的想像而写出的，自然也少不了一些基本的旧谱资料。这种情况说明：这是一本反映编者信仰的族谱资料，但不是可以作为族源研究依据的资料。

三、从“信仰”到“建构”：日趋完善的体系？

从上述三部关于唐崖土司属覃氏渊源考证的《覃氏族谱》不难看出，作为信仰的家族意识、寻根意识、认同意识……与其说仅仅是一种“思想观念”，倒不如说是一种文化责任、族事责任。除一修谱未见以外，现存三个版本的族谱，在履行这种文化责任方面，都是确定的，可以从序言中看到：

二修谱强调：“夫世家大族，不可无谱。谱者，何记也？记其祖之姓氏始于何人、生于何地、派之流传，世不湮没。三者备，始可言谱，而传于世矣。”三修谱强调：“盖闻天开地辟以来，宇宙洪荒，三才者，天地人；三光者，日月星；三纲者，君臣义。日月精华，阳光照临于地，产生万物。人者，动物居先，开辟世界，创造文化，新礼义，尊宗族，孝祖宗，若无记载，自古及今，后人不知，必须定谱，姓有来源，祖有根本，确实有据，录以后传。”民国版谱则言：“盖闻日月丽天，江河行地，亘万古而不朽者，书也。而其所以著乎书者，事也。族谱为何独不然，志传之书，而载世之事也。”可以看出，编谱应该看成是编者的一种信仰，并由此信仰转化为一种责任。因此，我们在读谱时，自然也应对编者给以恰当的理解，也正是这种理解，我们可以发现我们的“误读”，有时甚至包括着创造性的“误读”。

正是基于这种信仰与责任，我们回过头来看三个编者是如何建构其体系的，并且从三者的建构中看出“完善”的进程：

世系·时间	二修谱	三修谱	民国谱
前26—后25年 西汉平帝前212年，君传12	起祖焕然、天然： 二世元功 三世恩辉 四世大观 新莽窃位后避乱金陵上元县猪市街	起祖焕然、天然 天然公坟在西河； 二世元功 三世恩辉 四世大观。 王莽窃位时避乱于南京上元县诸市街	无
25—225年 东汉世祖至献帝159年，君传12	一世文贤 二世喜霖 三世延汉 四世玉振	一世文贤 二世喜林（霖） 三世廷（延）汉 四世玉振。	无
261—263年 后汉（三国）昭列帝至后帝43年，君传二	一世 世宗 荫职一世	一世 世宗投诚 世应一世	无
265—420年 东西晋武帝至恭帝156年，君传15	一世大章 二世世林 三世祯祥 四世瑞	一世大章 二世世林 三世祯祥 四世瑞	无
402—479年 南北朝至隋帝	覃氏入代，读书耕田入世一业 一世元先、元声 二世宗贤 三世明颢 四世朝贵 五世上林 六世英 七世希贤 八世治明	覃氏入代，读书耕田入官一业 一世元先、元声 二世宗贤 三世明颢 四世朝贵 五世上林 六世英 七世希贤 八世治明	无
618—907年 唐高帝至哀帝279年，君传20	一世行璋 二世墨来送、启处送 三世儒珍 四世檀 五世连城。	一世行璋 二世墨来送、启处送 三世儒珍 四世檀 五世连城。	无
907—960年 五代53年	一世云程	一世云程	无

续表

世系•时间	二修谱	三修谱	民国谱
炎宋太祖至帝昺 325 年，君传 18	一世脸貌青 二世野毛 三世覃汝先 四世伯坚 五世谱诸	一世脸貌青 二世野毛 三世汝先 四世伯坚 五世谱诸	
1206—1368 年 元世祖至顺帝 88 年，君传十	一世顺 二世野王 三世全在 四世野旺	一世顺 二世野王 三世全世（在） 四世野旺	无
1368—1644 年 明太祖至崇祯 277 年，君传 16	一世起刺 二世构 三世友谅 四世暄 五世本林 六世覃天富	一世启刺 二世构 三世友谅 四世暄 五世本林 六世覃天富	帖木易（乃）儿 颜柏铁儿 文珠海牙 脱音铁木儿 福寿不花 覃启处送
	七世覃万金 八世覃柱 九世覃文瑞 十世覃鼎 十一世覃宗禹 十二世覃鉝 十三世覃杰 十七世覃梓椿 十八世光烈 十九世世培	一世覃汝先 二世覃值什用，字谱诸 三世覃耳毛 四世覃忠孝 五世覃斌号大胜 六世覃彦实 七世覃文铭 八世覃天富 九世覃万金 十世覃柱 十一世覃文瑞 十二世祖覃鼎 二祖爷覃升 十三世覃宗禹 十四世覃鉝 十七世覃梓椿 十八世覃光烈 十九世覃世培	一世覃启处送 二世覃值什用 三世覃耳毛 四世覃忠孝 五世覃斌 六世覃彦实 七世覃文铭 八世覃富 九世覃万金 十世覃柱 十一世覃文瑞 十二世覃升 十三世覃宗尧 十四世覃宗禹 十五世覃鉝 十六世覃溥泽 十七世覃梓椿 十七世覃光烈 十九世覃世培 二十世覃镶

由上表的对比可以看出，三个谱在覃天富（民国谱或作覃富）之后，基本一致，

差别甚小，可以看成是基本清晰的血缘谱，所列谱系是基本可信的；但由于记忆等方面，在世袭的梳理方面略有差别，三修谱与民国谱基本一致，世次相同，民国谱写得更后，而二修谱的差别较大，基本上只写到改土归流，三修谱写到了改土归流后的三世，不过二修谱的世系悬殊较大，主要是无三修谱与民国谱的前七世，而三修谱与民国谱的前七世除一世不同而外，其余六世相同，不过三修谱为接覃汝先而说“覃值什用字谱诸”，民国版则只说“覃值什用”，因为一世有区别：三修谱是覃汝先，民国谱是覃启处送。这是第一。

第二，三个谱都有一个关键人物：覃启处送。二修谱、三修谱的覃启处送是唐代人，按谱记为覃行璋的后裔，据谱记：“唐开元十二年七月（725），溪州峒蛮覃行璋反，招讨杨思勗擒之，后由科入官，生墨来送、启处送，弟兄俱授宣抚使奉调洛州，过楚入川，剿散毛与唐崖蛮民，征夜郎国。墨来送守散毛，为散毛始祖；覃启处送镇唐崖为唐崖始祖。”此说除官名肯定有误而外，覃行璋则史有明载。墨来送、启处送二名，显然都是当时的地方首领民称，可以翻译成洞王或洞主，此类人名在唐、宋时代的土家族地区很普遍，如墨谷什用、驴谷什用、徒剌什用、答谷什用、南木什用、大虫什用、谭成威送等等，此外还有墨来送、沟达什用、驴蹄什用、田耳毛送、向贵什、向喇喏、向墨铁送、向麦、向坐海乐俾、田墨施什用、田先什用、阿具什用、谋者什用、谋谷什用、田驴什用、墨奴什用、墨得什用等，由此可知当时土家族民众的语言、称谓的语言状态。不过，这些土王的土家语名字，在宋元以后即逐渐消失而改用汉名了。问题是，民国谱的覃启处送是元代人，与二修谱、三修谱差了600年左右。不过可以肯定的是，唐崖覃氏土司历史上应的确存在此人，只是具体细节，应算是“戏说”了。

第三，二修谱、三修谱在覃天富以前的世系梳理方面，基本一致，只是在语言表述上有细小差别。不过，在明太祖至崇祯时期（1368—1644），三修谱用了“即是体”语，强调“一世启剌，即覃耳毛”、“二世构，即覃忠孝”、“三世友谅，即覃斌”、“四世暄，即覃彦实”、“五世本林，即覃文铭”，这些人的活动时间多在明朝洪武至景泰年间，而二修谱无此说法。这说明，三修谱更靠近民国谱了，显然是这期间人们对唐崖覃氏的世系有了更多的认识，但还没有出现“蒙古族的后裔”说的影子。不过可以肯定的是，“覃值什用”以后，根据这种“即是体”即完全统一了。也就是说，这段谱史，也可以算是戏说谱史了。

第四，覃启处送之前的唐崖覃氏土司渊源，其中包括“蒙古族的后裔”说、“廪君巴人”说、土著说、改姓说等，严格说来只能算是一种文化信仰，而难以成为血缘认定的依据。有人提出用DNA鉴定，其实这也是一个“可行”的方法，但也不应忘记，在目前的中华民族成员中，真正的“纯种”恐怕太少了。因此，我们对此的看法是：可以不同意其观点，但无权否定其信仰。

要之，通过三部唐崖《覃氏族谱》的历史进程，我们大致地看到了唐崖覃氏土司世系清理的过程，认为对一般族谱的认识与评价应分段处理，信仰、近似、血缘等不同的识别尺度，可以让我们形成对族谱认知的正确态度。据此，我们以对唐崖土司文化研究献疑的态度来漫评唐崖的三部《覃氏族谱》，或许有利于推动唐崖土司的文化研究。

祭 路

清明应祭祖，这是自然。不过，我更要说，清明也要祭路，祭奠那些因发展而被人们放弃的老路。

人老了，路也老了，都不相认了。

30多年前，为了求学，穿山路，走水路，藤蔓牵衣，赏山花，亲自然，一路欢欣一路歌，一路心曲一路诗，人与人、人与自然、人与社会，及至自我心身，都是那样的亲切、那样的爽心，那样的怡然自得。

然而，2015年清明，回乡祭祖，却变成了祭路。只因为这几十年来，祖国山河变化太大、发展太快，高速路、村村通、生产路，无不硬化、黑化，再少也已沙化，原来所走的小路，多数都已荆棘丛生、林木森森，本想重寻旧路，重温旧情，然已时过境迁，旧路已然死了，因而只得寻路、祭路。

我拿着旧时的诗稿，一点一点地放飞心灵，追寻着旧时的行路，虽然无法亲履，却也心路相通。虽非一步一叩，却也诚心奠祭！

从老屋出门，下二十五级石梯，穿过层层梯田，沿着山间小路，行至一段悬崖，我们叫它为“大岩湾”，放牛时经过此地，仰望悬崖，看青石直逼云霄，观白云层层下潜，于是豪情顿起，一曲曲《望郎》、《寻梦》，一篇篇《问道》、《求仙》……便会随口而来，体现出诗人笔下“农人随口唱山歌，北陌南阡应鼓锣”的乡野情趣。再往下行，过百来级台阶，来到曾经避雨的灰屋，就会想起儿时的情趣。那是大集体时，为储存山灰而修筑的特殊建筑。按照农人的习惯，田地较为分散之处，用树枝扎一个大灰缸，储上百十来担灰，够一季庄稼之用；田地相对集中之域，则用树木搭上一个灰棚，储存更多的山灰，以便庄稼之用。闲时，灰棚堆放柴草、桔梗之类，青年男女往往于其中恋爱、寻欢；少年儿童则于此中躲猫猫、捉迷藏。正是在这个灰棚所在，笔者曾有诗三首，记其苦命，今录于兹，以作奠祭：

灰棚子烧了

层层茅草作灰棚，星星闪耀刺棚中。

原来全为储灰处，化外却成避雨蓬。

近日干旱空气燥，蓦地烧天蓦地空。
灰棚一时成灰烬，老泪长泄叹老农。

此诗所记为1974年6月23日（农历），因失火而让灰棚化为灰烬之事。当时的灰棚是用茅草盖的。小时经常在棚子周边放牛、放猪，那天棚子烧了，故特别记其景象。

重修灰棚子

四围土墙色淡黄，孤门突入里正方。
防火避险增高处，柱棋枋穿陪栋梁！
全为储灰载丰收，立成屋宇作灰缸。
造此设施堪据义，农心寄望粮满仓！

灰棚子烧了以后，农人又重修，按照扎灰缸、搭棚子的常规等级，这次可算是高规格修造的灰屋，故此有记。

灰棚子被偷了

晨月高悬独自凉，牧童清声和莺腔！
一路铃音惊睡梦，数缕炊烟记农忙。
大岩湾前突眼黯，淡黄墙上泪凄茫。
可怜灰屋全被盗，惟余残垣暗泣伤。

是年冬天，灰屋被盗，柱头、棋筒、门枋、栋梁全被盗去，惟余残垣泣泪。

可以说，我的放牛童年就是在这灰棚子周围度过的，然而，不仅灰棚子已成历史，而且原有道路也已难寻，惟有心祭而已。

过了灰棚子百十余米，就是一大片柏杨树，故称为柏杨林。再往前行，即是一片茅草坡，长辈告诉我们，头年冬天放火烧了以后，第二年会长得特别茂盛，为此，我们便会依样而为，当时曾记其事说：

烧茅草

蓬蓬茅草是山荒，肃肃秋风意自凉！

卷起烈火照空赤，换得绿浪来年苍！

应该说，因为修了电站，通了公路，所以能得通达，不过旧时小路俱已难寻。

过了茅草坡即到了熊湾，那是一个留下《熊外婆》传说的地方，儿时老是向长辈追问：熊外婆是谁？很坏吗？……众多问题，长辈也难以解答，故曾以诗问记其事思：

熊湾

人熊婆婆事翩跹，智慧孙孙更玄然！

物我悬隔实相遂，世代传承问因原！

与熊湾相邻的是苗子湾，据说是苗民居所。当时并没有把此地与自己联系起来，但一次偶然机会，知道此或许与我家有关，因为我的一个爷爷即相邻而居，而我们的原居地即是苗族聚居区，因而可确知属苗族聚居地，当我们迁居此地，当地人以苗蛮目之，自是无疑。不过，当时并不知晓，是有疑问：

苗子湾

何谓苗子何谓蛮？同耕乡野同耕田。

只为天然居处异，习染不同化文源！

过了苗子湾，再过另一湾（因避讳而未写诗，颇类“张骏曾为槐树赋，杜陵不作海棠诗”），即到天桥山，那是一个佛教寺庙，其实是亦佛亦道，佛寺修在一座山上，山成天桥之形，是有所记：

天桥山

天桥成山亦成仙，佛寺因缘也因玄。

何曾济民而高耸？只缘浊世想超然。

再过天桥山，即到安乐洞，那是为避兵匪而改造的悬崖溶洞，当时即有究问：

安乐洞

安乐洞内问安乐，言说道里理言说。

高悬崖壁论世道，深藏民意盖何若？

再经过穿洞，同样是一个形若天桥的大溶洞，河水即从洞下而过，亦曾有诗，不过现已佚失，只记得其中有“鬼斧神工凿石穿，匠心独具更天然。滔滔山洪翻巨浪，隐隐阴风势依玄”。原为“七律”，是一个大洪水期所写。

此后还有“牛耳洞”等，过白岩观经魏家堡而至丁寨，这曾是我到姑姑家做客问候所走过的远路，也曾是我从1976年到1978年两年间所走过的游学之路，还曾是我这次所祭之路。旧时我均沿途作诗而为沿途题诗，然亦多有佚失，幸有白岩观之问尚存：

白岩观

白岩秀插白云间，玄观钟吹玄曲繁。

观内道士知何处？府上居民改姓田！

此记土改时将观产分给一田姓居民，我曾到田家做客。

与上述所行道路全然因无人行走而复森林之旧外，复有从灰棚子下行去断明峡之路，此路因公路已通，旧路亦无，亦需奠祭，其先则祭凉风洞：

凉风洞

洞内仙居何神仙？夏肃冬温异凉炎！

崖壁藏身真异世？古传风物是实然？

因凉风洞洞口生风，冬暖夏凉，且悬崖上有岩棺，古传一次山洪暴发，以洞为界，上游全然被淹而下游却安然无恙，是有此问。再往下行，到断明峡，传说是因太平军路过此地屠杀甚众，天为之断明而然：

断明峡

明峡断明为哪般？天国失天亦由然！

峡内阴魂今散去，心灯常照盛世天！

……

35年前，从家乡到武汉，需行七天，而今仅需七小时，远隔旧路需奠祭，新辟福路应感恩。故年前参与咸丰会议时有所思而云：

浣溪沙　步萧先生诗贺咸丰首届在外人士及台商台胞台属工作坐谈会

秋肃春温卅五年，事业咸丰赖薪传。家乡腾飞更翩跹。

外引内联齐愤悱，党性民心共婵娟。相期共著祖生鞭！

值此清明时节，作祭路之章，思进步之源，感发展之恩，呈赤子之情，是为国为民、为党为公而记其实矣。

2015年清明

荒斋心语

2008年前后准备将黄永玉先生的思想写进《20世纪土家族哲学社会思想史》中，在阅读其《罐斋杂记》（江苏人民出版社2005年版）时产生了很多有趣的想法，因而写了不少同类语句，其中有动物的、有植物的“心语”，包括“属相语丝”、“虫心开悟”、“兽语涟涟”、“水族智慧”、“禽语蒙蒙”等专题，因为把自己的居室叫“南湖荒斋”，故自拟为“荒斋心语”，近来又做了些丰富，且发了不少在博文上。考虑到生态文明建设过程中，一个重要的思想源泉即向动物学习，故据此集中附录于后。

植物独白

竹：竹本无心，何必节外生枝。其实，竹的晚节与早节相比，意义与价值是不同的，内心与外表也并不始终在同一个层次上。

大树：树大招风不假，但你不是大树又能招风吗？既然你不能招风，那里还是真正的栋梁之材吗？

腊梅：为了装点冷酷的严冬，特意在寒风中展现自己的笑颜，从而给自然界一点芬香。

柳：只要有泥土的芬芳，我就能生长起来，哪怕是水深火热；只要有风行天地，我就会眉飞色舞，哪怕是狂风暴雨。

茉莉：关爱并不是要求对等，只要你献出一丝泥土培育，我就会献给你一身的洁白、满室的清香。

松柏：我注定地以终生不改地始终如一地坚定形象，以便为有意志树立一种坚韧向上的事业者作一示范——站如松、要学那高山顶上一青松！

牡丹：我并不是因为违犯圣旨而通过在人前炫耀妖艳的姿容以获得原谅，只因为我实在是没有果实回报人间，算是做一个补偿。

菊花：我不是不爱春天的温暖与夏天的热情，也不是害怕冬天的严寒，而是自然之道把我安排在了秋末冬初，所以我必须遵纪守法。

荷花：仁者乐山，智者乐水。我并不是为另谋生路而扎根于水中，而是为人们树立一种出污泥而不染的品德。

工具自语

扳手：一切行动听指挥，这是我的信念。因此，我完全根据需要而用功，该拧紧时就紧，该松开时就松。

打桩机：总是把压力当成动力，硬要让对象深入基层、底层。

鼓风机：我也是有骨气的，既然可以把微火吹旺，自然也能把明火灭熄。

垃圾箱："污染自己，净化环境。"我无怨无悔！

榔头：生来就是为了进步而敲打别人。

抹布：无论自身的干净与否，我的使命就是坚决地消除污秽。

起重机：我的品质是专找重活干，甚至只当成是举手之劳。

钳子：说鸭子嘴硬，其实，我就是凭一张铁嘴，或是掐断人家，或是咬住人家不放。

扫帚：我的品质是不管身处何处，都立志扫除世间肮脏。

痰盂：我本来为了更多的人生活得健康而甘愿收容那可厌的东西，可现在却越来越不受欢迎了。

推土机：虽然挂的是"推土"的牌子，其实也曾胡乱地推倒了不少不该推倒的东西。当然，错不在我。

拖把：我的品质并不是拖拖拉拉，而是给人奉献干净的环境。

挖掘机：一鼓作气向地下进军。

压路机：我的品质是以自身的稳重坚强夯实道路的基础，为人送去平安。

装卸机：我的品质是练成能上能下的本事以铁面无私之心管好对象的上下。

字纸篓：我的品质是毁掉不令人满意的文字，消除精神垃圾。

钻机：我的品质是再硬的顽石也要钻进去。自然，要听人的指挥。

属相语丝

鼠 1：都说我很丑，可我妈不但不说，而且还很喜欢。

鼠 2：学会尊重他人是重要的，你们看，我可从来都是自取食物，却又总是避免惊动熟睡中的主人，难道这还做得不够吗？

袋鼠 1：实践证明，我是疼爱孩子的模范，但太过宠爱也未必就是好事。因此，要子女真有出息，就不能养在口袋里。

袋鼠2: 我虽然是疼爱孩子的模范，而且也是鼠辈，但还是不能排在十二相属里去。

牛1：既然是玉皇大帝派我下凡来帮助人的，我就有责任帮助他们；即使是现在“耕地不用牛”了，我也宁愿把自己的肉献给他们。

牛2：要学会回味，那才会吸收到营养。其实，不管你咽下去的是多么粗糙的东西，都是值得细细回味的。因此，要学会慢慢回味。

蜗牛1：哪怕我自己带着房子前进，也还是不能排在十二相属里去，真不公平。

蜗牛2：我总是背负着沉重的房子艰难地前进，哪怕是蜗居，也不会停步不前。

蜗牛3: 你们说我自私，走到哪里都带着房子，可你们懂不懂扛一间房子的趣味？现在房车旅游都是向我学的！

犀牛1：皮之不存，毛将焉附？我就是要向你们证明：皮毛并不总是连在一起的。

犀牛2：哈哈！蜗牛还想排在十二相属里去，那我呢？

老虎：慎重声明：为了与美帝国主义“纸老虎”划清界限，我准备不用“老虎”这个名字了，现面向全球征名。

虎：笑话，都到了生态文明时代了，作为珍稀动物，我们还怕武松打吗？你阳谷还说什么英雄故里呢？

兔：总拿龟兔赛跑说事，有谁会像我们这样，作母亲会关心任何孩子？我敢说，我可是世界上最大公无私的母亲哟！

龙：把再多的品质集中在我身上，也都没办法查证，反证是人们自己想像的。好坏由你们说去！

恐龙：如果我活到了现代，肯定能排在十二相属里去，不然现代人为什么总对我们时代有所怀想？

蛇1：即使道路是曲折的，我也可用一副柔软的身体来应对。

蛇2：都说我是冷血动物，我也承认。但是我坚信：一定还有比我更冷血的东西存在。

马：我总不忘初心，纵是牢牢地把我拴在槽厩里，我也不放弃千里马的梦想。

海马1：就因为多了一个“海”字，所以我不适合在草原上奔驰，因而不能排在十二相属里去。

海马2：可以肯定，料理孩子是我优于我老婆的方面。

河马1：我总是认为，是否夸海口不在于嘴巴的大小，而在于内在的气质。如果说嘴巴大就有资格夸海口，那我就最有资格了！

河马 2：如果不是因为口大，或许我也能排在十二相属里去。

斑马 1：画押并不能证明什么？我浑身都画了圈，不也改变不了什么吗？

斑马 2：内因是根据，外因是条件，所以我成不了虎，也不能排在十二相属里去。

羊 1：因为我温顺、善良的生命，狼要吃我；即使到了家，放养我的人又连我的皮毛也不放过。这真是命呀！

羊 2：人呀，对我们可算是物尽其用啊，连我头上的角也成了装饰品。

羊 3：如果胡子能证明学问渊博、增加威望，那我肯定是著名的思想家。

羊 4：总在思考我的皮毛如何不成为坏人的大衣。

猴子 1：不要在乎别人说什么，这或许出于他们的无知，比如那些笑话我的人，其无知就在于忘记了他们的祖先是谁？这也算是数典忘祖吧！

猴子 2：其实，我有时候也特别严肃，但还是改不了猴子的名声。

公鸡：我的叫声之所以影响人们的睡眠，是因为我在叫起太阳时，也提醒人们该准备劳动，所以喜欢劳动的人才叫我为“唤来黎明的歌唱家”。

母鸡 1：我知道，主人喂养我是希望我多生蛋，所以我总在生蛋后的第一时间向主人报告。

母鸡 2：下蛋是本分，既然不坚持本分，那就只好或被卖，或被杀。

母鸡 3：我的创作成果就是程序化的下蛋，所以有了成果就抑制不住高歌。

锦鸡 1：太美未必是好事，我就是因一身锦缎而常被猎手猎杀。

锦鸡 2：我一身锦缎都不能排在十二相属里去，这是为什么？

秧鸡 1：脚踏实地就安稳，就像我也有能飞的翅膀，却很少用它来飞翔，而是坚持脚踏实地地走好每一步。

秧鸡 2：事不关己，高高挂起。所以我即使在秧田里也不过问庄稼事。

秧鸡 3：进步难呀！纵有飞天的翅膀也不能排在十二相属里去。

秧鸡 4：在松软的沙滩一步一个脚印地走，但多数情况下不让发现。

狗 1：我的责任是忠于主人，所以要的是主人的宠爱，而不是外人的喜爱。

狗 2：在看见我吃的时候，老说是“喂不饱的狗”。你们也不想一下，我的作用有多大？哪怕是我的足迹，你们也可根据它找着主人。所以，应承认我的四足公民地位！

狗 3：我有时也会丧失立场，比如在失掉主人后就会摇尾乞怜。

猪：被人精心饲养的后果就是任人宰割，看来真是祸福同门呀！

公猪：没想到人间也有我的同类，他们经常结婚而又没有一个固定的妻子，而且还无须离婚。

野猪：虽然我为屈辱的堂兄弟战斗，且总给伤害我的人以颜色，但还是不能排在十二相属里去。

虫心开悟

壁虎 1：现在都全球性现代化时代了，在屋子里还不用立体观念看人？

壁虎 2：找准自己的长处，就有自己的出路。我的长处就是飞檐走壁。

蚕 1：别学我，老被自己的问题纠缠，直至为它而死。

蚕 2：要学会奉献，就像我，为了温暖别人而不惜牺牲自己。所以人们说我是“春蚕到死丝（思）方尽”。

苍蝇 1：我本来就出身于肮脏世家，还记前嫌干吗？有美食就行。

苍蝇 2：我承认我出身于肮脏世家，但并能说我不喜欢卫生的食物。

尺蠖：认识规律很重要，我知道：“两点之间，直线最短。”所以，即使没有脚，我也能用身子向前推进而达到目标。

臭虫 1：随你怎么处罚我，反正是喝的先生你的血！

臭虫 2：我比日本武士强多了，他们战败后只会剖腹，而我，即使因吸血被人掐死，也要放出臭气熏他一下，这就叫战斗到底。

蛾 1：请记住我的血的教训——错把一盏小油灯当作太阳就会自我毁灭。

蛾 2：要坚持方向，就像我，哪怕是死，也要光明磊落地奔向光明。

蝗虫：因为我能跳善飞，所以孟尝君怕我，唐太宗求我，可老百姓追捕我。我还是斗不过老百姓呀！

金龟子：别看孩子们欢迎我，那是为要我的命，所以我总逃不过孩子的手掌心。

癞蛤蟆 1：别在意别人对自己是否有好的评价，做好自己认为是正确的事。就像我，就因为貌丑，干了好事也没有得到什么好评，可我也从来不在意！

癞蛤蟆 2：我之所以被瞧不起，不是因为我的工作，致命的问题是我丑陋。

马蜂：你不犯我，我不犯你；你若犯我，我必犯你！所以，谁也别惹我，哪怕你只捅了我的窝，我也让你知道我的厉害，不然怎么会用“捅了马蜂窝”来说明事情复杂呢？

蚂蟥：我把最亲密的友谊献给人，我就因为接吻重了一些，被打了狠狠一巴掌！

还说我是“软绵绵的没有骨头的吸血虫”！

蜜蜂 1：我才是真正的战士——枪不离身：一般是失了生命也不失枪，失了枪即肯定失了生命。

蜜蜂 2：要懂得在忙中体验快乐，在苦中经营甜蜜。

牛虻：看来我真不适合于在东方生活，你看，我这种连家畜的鲜血也要吸取的小虫，在西方居然都成了英雄。怪不得人们说西方是“一个又痛又痒的血三角公式”。

蜻蜓 1：看准方向，朝着九霄云外尽力飞翔，谁叫老百姓管我们为雷公的使节呢？这也叫在其位，谋其政。

蜻蜓 2：显得有内涵一点吧！所以，人们不知我是在休息还是在使劲拔树。

虱子 1：跟随主人，还需要我考虑走什么路吗？

虱子 2：人们总觉得狗是永远忠于主人的，因而喜欢狗。可我忠诚到不离主人半步，却老是被打得无处藏身。

书鱼 1：我可是啃过不少书本的哟，还能说我知识不丰富吗？

书鱼 2：总得有点儿自信，不然的话，你们说我没读过多少书，可我为什么还取得了“书鱼”的好名字呢？这就叫名正言顺。

螳螂 1：不要太在乎自己的模样，你看我，模样虽然难看，但却总在努力除害。所以才赢得人类的关心，提醒我：“螳螂捕蝉，黄雀在后。”

螳螂 2：针锋相对，以彼之道攻彼之身，因此我以残忍手段对付残忍的强盗。

蚊子：因为我把吸血作为一项本领、一种职业、一种为之献身的事业，因而我注定要为之粉身碎骨。

蟋蟀 1：是蒲松龄以我的名义让成名的儿子在《促织》中成了名，结果使一些人走邪破产，却为什么把罪算在我身上？

蟋蟀 2：舒曼所说的“音乐上的论战常以全面撤退或互相拥抱告终”，怎么就像我们的内斗呢？

萤火虫 1：别人说我是“一个提灯的遗老，在野地搜寻失落的记忆”，其实是用我纤弱的身躯尽力去给世界指点光明，而且至死不渝。

萤火虫 2：我虽然可以为人照明，但我更愿意给那些想攀折星星的孩子以念想。

蚰蜒：哪怕我只能在阴暗潮湿的地方生存，可我走到哪里也都要留下点成就给后代。

蜈蚣：任何事情都有限度，身体器官也一样。你看，我原以为脚多些会走得快一些，可结果是超过限度的太多的脚反而成了快速行进的障碍。

蚱蜢：我并不是只配跟不懂事的小孩子逗乐，因为我也珍惜生命，所以一被逮住就猛地点头表示抗议。

知了1：把任何时候都当成是赶考面试，也不要太过于计较是否真的“知了”，这样，人们也总会叫你“知了”，这就是我自信的来源。

知了2：我总是很认真地对待工作，即使是为告别而演出，我也用一生的时间来筹备。

蜘蛛1：别碰我的网，否则叫你有翅难逃。

蜘蛛2：人不犯我，我不犯人，我只消灭那些自投罗网者。无论是出于故意还是过失。所以有人为我说：“在我的上层建筑上，有许多疏忽者的躯壳。”

兽语涟涟

刺猬1：打铁先得本身硬，我如果不是浑身有刺，说不定早已绝种了。

刺猬2：我并不是不想与大家搞好关系，可有谁来团结我呢？

黄鼠狼1：不要否定一切，我再怎么心肝可恶，可皮毛还是有用呀！

黄鼠狼2：要学会自我推荐自己，因而我在临走时总会留下深刻的印象。

狼1：你们不要像美国那样搞双重标准，只谴责我吃羊而不谴责人也吃羊。

狼2：所谓命运，也是一种机遇。你看，我每天都碰见东郭先生，却很难遇见赵简子。

骆驼：我坚强的忍耐着在荒漠中跋涉。如果你们说这也算一个美德的话，那就显得有点对艰难困苦漠不关心了。

驴子1：能直能屈，都在于坚持方向。比如我拉磨，一旦转起圈来，就始终围绕一个圆心，这应是一种品德。

驴子2：始终围绕一个圆心日行千里，那可是磨炼意志的哟！

猫1：你们为什么总不自信？你们看，我即使现在都不捉老鼠了，我的叫声也仍然还是“妙！妙！妙”！

猫2：现在真是世道变了，我早已不抓一只老鼠了，可名声还照样不减。看来，出身还是很重要的。

猫3：因为我用舌头洗刷自己，不用说我身上干净得可供食用。你们谁有我这样爱卫生呢？所以，应该提倡“卫生运动，从我开始”。

鼯鼠：别羡慕其他的族类，我们虽然不是双翅居民，但我们也有能飞的特长。

细菌 1：我并不怕常人的视力，但我害怕任何人用显微镜追踪。（强分类于此）

细菌 2：我的身世告诉你——肉眼感觉不到的危害才是真的可怕。（强分类于此）

熊 1：量力而行，因树制宜很重要，否则我也不会顺利地爬上了树却总是狠狠摔下来。

熊 2：难道我只能向树攀援吗？如果世上没有树了呢？我应作好那儿都可攀援的准备。

熊 3：笑话，你们没有饿成我这个样子，否则也同样会饥不择食的。

长颈鹿 1：能力与眼光是不可分的，所以我看得既远，吃得也高。

长颈鹿 2：长期培养的只向上看的习惯，已经很不适应俯身下视了。

水族智慧

鮟鱇 1：都是“鱼”惹的祸，不然，我怎会一张嘴就会有弱小者不安康呢？

鮟鱇 2：人们以为有鱼就有余，可我在身上为何总是有鱼就有罪呢？

蚌 1：人们总是纠结“一分为二”还是“合二为一”，其实在我身上不都有体现吗？你说我是“一分为二”还是“合二为一”呢？

蚌 2：实事求是的评价就是——我靠坚硬的门面掩盖着软弱的内心。

比目鱼：有人说我为了片面地看别人的问题，就干脆把眼睛长在一边。事实上，单凭我的眼睛，就能断定我是何见解么？

鳄鱼 1：不要自以为是，我哪怕那么凶残，不也会时常被人制服吗？

鳄鱼 2：其实我有时挺温柔的，不然小鸟怎会在我牙床上唱歌呢？

海星：不管是谁扔弃的一个勋章在海滩上呻吟，还是什么别的，都不可能是先由天上的星星掉进海里后才有我！

河豚鱼：因为我带点毒性，所以才让吃我的人有所顾忌，否则就必须创新吃法以躲开我的毒。

鲸 1：别想用面盆养我，因为我的家是海洋。

鲸 2：难道我真的是远古历史遗弃的孤儿？

蝌蚪 1：尽管只是瞬间的童年，但我也仍然要快乐地悠游。

蝌蚪 2：要学会转换思维，比如是说我是只有“瞬间的童年”好？还是说我有“童年的瞬间”好？真可谓“思路一变天地宽”呀！

鲇鱼：“滑”并不只是消极行动中的精髓，而且也是自我保护的利器，尽管有时也仍然不免被揪住。

螃蟹 1：是很奇怪，人是直着走的，可这能说明我们不能横着走吗？所以呀，坚持“走自己的路，让他们说去吧！”

螃蟹 2：做出自己的特色，走出自己的风格。我就是这样，从不问别人如何看，我的行动就是能与众不同。

青蛙 1：尽管我总在做好事吃害虫，可人们还是要将我烹制成餐桌上的佳肴，这真是人心难测呀！

青蛙 2：在风雨前夕，只有我最友好地以最响亮的叫声向大家预报！

青蛙 3：我就是这样霸气；“春来我不先开口，哪个虫儿敢做声？”

沙鳖：谁说倒退不是一种行动，列宁不也说“退一步、进两步”吗？所以，不要以为人类的文明在可悲地倒退。

鲨鱼：如果不是因为凶狠，不知道还会有多少人来找麻烦。所以，我的口号是：不要靠近我，否则就吃你的肉！

水獭 1：“人是万物之灵”，你不服气还真不行，不然你看：我要鱼的命，人仅要剥我的皮就不惜伤害我的命。

水獭 2：美人计具有普适性。所以，当我鱼吃时，也正是它把我当成舞蹈家时。

乌龟 1：俺祖上也曾光辉过，有希腊伟大的寓言家之学说作证！

乌龟 2：要学会坚持，所以，虽然我步履蹒跚，兔子不也曾败给我吗？

乌贼 1：你等着瞧！我找了火柴就回来。

乌贼 2：要学会保护自己，你看我施放烟雾，不就是在珍惜自己的生命吗？

虾 1：对你同情未必就有好结果，就是在人们为我是小鱼的牺牲品而打抱不平时，我才被当成了他们的下酒菜。

虾 2：胡说！谁说“我为生前的那些隐秘脸红”？

珍珠蚌 1：不要自己看不起自己。你看，我痼疾的疖子，人们不也当成了宝贝？

珍珠蚌 2：我坚信“为大于其细、为难于其易”，不然的话，我身上的一个小麻烦怎会带来一个大麻烦呢？

禽语蒙蒙

八哥 1：目标也要切合实际，就像我，也跟着人学说话，却怎么也成不了人。

八哥 2：说我没本事，不帮助别人，你们骑马、骑牛，不也都是我教的吗？

白鹭：要学会保护自己，不要像我因通体纯白而成为招难的原因。

斑鸠：鸠占鹊巢？你们为什么像美国那样搞双重标准？不批评雀占椋鸟房呢？你们人类不也毁坏过雀巢呢？

蝙蝠 1：可以说，没有我们的地方，蚊子与苍蝇一定很多。不准我们夜间活动，那就让蚊子叮你们吧！让苍蝇烦你们吧！

蝙蝠 2：你说“你好！他也好！你对！他也对！祝我健康！”是说我们都见不得人吗？

蝙蝠 3：善于夜战，这是我的特长，因而不要总以为夜间出没就是见不得人，其实我总是在夜间捕捉害虫并以之为使命的。

布谷鸟 1：我并不是只“在凉快的绿阴中吆喝人去劳动”，因为自然分工只给了我这种责任，我必须尽职而不越位！

布谷鸟 2：一定要记着自己的责任，我们的责任就是在即将播种的时候提醒人们播谷。尽了责任，人们就会肯定你的贡献。

苍鹭 1：“为伊消得体憔悴”，我是为等待而熬瘦的。

苍鹭 2：苗条是天生的，干与不干一个样，干好干怀一个样，我就是这个苗条样，你能怎么办？

大雁 1：你们老说我怕困难，总是寻找适当温度的地方生活，这不就是达尔文先生的适者生存吗？何况还有白嘴鸭等不也和我们一样吗？

大雁 2：认准自己的目标，所以我总是去去来来以寻求温暖的家。

杜鹃：不知道方向，即如我声嘶力竭地、嘴里泣血地叫喊“归去也”，可怎么也不知道向何处归去。

鹅：我的使命就是为主人长出更多的肉，哪怕已肥实得挪动一步就会左摇右晃，但还是会坚持上长。

凤凰：等我真正消失以后才又来臆造一个完美的形象加以诚心的崇拜，真是不知其可也。

鸽子：国贵自主，身贵自由。所以，尽管主人给了我安乐窝，我却仍想自食其力、飞翔于蓝天。

海燕：我的责任就是不停地扇动翅膀去拍打万顷波涛的不平。

鸿鹄：我总为了平步青云而拼命鼓动羽翼飞翔，为人们树立榜样。

画眉：保持良好的心态，就像我，即使被关进樊笼，也要高高兴兴地歌唱。

黄鹂1：不断前进肯定会有所收获，所以我从不停留在人的赞美声中而始终作那一如既往的寻常歌唱。

黄鹂2：不要太过纠结如何去做，只要自然而然就行。你看我，也就是寻常的唱着，不也得到了歌唱家的美名吗。

鹫鸟：发挥自己的特长就有办法，我就凭嘴尖爪利而获得了人类的悉心豢养。

鸾鸟：我哪有你们希望的那样好？让很多人梦想乘着我成仙升天。

麻雀1：别学我总用别人的小是小非来锻炼自己的口才。

麻雀2：要学会倾听，我的问题就在于不管听的人如何感受，只顾自己说道。

猫头鹰1：好心未必有好报，好事未必有好评，所以我对我一开口就被视为灾难临头的定论也就无所谓了。

猫头鹰2：我其实是自讨苦吃，人们在白天用恶毒的语言咒我，而夜晚我却还要努力为他们工作，这真是命呀。

猫头鹰3：走自己的路，让别人说去吧！因此，我在为人除害，对别人的谩骂也就不以为意。

鸵鸟：要有好的发展计划，即如我为了获得一双有劲的脚，却伤害了一对矫健的翼，这就是教训呀。

乌鸦1：不要太过相信语言的力量，我不过才“哇”了一声，怎么就会为人们带来不幸？真是难以理解！

乌鸦2：哪怕我总是以一片诚心哀悼死者，结果还是招来报丧降灾的骂名。

乌鸦3：我就是为提醒人们可能有灾祸而叫，人们反而还骂我。尽管如此，我觉得该叫时还是要叫，这就叫尽职尽责、问心无愧。

喜鹊1：都需要恭维。人类就因为报喜不嫌吵，因而才叫我为“喜鹊”。

喜鹊2：要学会保持一个好的心态，你看我，在任何时候，不管有无喜事都叫声动人，所以才会在名字中带一个“喜”字。

喜鹊3：赞美是相互的，因为我总是无原则地赞美“佳佳佳”，所以人们才赞美我为“喜”鹊！

信鸽1：保密是邮递人员的职业道德。你看我就从来不看信的内容，只负责准确地传信。

信鸽2：不该问的不问，不该看的不看，这是邮递员的原则。我就从不看信的内容，只负责准确地传信。

雄鹰：因为只看主要方面，所以我能腾空飞翔搏击云天而受到的赞扬，用利爪抓吃小鸡的残酷便被人们所忽略。

鸭：要学会因物而用，不然即如我脚上的蹼，在水中是自由行进的利器，在陆地却成了自由行进的障碍。

雁 1：不远万里飞向南方，并不只是为了逃避寒冷冰霜，那也是一种马拉松式的锻炼，所以拉垮了不少的弱者。

雁 2：由于祖祖辈辈的努力，我们现在也可以庄严地在天上写出“人”字来了。

燕子 1：人类跟着感觉走，我跟着温暖走，思维方式是一样的。

燕子 2：因地制宜建造房屋可是我们的优势和特长，宜家居则家居（家燕），宜石居则石居（金腰燕），宜崖居则崖居（灰沙燕）。

燕子 3：因为我的卵促成了他们的产生，所以至今还友情地请我入住。所以，当始祖母的感觉真好！

燕子 4：总得找个温暖的地方呆着，所以我总是在寒来暑往中追寻！

野天鹅：你们说我们不识字，你看，我们与大雁一样，不也会在天上写出“一”字来吗？大雁还会写“人”字呢！

野鸭：要学会生存，像我这样太老实，就会时不时地成为猎物。

鹦鹉 1：莫晚其妙，我听了、学了人的声音，可还是不知是什么意思，真是言不尽意呀！

鹦鹉 2：要正确地看待他者的嫉妒，比如我，不就是因为在鸟类中我还能说几句人话，所以才会承受“鹦鹉学舌”一类的攻击吗？

鹦鹉 3：总得追求进步，所以我为了说几句人话，也就不怕别人的攻击与诋毁。

鱼鹰：我的使命就是捕到更多的鲜鱼，但却不是为了自己，所以总是被从捆住的喉咙里吐出捕到的鲜鱼。

鸳鸯：由于只晓得卿卿我我而经不起少许分离，因而总成不了大器。

云雀：因我能上能下，所以能唱出优美动听的歌让人欣赏。

后　记

这是一次烙画心壁的文化之旅。

因为长期以来，游历唐崖土司城，书写唐崖土司，就是我一直以来的心结：小时候赶场的地方，为什么会有那么多的石雕？为什么有那么多关于唐崖土司的言子（歇后语）？为什么会有那么多的故事……可以说，关于尖山、关于唐崖土司，我有太多太多的疑问。因而，我总想有一天去仔细考察一下、亲历一下。

2004 年，我成为大学教师后的第一次学术考察，即选择了唐崖土司，后来与学生一道写下了相关的学术论文。但终于没有放松心情、没有调整心态，自然也没有放飞心灵，因而没有以文情的态度去品读唐崖土司及其文化。

2015 年，唐崖土司遗址成了世界文化遗产，可以说实现了由“遗产”向“新贵”的蜕变，这又一次促使我来解开那个历史心结，于是我以游历者的身份，连续几次到唐崖土司遗址进行考察，写下了 20 余篇游记。

从 2004 年开始，我考察唐崖土司都是沿着相对固定的线路。

先从碗场沟出发，在这里虽然没有发现碗场的遗迹，但可以设想的是，那一条清溪及下面的沙泥，一定隐藏了碗场的所在，那应是唐崖土司的家内工业，是唐崖土司自给自足自然经济形成的象征和标志。

过了碗场沟再往前行，又有一条清溪，水量不如碗场沟大，但却有一个极富信仰意义的名字——打过龙沟。其实，民间称蛇为小龙，据传曾有一条大蛇在这条溪沟里被雷击而亡。按照当地百姓的信仰，古代巴人中有一支是以蛇为图腾的，《说文解字》说：“巴，蛇也，或云食象蛇。”其实，这就是说的以蛇为图腾的巴族吞并了相氏族，后来组合成了巴务相。打过龙沟或可作为这“巴蛇吞象（相）”的脚注。

这一地名本身即可否定学界不认同廪君巴人有图腾之说。

过了打过龙沟再往前行，即到了张王庙前，那是张王和马王合署办公的地方，可以说是中国宗教机构改革的典范，由于去得较多，因而说明也较别的地方为多。总的来说，对这一宗教场所，还有很多文化可以发掘，我们也曾专文论列。

从张王庙出来，经过首个“遗址台”（“唐崖土司遗址”的门面台）斜上，即到通常所说的东城门，那其实应从唐崖土司城风水四象格局的角度叫南城门。在这里，有所谓的“天灯堡”，我们曾进行辩驳；进城门后又有所谓的“阴阳两府库”，其中的“牲牢”长期被误认为“水牢”，其实是左右并列、阴阳两存的两类仓库。

过了“阴阳两府库”，你会看到横卧在那里的千年阴积木，据说是唐崖土司被确认为世界文化遗产后才从唐崖河中被洪水冲刷出来的；沿途会看到不少的树木，其中有一种叫“乌臼”木的值得重视，那是过去人们用以制作洗涤用品的特殊树种，在唐崖土司城址多见，反映出当年城内的生态生活。

再往前行，经过小衙门，有一个大院，十分宽阔，有一小门进出。从此可见这不是一个经常出入的地方。其中心有一个略高的去处，现有一桂花树。根据其在小衙门对面而又略处于主街附近来看，那应是唐崖土司举行集体活动的地方，甚至基本可以认定那里就是唐崖土司举行摆手活动的地方。同治版《来凤县志》卷32录《湖广通志》载：“施州漫水寨有木，名普舍树。普舍者，华言风流也。昔覃氏祖于东门关伐一异木，随流至那车，复生根而活，四时开百种花。覃氏子孙歌舞其下，花乃自落，取而替之。他姓往歌，花不复落，尤为异也。”有《覃氏族谱》记载，恩施覃氏基本为共祖而生，唐崖也不例处。自其歌舞其下，遂有摆手舞。现今的摆手舞仍须“在一棵挂满彩灯的大树下围成圈，随着锣鼓的节奏”[①]等即其证。在树下跳摆手舞，与土家人远古对树的崇拜有关。仅同治版《来凤县志》所载神树就有香楠、卜验晴雨的古柏、佳气葱笼的灵椿等。若参之利川、咸丰等民间神话传说中的树的崇拜遗迹，则更可证明。从人类认识发展的角度思考，对树的崇拜也是一个与人的自然发展相联系的阶段，故汉族的“生”字像树形，与“生”字同义的“姓”字，像一个女子跪拜在一棵树木之下求子。以此求之，土家族远古先民在一种他们自认的神树下跳舞当不足为怪。问题还不仅如此。而关于普舍树，其位于东方，随水而出，开百种花，有风流之意，其实就是《山海经》中的扶桑。这里，中心的高出之地即

① 《来凤县志》，湖北人民出版社1990年版，第402页。

是植树之地，而扶桑树在“双凤朝阳墓”的图案中即存在。所以，这里可以认定为唐崖土司城的摆手堂，并且是覃氏的摆手堂。

离开摆手堂再往前行即到了现今的展示馆，具体内容有专文。不过，我们要经过唐崖土司的主街，在展示馆前还有一个“八字衙门”的一边基础可以言说（直接在街面上）。不知这是一个什么样的衙门，而且也真如当地老百姓所说：现已“八字无一撇”了。

出了展示馆后，往前行即到“荆南雄坊”镇牌，那是唐崖土司遗址的镇址之宝。因有专文，此不论列。从此出发，可参观新辟的民俗博物馆，那里的展品还不是很丰富，但已有相当规模。再往前行即到了御花园、古井、七十二步朝天马、九道拐、杀人台、双凤朝阳墓、万兽园、夫妻杉、玉皇庙、皇坟、大寺堂、采石场、桥上桥、营房遗址……后面这些景点，均有专文介绍，此亦不论。

这些东西写出后，有些已发了博文，后来又得到朋友鼓励，加上唐崖土司遗址也的确需要文化宣传，于是经过组合丰富，列了二十六个专题，外加一个“缘起”、“引言”及“后记”等构成了这本《世界遗产地 唐崖土司城》的小书。小书由“游历情”、“小知识”、“大信仰”、“神故事”、“巧测验”五部分构成，“游历情”是笔者以一个旅游者的身份及心态，从文化的角度对进入咸丰后又前往唐崖土司遗址各景点旅游而产生的思考，算是一种文化导游，虽然有所思考，但却更多的是一种情感表示；自然，这只是笔者个人的心情写实。相关的知识性东西，是录用《唐崖土司城址》等公开出版的著述，因为那是不易的知识结晶。“小知识”是根据各景点需要，因心灵所感而觉得应有而编辑的相关知识，如“夫妻杉”景点即编辑有与杉树相关的知识等，既然是知识，那就不能臆造，因而是借用的。“大信仰”反映的是与景点相关的文化信仰因素，虽然多数是借用的他人成果而未做变动，只有数条是我的旧作，但也多数是我知晓而未写就，甚至本身也就是我们的文化信仰。“神故事”多来于民间故事，有几条则是笔者搜集整理的，多数是借用，前提是与景点相关。“巧测验”也属知识系统，是考虑在旅游过程中，可能相互提问，因而设定这部分，只是为了提示，因为测试的内容很多。

除“游历情”部分而外，“小知识”、“大信仰”、“神故事”、“巧测验”等部分内容，是我与张文璋共同为唐崖土司遗址的宣传而采编的，来于网上者居多，来于前人或时贤书面成果部分的，或用注释，或用“主要参考文献”的形式附列于后，但肯定还未有列全的地方，但尽管如此，在此我们仍然要特别强调地道一句深深的感谢。

为了有效利用版面，在每题最后有较丰富的空白处，增加了一些补白式话语，这是在2008年前后准备将黄永玉先生的思想写进《20世纪土家族哲学社会思想史》时，阅读其《罐斋杂记》（江苏人民出版社2005年版）时产生的感思，近来又做了些丰富，因为把自己的居室叫“南湖荒斋”，故拟为“荒斋心语”，其中有动物的、有植物的“心语”，考虑到现在是生态文明时代，这次以“属相语丝”、“虫心开悟”、“兽语涟涟”、“水族智慧”、“禽语蒙蒙”等的形式，选录若干补于空白处，也反映了一点我的思考。不过，经本书编辑建议，现已记集一处，作为附录。

我是一个执着于文化的人。20世纪80年代刚参加工作，我就已提议成立了专门的民族文化研究机构，又提议修建了民族文化宫，并写下了相关论文；20世纪90年代初，我即曾写下了《湖北民族地区旅游发展战略研究》，当时的景点介绍，于现在看来是有了过时，但其整体思想却深得真味……

旅游自然资源是大自然的产物，是天工巧匠的杰作。湖北民族地区由于北半部被长江干流的大湾包围，南面及西南面被沅江、澧水及乌江割开，北面和南面又被武陵山脉、巫山山脉分割，形成了一个较为独特的盆地。盆地中间则被清江、酉水、溇水等深度切割，形成了较为独特的旅游自然资源，在这里有雄伟壮丽的名山大川、丰姿多彩的奇峰怪石、纵横似网的江河湖泊、银龙飞舞的山泉飞瀑。清人史桂铭曾将此比作泰山和西华，并有文赞曰：“泰岱四十里，遥望吴门骢；西华五千丈，帝座呼吸通；及登施鹤道，万古开心胸。”真可谓千古绝赞。

湖北民族地区旅游业要取得成就，就必须制定出自己的发展战略目标，并按照目标有计划分期分批地去实施。只有这样，我们才能按照价值规律的要求，有计划地发展旅游业；才能保证该地区经济、技术及社会协调发展；才能减少旅游业发展过程中的盲目性；才能在旅游业发展中做到合理布局、扬长避短、发挥优势、提高旅游经济效益。

湖北民族地区的旅游资源，在未开发利用前总是个别的、多样的，复杂的。为不使它们在开发利用中陷入混乱和浪费，为不使景观布局、景点联网、旅行线路的开辟等对全局开发工作引起不好的连锁反应，就必须对各县市的各种旅游资源进行充分的调查，对整个民族地区的景点景群进行深入研究，分清各种构成要素的多方面多层次特征，使各景点景群在科学论证的基础上，通过多种多样的联系、协调和控制性组合，把它们连成一个有机整体，发挥它们的综合功能。

现在来读这些文字，自然已不具有更多的吸引力，但当时的整体建构设想，却不小心地在16年后被湖北省委所确定的鄂西生态文化旅游圈战略所确认和超越，这也算是迟到的回应吧！不过，我们的文化之心却始终如故。

其间，我曾出版过一部《微情风亲》的自传体文学作品，以散文为主，也曾有过单篇文章进行家乡旅游的宣传，其中一首《从宜昌至咸丰》的描写隧洞的长诗、一篇描写家乡发展的《祭路》……都可以作为见证。

这本小书的出版，除了感谢提供相关帮助的包括文字帮助与精神鼓励的而外，更多的是感谢家乡……

萧洪恩于武汉南湖荒斋

2016年6月28日